DEVENIR ÉDUCATEUR

UNE AFFAIRE DE FAMILLE

Collection "Logiques Sociales"
Dirigée par Dominique Desjeux et Bruno Pequignot

Dernières parutions :

Bizeul D., *Nomades en France*, 1993.
Giraud C., *L'action commune. Essai sur les dynamiques organisationnelles*, 1993.
Gosselin G., (sous la direction de), *Les nouveaux enjeux de l'anthropologie. Autour de Georges Balandier*, 1993.
Farrugia F., *La crise du lien social*, 1993.
Blanc M., Lebars S., *Les minorités dans la cité*, 1993.
Barrau A., *Humaniser la mort*, 1993.
Eckert H., *L'orientation professionnelle en Allemagne et en France*, 1993.
Iazykoff W., *Organisations et mobilités. Pour une sociologie de l'entreprise en mouvements*, 1993.
Barouch G., Chavas H., *Où va la modernisation ? Dix années de modernisation de l'administration d'Etat en France*, 1993.
Équipe de recherche CMVV, *Valeurs et changements sociaux*, 1993.
Martignoni Hutin J.-P., *Faites vos jeux*, 1993.
Agache Ch., *Les identités professionnelles et leur transformation. Le cas de la sidérurgie*, 1993.
Robert Ph., Van Outrive L., *Crime et justice en Europe*, 1993.
Ruby Ch., *L'esprit de la loi*, 1993.
Pequignot B., *Pour une sociologie esthétique*, 1993.
Pharo P., *Le sens de l'action et la compréhension d'autrui*, 1993.
Sironneau J.-P., *Figures de l'imaginaire religieux et dérive idéologique*, 1994.
Albouy S., *Marketing et communication politique*, 1994.
Collectif, *Jeunes en révolte et changement social*, 1994.
Salvaggio S.A., *Les chantiers du sujet*, 1994.
Hirschhorn M., Coenen-Huther J., Durkheim-Weber, *Vers la fin des malentendus*, 1994.
Pilloy A., *Les compagnes des héros de B.D.*, 1994.
Macquet C., *Toxicomanies. Aliénations ou styles de vie*, 1994.
Reumaux F., *Toute la ville en parle. Esquisse d'une théorie des rumeurs*, 1994.
Gosselin G., Ossebi H., *Les sociétés pluriculturelles*, 1994.
Duyvendak J. W., *Le poids du politique. Nouveaux mouvements sociaux en France*, 1994.
Blanc M. (ed.), *Vie quotidienne et démocratie. Pour une sociologie de la transaction sociale (suite)*, 1994.

© *L'Harmattan, 1995*
ISBN : 2-7384-3306-5

Alain VILBROD

DEVENIR ÉDUCATEUR
UNE AFFAIRE DE FAMILLE

Préface de Michel Chauvière

Éditions L'Harmattan
5-7, rue de l'École-Polytechnique
75005 Paris

PRÉFACE

Pourquoi devient-on éducateur aujourd'hui ? En tentant de répondre à cette question, l'ouvrage d'Alain Vilbrod fait partie d'une nouvelle génération de travaux sur les métiers du social. Passées les années soixante-dix qui ont ouvert ce domaine, alors en pleine croissance, à l'investigation sociologique et généalogique et à des thèses parfois mal comprises, dont témoignera longtemps le numéro d'*Esprit* de 1972, les années quatre-vingts et quatre-vingt-dix ont surtout ébranlé les légitimités encore fragiles des professionnels patentés de l'intervention, notamment dans le service social et dans l'éducation spécialisée.

La nouvelle question sociale née de la massification des exclusions économiques et de la précarité au quotidien qu'elles induisent, le tassement des budgets sociaux publics et l'ouverture à des financements diversement privés, la décentralisation et l'expérimentation d'une gestion plus localisée du social, ont en effet mis en question non seulement les savoir-faire techniques mais aussi les titres professionnels et surtout le sentiment de la qualification légitime.

La recherche s'est alors faite soit plus évaluative, des problèmes autant que des réponses, au fil de nouvelles politiques publiques, soit tout-éthique ou encore praxéologique pour tenter de répondre au trouble des acteurs de terrain, soit socio-historique pour approfondir la connaissance des origines et les principales caractéristiques de telles pratiques, considérées sous l'angle institutionnel, professionnel et cognitif à la fois, et pour faciliter les évolutions nécessaires.

Alain Vilbrod s'inscrit manifestement dans cette dernière orientation. C'est à partir d'un bon appui, informé et critique, sur le "terrain de l'éducation spécialisée", comme formation sociale historique originale, soumise aux luttes et complémentarités entre un "Etat accommodant" et des "associations de droit privé se revendiquant d'utilité publique", qu'il se propose crânement de réanalyser pour aujourd'hui ce qu'il en est de l'éducateur spécialisé, ce métier jeune, plutôt féminin, sans risques de chômage, mais dont la technicité resterait introuvable et dont l'accomplissement est manifestement en retard.

Il le fait avec une hypothèse, à première vue, étonnante et qui va à l'encontre de bien des idées reçues. Quand tout change (ou devrait changer) dans le champ social, rien ne changerait dans les trajectoires des futurs éducateurs ; quand l'impératif politico-financier paraît l'emporter sur tout autre plan de développement, rien n'aurait fondamentalement bougé dans les déterminants qui conduisent au choix du métier d'éducateur. Certains traits spécifiques, facilement attribués à la première génération des éducateurs, seraient encore vérifiable aujourd'hui.

Se situant ainsi a contrario d'un certain nombre de thèses sur l'évolution plus ou moins générationnelle des professions sociales, faut-il pour autant en conclure que l'auteur ne chercherait qu'à montrer une activité plus préservée et moins sinistrée qu'il n'y paraît. En réalité, cette approche du métier d'éducateur considéré comme "une affaire de famille", vise aussi à comprendre quelques raisons de la difficile professionnalisation de l'éducation spécialisée ; au niveau individuel, Alain Vilbrod nous montre en effet la détermination durable des choix par la trajectoire familiale, scolaire et de socialisation (associative dans des réseaux très proches du catholicisme social, notamment), et comment, de ce fait, se renouvelle jusqu'à ce jour l'idéal vocationnel ; pendant qu'au niveau collectif, il tente d'élucider pourquoi, malgré un demi-siècle d'expérience, de passion et d'innovations, les pratiques professionnelles n'ont pas permis le dépassement des adhérences morales des origines.

Sans doute, en limitant son copieux échantillonnage à des populations choisies dans une aire culturelle sinon homogène du moins peu différenciée, la Bretagne et les Pays de Loire, Alain Vilbrod a-t-il introduit de lui-même une limite qui rend difficile une généralisation de ses résultats. Dans ces terres de l'Ouest, il faut en effet compter avec une conjoncture de recrutement bien marquée, qui pèse au moment du choix d'un métier ; il faut compter, par exemple, avec le poids particulier et historique de l'internat rééducatif, avec la place de la querelle scolaire ou encore aujourd'hui avec certains effets spécifiques du chômage. Cependant la comparaison avec d'autres travaux régionaux comme ceux d'Anne Dussart portant sur la Bourgogne, montre d'importantes convergences d'analyse. C'est pourquoi, à défaut d'enquêtes nationales satisfaisantes et vu le déficit cumulé par l'administration de tutelle et le milieu associatif sur de telles questions, ce sont des travaux de ce type qu'il convient désormais de systématiser. Sur ce point, Alain Vilbrod ouvre une voie féconde.

Au-delà de l'explication classique par les aspirations et le jeu des circonstances, Alain Vilbrod nous expose donc longuement et de manière convaincante les résultats de ses investigations minutieuses sur l'influence déterminante du réseau familial ; en d'autres termes, il nous présente les conclusions d'une recherche sur les "principes et processus de transmission lignagère des valeurs intériorisées", comme puissants vecteurs "d'orientation vers un terrain dévolu à l'encadrement des handicapés et des inadaptés".

Dans cette perspective, ses chapitres les plus forts portent sur les origines sociales des éducateurs et des éducatrices et sur les trajectoires de leurs parents, montrant le rôle de la parentèle et des solidarités familiales, mais permettant aussi de réinterpréter les stratégies scolaires contingentes (le fameux "brouillage avec l'école" des éducateurs !). Dans le même esprit, d'autres chapitres portent sur la mobilisation familiale (transmission des valeurs et capital relationnel), sur les transferts de militance, sur l'aspiration à exercer un métier d'ordre, ainsi que sur l'arrivée dans le métier, conçue tout à la fois comme rencontre d'hommes et de postes. Alors, un "néo-clerc", l'éducateur spécialisé ? Si l'on admet que le clerc est avant tout celui qui contribue à "produire du sens, des symboles, de la croyance", la question posée dans le dernier chapitre n'est pas excessive. Est-elle spécifique ? L'épithète ne vaut-elle pas aussi pour bon nombre de travailleurs du social, professionnels autant que bénévoles ?

Avec cette publication, qui devrait rapidement devenir un ouvrage de référence, Alain Vilbrod apporte finalement une pertinente contribution à la controverse sur la professionnalisation. L'histoire contemporaine de ce secteur d'activité montre, en effet, des décennies de luttes entre acteurs et décideurs pour la maîtrise de ce processus inéluctable mais lent et toujours réversible. Et pareilles tensions récurrentes, jamais résolues, sont aussi à la source de la "prolifération horizontale" autant que de la "démultiplication verticale" du métier d'éducateur. Celui-ci se décline désormais avec les moniteurs éducateurs, les éducateurs techniques, les éducateurs de jeunes enfants, les aides médico-psychologiques, sans oublier ceux de la Protection judiciaire de la jeunesse et ceux de la Pénitentiaire (dans le secteur public), sans oublier non plus quelques ratés comme les psychagénésistes ou certaines dissidences non abouties comme les éducateurs de prévention des années soixante-dix. Dans la dialectiques des postes et des dispositions, il faut donc également compter aussi avec une segmentation des identités professionnelles, fruit d'une histoire institutionnelle et politique fort complexe. Considérant toutes ces données et les "héritages rémanents en termes de morale" qui les caractérisent, comment les métiers de l'intervention sociale et spécialement ceux de l'éducation spécialisée sortiront-ils de la passe difficile qu'ils traversent actuellement ? De colloques en ouvrages spécialisés tels que celui-ci, la question revient à l'ordre du jour et c'est heureux.

Pour toutes ces bonnes raisons, il faut saluer l'excellent travail d'Alain Vilbrod et son grand mérite d'être allé jusqu'au bout d'un projet qui lui tenait à cœur, mais il faut aussi insister sur l'urgence que son exemple soit imité. Que fleurisse enfin une littérature de référence, bien argumentée et de qualité, dépassant l'opposition désuète, plutôt désespérante et contre-productive des gens de terrain et des universitaires, alors le sempiternel débat sur la qualification des travailleurs sociaux pourra peut-être prendre un autre cours.

Michel CHAUVIERE

Directeur de recherche au CNRS, GAPP (Groupe d'analyse des politiques publiques)

INTRODUCTION

Le choix d'un métier est l'aboutissement d'un processus complexe. Régulièrement le sens commun ramène son économie à l'alliance problématique de deux termes : l'aspiration et les contingences.

L'aspiration serait affaire de goûts, d'attirance, d'appel. En ce sens elle aurait à voir avec l'ineffable, l'inexplicable. Prenant probablement sa source dans des modèles entrevus, des expériences précoces, des désirs d'imitation, il faudrait, pour tenter d'en restituer la genèse, s'aventurer alors à remonter jusqu'aux lieux de l'enfance.

Les contingences, quant à elles renverraient aux dures réalités économiques qui restreignent le champ des possibles, brident les talents, étouffent les vocations naissantes, renforcent les inégalités.

De telles représentations rationalisent ainsi de manière commode les entrelacs de l'insertion dans le monde du travail. Les vocables usités portent déjà la marque de ces ambiguïtés rarement levées, ceux de "choix" et de "motivation" n'étant pas des moindres. Le thème pourtant ne laisse pas indifférent et, nous nous en sommes rendu compte, il suscite le débat, voire réveille les passions. Chacun a son idée, son mot à dire, son illustration à donner. Dans le même temps on prête au sociologue, notamment, un savoir constitué dont on est impatient de s'entendre dévoiler quelques bribes. A l'évidence c'est accorder à ce dernier, et à la science qu'il représente, un bien singulier crédit. On n'en finit pas, en effet, de découvrir combien les déterminants qui pèsent sur ce "choix sous contrainte" sont multiples, combien les arcanes de l'orientation professionnelle sont difficiles à saisir et encore plus à maîtriser. Parce que l'on touche inévitablement aux problèmes de reproduction et de mobilité, on ne tarde pas non plus à croiser ce que d'aucuns disent être "la grande querelle" qui hante, au sein des sciences sociales, le couple déterminisme/liberté.

Sans prétendre mêler notre voix à un débat dont les attendus sont d'ailleurs souvent mal posés, peu assurés et surtout insuffisamment délimités, nous nous proposons, dans cet ouvrage d'instruire les différentes composantes qui participent au choix d'un métier précis : celui d'éducateur spécialisé. L'objet de notre étude sera donc restreint et circonstancié.

Une telle option, on le perçoit immédiatement, offre à la fois un certain nombre d'atouts mais en contrepartie comporte des inconvénients : les remarques émises, les perspectives retenues et, a fortiori, les éventuelles découvertes ne pourraient valoir que pour un métier qui ne rassemble, somme toute, pas plus de quelques dizaines de milliers d'individus. Risque à prendre... risque pris.

Allons-nous pouvoir alors au moins prétendre être exhaustif tant cette catégorie est étroite, contingentée, circonscrite ? Assurément non : l'exploration des voies d'accès au métier d'éducateur spécialisé, l'attention portée aux profils sociaux de ceux qui s'y engagent mettent à jour des mécanismes dont on ne saurait épuiser ni la multiplicité des facteurs qui entrent en jeu ni le sens. Cependant nous avons bien pour objectif de rendre compte de l'essentiel, d'atteindre au plus profond ce qui est à l'origine de la prise de possession d'un tel emploi, de l'occupation d'un poste, du sentiment, aussi, de s'y accomplir pleinement.

Les hommes et les femmes qui choisissent de "faire éducateur" ne diffèrent probablement pas de ceux et de celles empruntant, qui ici, d'autres filières médico-sociales (moniteur éducateur, infirmier psychiatrique...), qui là les chemins de traverse menant aux multiples activités du secteur dit "socio-culturel". Cependant nous nous en tiendrons à ce seul métier.

Avant tout il est sans doute utile de le définir en quelques lignes, quitte, bien entendu, à y revenir par la suite.

Au sein d'une nébuleuse en perpétuelle redéfinition : "les travailleurs sociaux", les éducateurs spécialisés occupent une place singulière ; par leur nombre d'abord, ils sont majoritaires et leurs effectifs ne cessent de croître ; par leur place ensuite, enclavée entre un corps médical puissant et un personnel peu formé. Une autre caractéristique doit aussi être soulignée d'emblée. Au moment où, sur fond de crise, les diplômes se démonétisent rapidement et l'insertion professionnelle se révèle un parcours d'obstacles, ce secteur qui concourt à l'encadrement des personnes handicapées ou inadaptées fait figure d'îlot pour ne pas dire d'isolat. Le chômage y est quasi-inexistant et l'intégration des impétrants s'effectue pour l'heure sans problème majeur. Contrairement à bien d'autres sphères, les jeunes diplômés ne se précipitent pas sur n'importe quelle offre sans demander leur reste. Sauf exception, tous parviennent, sous quelques mois, à se faire recruter sur des postes qui correspondent à leur qualification effective.

Cette remarque faite, pas plus qu'ailleurs, l'arrivée dans ce métier n'est une question de hasard, d'opportunités saisies au vol, de circonstances fortuites. Evoqué, convoqué même, cet argumentaire ne résiste pas très longtemps à l'analyse. Au fil de notre recherche, le long efficace d'un vecteur dont nous soupçonnions bien l'existence mais sans en mesurer véritablement la vitalité, l'adaptabilité et finalement l'influence décisive est apparu : la famille. Cette famille ne lègue pas, par le biais d'un héritage inter-générationnel, des positions professionnelles données, fixées. L'adage "tel père, tel fils" n'a pas ici grand sens. Le métier d'éducateur spécialisé est bien trop jeune, et le tissu d'établissements et de services employeurs de facture trop récente pour qu'on puisse y observer une forte reproduction du statut. Par contre cette même famille transmet par imprégnation, par familiarisation précoce, tout un ensemble de référents idéologiques, moraux voire religieux, qui se révéleront, nous le constaterons, des ressources très précieuses.

Les différentes investigations dont nous allons rendre compte dans cet ouvrage, nous ont donc entraînées bien en amont de l'acte de candidature qu'accomplit un individu quand il sollicite son inscription dans une école d'éducateurs ; et c'est cet amont que nous explorerons.

Inducteur de pratiques sociales sous-tendues par des valeurs qui demeurent prégnantes, le réseau familial sait se faire discret et silencieux. Il n'en demeure pas moins au coeur de ce processus de socialisation dont on n'a pas fini de découvrir la profondeur généalogique. On pouvait bien se douter que le milieu d'origine, particulièrement dans ce métier aux relents vocationnels, pesait d'une manière déterminante ; d'autres avant nous avaient posé de précieux jalons sur ce point, mais d'une part les mécanismes demeuraient mystérieux, d'autre part il semblait avéré que depuis quinze ou vingt ans la donne n'était plus du tout la même. A entendre "les gens de terrain" les profils des plus jeunes n'avaient strictement plus rien à voir avec ceux des aînés ; quant aux "avis autorisés" ils annonçaient haut et fort que, là comme ailleurs, la transmission familiale avait perdu de sa vigueur. Or il n'en est rien.

Au cours des années 1960 Vladimir N. Choubkine insistait sur le fait que

> "la réalisation de projets individuels dépend étroitement de la situation sociale de la famille" (1)

---

(1) Vladimir N. CHOUBKINE. "Le choix d'une profession". *Revue Française de Sociologie*, IX (1), 1968. P. 46.

mais depuis, la montée en puissance des représentations postulant un acteur libéré de ses héritages, tend à faire la part belle aux interférences, aux interactions et avec elles à un circonstanciel qui évacue à bon compte l'impact du passé sur les trajectoires biographiques des individus.

Certes chacun transforme, réajuste, remanie, voire tente de rejeter ce qu'il a reçu et, comme le signale Anne Muxel

"de multiples événements personnels, affectifs, sociaux, historiques viennent renforcer ou au contraire contredire les contenus du bagage familial initial", (1)

mais dans le même temps la loi immanente de l'habitus engendre des dispositions qui, aussi réappropriées qu'elles soient, se rappellent tout au long d'un parcours de vie.

Notre démarche s'est donc inscrite d'emblée dans une perspective temporelle. Nous avons voulu dérouter ainsi tout cet ensemble de discours qui se cantonne à un présentisme déniant par avance à l'héritage lignager une influence décisive.

Nous nous sommes cependant défiés, à l'inverse, des schémas réducteurs ramenant tout au poids des structures et n'accordant à l'individu aucun espace de négociation, aucune marge d'appréciation. L'approche conceptuelle que nous avons faite nôtre s'est attachée d'abord à allier sociologie et histoire ; histoire des postes, histoire des agents amenés à les investir.

Le terrain de l'Education Spécialisée ne s'est, dans ses formes contemporaines, professionnalisé il y a seulement que quelques décennies mais les fondations sont anciennes et les murs des institutions lieux de mémoire par excellence. Comme bien d'autres champs professionnels, il a toujours été traversé par des conflits, par des luttes d'intérêts, par des alliances tactiques. Des médecins, spécialistes en psychiatrie, pour la plupart, ont habilement manoeuvré pour en prendre les commandes et façonner à leurs mesures un secteur désormais fortement marqué par la réduction du social à une

---

(1) Anne MUXEL. "Chronique familiale de deux héritages politiques et religieux". *Cahiers internationaux de Sociologie*, LXXXI (1), 1986, p. 257.

suite de problèmes individuels. Rappeler tout ce que les configurations présentes d'un secteur doivent à ce passé sédimenté, à ces rapports ambigus aussi, entre un tissu d'associations de droit privé, se revendiquant d'utilité publique, et un Etat accommodant, est un préalable à toute recherche sur le métier d'éducateur spécialisé. En retraçant les grandes lignes d'un héritage qui passe par les mythes entretenus, par les causes salvatrices portées au pinacle et, plus prosaïquement, par les stratégies de corps de métier sourcilleux et veillant au grain afin de conserver leur hégémonie, déjà se préfigurent en creux les espaces mal délimités qu'occuperont les éducateurs spécialisés. Nous dirons d'eux qu'ils relèvent d'un métier et non d'une profession ; nous nous en expliquerons. Leur rôle est à la fois central et ambivalent. Gens de coeur, ils doivent savoir payer de leur personne ; gens de valeurs, ils doivent s'investir sans trop compter et se donner sinon en modèle, du moins en "pôle identificatoire". Simultanément il leur revient de relayer une technicité, de faire appel à des connaissances éprouvées. Nous le constaterons, même brièvement rappelée, l'histoire d'un terrain particulier d'accomplissement, l'histoire d'une identité professionnelle introuvable, renseignent sur les profils et sur les caractéristiques attendus des éducateurs spécialisés.

Ces préalables fixés, nous rendrons compte de nos différentes investigations auprès des éducateurs et des éducatrices. (1)

Nous avons interrogé plus de huit cents d'entre eux par le biais d'un long questionnaire. Nous aspirions, ce faisant, non seulement à recueillir des informations auprès de ceux et de celles qui sont en formation mais aussi à collecter ces mêmes renseignements auprès d'individus occupant depuis plusieurs années des postes à part entière. En parallèle nous nous sommes entretenus avec plusieurs dizaines d'hommes et de femmes exerçant ce métier. L'alliance des approches quantitative et qualitative nous a permis de rendre compte de déterminants que ni l'une ni l'autre de ces modalités de recherche n'aurait à elle seule pu révéler.

Des "intentions parentales de socialisation" en passant par le frayage des aînés ou par les injonctions de l'époux ou, plus souvent, de l'épouse, nous avons dressé et hiérarchisé tout un ensemble

---

(1) tout au long de notre ouvrage, nous retiendrons le terme générique "éducateurs spécialisés" pour qualifier le groupe dans son entier et les termes "éducateurs" et "éducatrices" pour opérer, en son sein, une distinction entre les hommes et les femmes.

d'éléments qui participent activement à ce que des valeurs se transmettent, à ce que les projets des uns s'accordent avec les choix des autres, à ce qu'au final, des individus aux profils homogènes à plus d'un titre, se dirigent vers un secteur d'emploi en adéquation avec leurs motivations socialement constituées.

Au-delà des décennies, d'où notre scepticisme vis-à-vis d'une approche en termes générationnels, nous avons repéré la prégnance d'un milieu d'origine à la fois singulier et assez bien défini. Des fractions de classe en ascension, investissant largement certains versants du tissu associatif, s'engageant notamment au sein de réseaux très proches du catholicisme social, continuent depuis vingt ou trente ans de diriger leurs fils et leurs filles vers un secteur d'emplois où, plus que des savoirs scolaires authentifiés, ce qu'il importe de posséder, ce sont des dispositions éthiques, des convictions humanistes voire une aspiration au dévouement.

Une telle observation était réputée connue tant qu'on la rapportait aux éducateurs spécialisés de ce que l'on nomme sans doute à tort "la première génération". Constater qu'en 1985 ou en 1990, ce sont encore de telles voies qui mènent le plus sûrement au métier va à l'encontre de bien des idées reçues. Nous nous proposons ici de restituer toutes ces interférences, toutes ces superpositions d'influences amenant de futurs éducateurs spécialisés à être convaincus d'opter là, en toute liberté, pour une carrière comme une autre, alors que leur choix était en fait contingenté et que leur métier demeure, aujourd'hui comme hier, marqué par une tradition moralisante.

CHAPITRE I

LE TERRAIN
DE L'EDUCATION SPECIALISEE

"Enfance Inadaptée" est le terme générique auquel il est fait régulièrement appel pour qualifier l'imbrication d'institutions qui participent à l'encadrement de jeunes réputés en difficulté à la suite un handicap physique ou mental, une situation familiale délicate ou un comportement contrevenant aux normes et aux lois en vigueur. Un tel terme nous paraît cependant trop restrictif même s'il rend compte de l'essentiel et "fonctionne" de manière entendue. En effet, à côté des quelque 800 000 enfants et adolescents confiés à la diligence des établissements et services habilités ; environ 200 000 adultes relèvent eux aussi de ce secteur. Pour les uns, troubles ou carences s'enracinent dans l'enfance et leur prise en charge prolonge en fait une action rééducative entamée bien en amont ; pour d'autres, l'assistance qui leur est proposée vise à éviter une marginalisation, une désaffiliation accrue, conséquence de maux aussi divers que l'alcoolisme, l'accident, la défaillance mentale ou autres avatars. Nous retiendrons donc ici l'expression suivante, elle aussi amplement usitée : "l'Education Spécialisée".

Signalons immédiatement qu'il est malaisé de tracer très précisément les frontières d'un tel terrain. Ses limites ne se laissent pas saisir avec la force de l'évidence et un grand flou semble bien présider à son évolution. Le réseau institutionnel qui le constitue est hétérogène et son extension régulière, sinon son expansionnisme, brouillent à l'envi les repères stables et durables.

Les fractures mettant à mal la sociabilité, les nécessités de création de filières répondant à des "besoins" qui ne cessent d'émerger représentent, aux yeux des protagonistes, autant d'opportunités pour exporter leur savoir-faire, accroître leur influence voire tenter de s'imposer en jouant sur l'offre et en induisant la demande : l'Education Spécialisée, on l'aura compris, est aussi un marché. Ainsi peut-on observer actuellement des tentatives pour investir ici les voies prometteuses de l'accueil des personnes âgées, là l'accompagnement des malades atteints du SIDA., ou encore les dispositifs d'insertion sociale et professionnelle des jeunes de 16 à 25 ans. Assurément souplesse, pragmatisme et opportunisme caractérisent un terrain qui défie tout bel ordonnancement, résiste aux classements et, nous le constaterons, entretient un curieux rapport à l'Etat, teinté de rivalité et d'interdépendance méfiante.

Il ne faut cependant pas s'abandonner aux représentations décourageant les délimitations, voire l'investigation, mais plutôt comprendre ces réactions comme constitutives d'un secteur qui paradoxalement refuse pour lui-même les catégorisations, les désignations qu'il applique à ses "clients". "Différente", "indicible", l'Education Spécialisée doit une part de sa réussite et de sa force à ce halo savamment entretenu qui autorise les avancées et lui permet de se poser comme créatrice impénitente, comme médiatrice désintéressée en somme.

Cette nébuleuse a bel et bien une logique propre, des spécificités, une ossature. Un trait d'unité, d'emblée, la singularise : la grande part dévolue à l'Initiative Privée, à la kyrielle d'associations, 3 000 au total, qui participent ainsi à une mission financée pourtant quasi-exclusivement par des fonds publics. 85 % des personnes "handicapées" ou "inadaptées sociales" relèvent de ce réseau associatif. Chaque établissement ou service assure l'accueil de cinquante personnes en moyenne ; certains organismes gèrent plusieurs dizaines d'institutions, d'autres ne président aux destinées que d'une ou de deux.

Dans les faits il existe de grandes disparités. Au sein d'un même espace géographique peuvent ainsi cohabiter un internat auquel une Direction de l'Action Sociale Départementale confie plusieurs centaines d'enfants retirés à leurs familles naturelles et un autre qui accueille moins de dix adolescents déjà coutumiers de la juridiction des mineurs ; plus loin, un service intervenant à la demande d'un juge dans les familles soupçonnées de maltraitance à enfants et un établissement très médicalisé recevant de jeunes trisomiques.

Près de 200 000 salariés participent au fonctionnement de cette mosaïque d'équipements répartis sur tout le territoire français. Parmi eux, les éducateurs spécialisés sont les plus nombreux, 40 000 environ[1]. Ce métier, à l'instar d'autres qui lui sont très proches, les moniteurs éducateurs notamment, a connu un accroissement sans

---

[1] Les effectifs des assistants de service social sont inférieurs : 33 000 environ en 1992. La majeure partie relève du secteur public.

précédent puisqu'en l'espace d'une dizaine d'années (1975-1985) il a vu ses effectifs quasiment doubler. Cette progression marque le pas depuis peu, en écho au resserrement de la contrainte budgétaire et au regard plus attentif des administrations de tutelle sur un secteur réputé dispendieux.

Un second trait caractérise en propre ce terrain de l'Education Spécialisée : l'âpreté des luttes qui l'ont traversé et continuent de le façonner.

Les antagonismes, les divergences d'intérêt, les tentatives d'hégémonie, les mises à l'index et les exclusions ont, depuis son avènement, opposé des corps professionnels, des tenants de tel ou tel mode d'encadrement, de tel ou tel savoir qui, se parant des habits toujours neufs de la science, tentent de reléguer dans l'obscurantisme les praticiens qui, avant eux, occupaient la place.

Les conflits, cependant, la plupart du temps demeurent internes au secteur et souvent l'emprise a su éviter l'invective et a suivi le bon ton de la condamnation intellectuelle, feutrée, euphémisée. Les écarts sont vite sanctionnés dans un domaine qui se doit d'afficher le consensus, l'union pour la cause. Les rivalités sont donc intestines et doivent le demeurer. Les financeurs comme ceux qui font l'opinion se chargent au besoin de rappeler la bienséance qui sied à un tel terrain.

"Une bien regrettable polémique" écrivait récemment une journaliste d'un quotidien régional(1) à propos du conflit entre l'Union Nationale des Amis et Parents de Personnes Handicapées Mentales (U.N.A.P.E.I.)(2) et le comédien Michel Creton, initiateur d'un amendement législatif permettant aux jeunes majeurs de demeurer au sein des Instituts Médico Educatifs qui en principe ne leur sont plus destinés.

> "Si toute cette polémique révèle un réel problème de fond, la forme qu'elle a prise est bien regrettable(...) à trop hausser le ton, plus personne n'osera enterrer la hache de guerre, ce duel risque de ternir une image que l'on ne voudrait pas mesquine : le combat doit être commun"

---

(1) Catherine ROY. "Une bien regrettable polémique". *La voix du Nord*. N°du 14/07/1990, p.17.

(2) L'U.N.A.P.E.I. accueille 180 000 handicapés au sein des 1750 équipements qu'elle fédère.

peut-on notamment lire dans cet article.

Au-delà d'un événement qui devient tel parce qu'il a simplement dépassé les limites, se profile donc un élément fondamental et sans doute particulier à ce secteur : les oppositions portant sur l'élaboration des nomenclatures, des nominations et ses enjeux cruciaux.

C'est sur ce registre que se cristallisent et que se signalent le mieux ces luttes, qui font et défont les hiérarchies et les subordinations.

Parler d'"enfant coupable", d'"enfant victime", de "carencé affectif", de "pré-psychotique" ou de "cas social", ou encore de "pré-délinquant" ne renvoie pas à des catégories naturelles, surgies du réel et s'imposant comme des truismes. En parvenant à édicter son qualificatif propre correspondant à un comportement, à un handicap particulier, le corps professionnel dont la définition fait loi remporte bien plus qu'un succès au seul niveau sémantique.

Il assoit de fait ses spécificités, ses compétences, sa place dans les filières de prise en charge ; bref, il s'impose et monopolise les postes et les représentations (1).

"Nommer c'est produire. Dire handicapés, inadaptés, marginaux, quart-monde, pauvres, assistés : ce n'est pas seulement choisir une dénomination ou une représentation. C'est opter pour une pratique, une forme d'action, un type d'objectif...et les deux sont indissociables"[(2)].

L'histoire de l'Education Spécialisée est jalonnée de ces luttes, de ces coups de force parfois, qui actualisent les modalités de traitement, d'accueil de jeunes et d'adultes et qui témoignent aussi de cette dynamique où se confrontent voire s'affrontent ici les tenants d'un charisme humaniste et les promoteurs de la psychanalyse, là les partisans des "micro-structures conviviales et alternatives" et les défenseurs des vertus de "l'internat classique". Le terme même "Enfance Inadaptée" ne fait pas exception et en filigrane à sa

---

(1) A suivre les pérégrinations de la notion de "déficience intellectuelle légère avec troubles associés" on saisit par exemple la médicalisation de l'échec scolaire et les mécanismes de relégation, au cours des années 1970, de jeunes issus de certains milieux sociaux vers les Instituts Médico-Educatifs

(2) Michel AUTES. "Le pouvoir du discours". *Informations Sociales*, 1, 1985, p. 63.

naturalisation ne tardent pas à apparaître, par exemple, des bénéficiaires tels que les pédopsychiatres dont l'influence est grande au sein de ce secteur et qui, maîtrisant les classifications, renforcent leur monopole en faisant passer pour évidences des catégories construites.

Les nomenclatures ne font pas que décrire ; elles entérinent des modalités de traitement et, au sein des différents métiers présents dans ce secteur, des positions de dominants et de dominés.

Evoquant les catégories socio-professionnelles, Alain Desrosières et Laurent Thévenot écrivent :

"Ce sont ces fausses évidences ayant présidé à la construction de la nomenclature qui doivent être débusquées ; faute de quoi on les retrouvera sans s'en rendre compte systématiquement incorporées aux produits du classement"(1).

Nous pensons qu'une telle réflexion peut être transférée parfaitement à l'Education Spécialisée. Elle implique d'abord un regard rétrospectif sur l'histoire objectivée de ce secteur. Ainsi nous nous attacherons au fil des quelques repères qui vont suivre, à en restituer la genèse et les héritages. Le préalable à toute recherche sur le métier d'éducateur spécialisé - sauf à se condamner à n'en saisir que les clichés ou les débats sans issue sur une identité toujours en gestation - passe, à notre sens, par l'étude des traits distinctifs d'un terrain traversé par des enjeux qui appellent analyse. La place même des hommes et des femmes qui se sentent faits pour un tel emploi, comme leurs profils sociologiques, sont marqués au coin par ces conflits, par cette dynamique singulière.

Nous ne nous bornerons cependant pas à élucider ces confrontations. Du poids du religieux aux velléités d'intervention de l'Etat, d'autres versants méritent eux aussi que l'on s'y attarde.

---

(1) Alain DESROSIERES, Laurent THEVENOT. "Les mots et les chiffres : les nomenclatures socio-professionnelles". *Economie et Statistique*, 110, 1979, p.50.

A. FORCE ET FORME D'UNE UNITE SOCIALE

a. La marque du roman des origines

"La mémoire est la vie, toujours portée par des groupes vivants, et à ce titre, en évolution permanente, ouverte à la dialectique du souvenir et de l'amnésie, inconsciente de ses déformations successives.

L'histoire est la reconstruction toujours problématique et incomplète de ce qui n'est plus. La mémoire installe le souvenir du sacré, l'histoire l'en débusque".(1)

Le terrain de l'Education Spécialisée ne fait pas exception : il entretient avec le passé un rapport existentiel qui tient plus de la mémoire que de l'histoire. Si l'on devait s'en remettre aux nombreuses monographies, aux récits biographiques et quelque peu hagiographiques qui se rapportent à cette mémoire institutionnelle dont Marc Ferro affirme qu'elle est :

"la transcription d'un besoin en quelque sorte instinctif de chaque groupe social, de chaque institution qui justifie ainsi et légitime ses comportements"(2)

on accepterait pour historique des réinterprétations qui participent de ce "roman social" idéalisant un passé à l'usage du présent.

Le mythe des origines et l'inexorable avancée vers les lumières de la science constituent la trame commune de ces "lieux de mémoire" qui codifient, symbolisent et idéalisent la genèse du terrain de l'Education Spécialisée et sa foi dans le progrès.

- le mythe fondateur

Assurément des pionniers ont oeuvré à l'essor de ce secteur et leurs noms restent attachés à des réalisations dont chacune a fait date et passait pour une étape capitale dans la reconnaissance d'un enfant sujet de droit. Cependant qu'il s'agisse d'Henri Rollet(3), fondateur des

---

(1) Pierre NORA. *Les Lieux de mémoire*. Tome I, Paris : Gallimard, 1984, p.XIX.

(2) Marc FERRO. *L'Histoire sous surveillance*. Paris : Calmann-Levy, 1985, p. 19.

(3) Sur l'action d'Henri Rollet, se reporter à Martine KALUSZINSKI, Françoise TETARD, Sylvette DUPONT-BOUCHAT. *Un objet : l'enfant en danger moral. Une expérience : la société de patronage*. Rapport Mission Interministérielle Recherche-Expérimentation : Paris : MIRE, 1991.

patronages et figure marquante du renouveau des oeuvres privées après l'épisode de la lutte des années 1880 contre les congrégations, ou d'Henri Joubrel(1), initiateur dès 1942 d'un maillon essentiel de l'organisation contemporaine du secteur, les centres d'observation ; ou encore de Jean Vannier(2), fondateur de communautés pour handicapés mentaux au milieu des années 1960 ; leurs actions s'enracinent dans un contexte qui tout au moins permettait les opportunités qu'ils ont saisies.

Le "Roman social" de l'Inadaptation est fréquemment convoqué pour auréoler le passé, instituer une identité, constituer une mémoire. Régulièrement, donc, les évocations des fondateurs dépeignent une genèse qui se fonde sur du sable. Ces pionniers partent de rien, se meuvent dans un paysage étrangement "hors du social", ne doivent leur succès qu'à leur capital de dévouement et éventuellement d'ailleurs n'avaient pas eux-mêmes pensé que ce qu'ils entreprenaient pourrait un jour connaître une telle diffusion.

"Quand en 1964, un ancien officier de la Marine britannique, professeur de philosophie à l'Université de Toronto, décide de partager, dans un village de l'Oise, sa vie quotidienne avec deux hommes gravement handicapés mentaux, il ne pensait pas que vingt ans après des communautés se réclamant de lui seraient nées sur les cinq continents"(3)

souligne l'ouvrage consacré à Jean Vannier, fondateur de l'Arche.

Ce sont les "circonstances", le hasard des rencontres, la ténacité qui sont ici appelés pour cerner l'acte créateur et, de fait, ce recours au roman social autonomise l'héritage. Nombre d'agents investis dans le terrain de l'Education Spécialisée s'inventent ainsi un passé comme d'autres s'inventent une campagne. Peu d'éléments mobilisent le contexte socio-économique et politique, relèvent les stratégies de corps professionnels, les alliances tactiques, les luttes d'influence, restituent les jeux et les enjeux.

---

(1) Sur l'action d'Henri Joubrel, se reporter à Jacques GUYOMARCH et Coll. *Henri Joubrel. Témoin et acteur de l'action éducative et sociale.* Paris : A.I.E.J.I., 1985.

(2) Sur l'action de Jean Vannier, se reporter à Anne Marie De La SELLE, Antoinette MAURICE. *Déracinement et enracinement des personnes handicapées.* Paris : CTNERHI, 1986.

(3) Anne-Marie De La SELLE, Antoinette MAURICE. Ibid. p.4.

Au sein de nombreux ouvrages et articles pointe par contre comme un regret de cette époque faste où tout restait à faire, en friche, où tout était possible pour peu que l'on ait cette foi et cette fougue pour l'engagement ; comme un "désir de retrouver le paradis perdu".[1]

Cette vue latérale, cette sélection, ce découpage aboutissent-ils à une "illusion rétrospective" qui dissimule dans une langue convenue et consensuelle la fragilité historique du propos ?

Sans doute, mais il faut prosaïquement le reconnaître, elle représente une mine d'informations pour baliser les chemins de l'émergence et de la professionnalisation de ses agents et donc faire la part de la rhétorique et des faits.

- **les accents positivistes**

Le roman des origines ne puise pas uniquement dans une "galerie des ancêtres". Il retranscrit aussi un cheminement prêt à reconnaître les errements passés pour mieux valoriser les ruptures et les acquis. Aux yeux de maints agents investis dans le secteur, consentir à évoquer les racines s'accompagne d'une mise à distance d'un tel passé trouble depuis longtemps révolu : "Maintenant ça n'a plus rien à voir".

Les images d'Epinal, d'ailleurs, abondent quand il s'agit d'exorciser les foyers de leur histoire, les lieux qui l'ont sécrétée. Leurs propos sont souvent aussi un parcours de l'oubli qui, ici remémore, là ajuste, là passe sous silence. Les influences du siècle dernier, notamment les premiers aménagements de quartiers spéciaux pour jeunes, l'ouverture de maisons centrales d'éducation correctionnelle (Les "maisons de correction") puis, plus tard la période des colonies agricoles ou industrielles et avec elles l'empreinte d'une coercition qui va pourtant marquer durablement la prise en charge des "jeunes coupables" sont omises.

Déplacements et sélections tendent à faire commencer l'histoire de l'Education Spécialisée avec l'arrivée massive des religieux puis,

---

(1) René REMOND. "Pourquoi notre société veut-elle une histoire du temps présent ?" in : *Histoire et temps présent*. Paris : C.N.R.S., 1980. cité par François TETARD. "Un curieux besoin d'histoire". *Cahiers d'ECARTS*, 2, 1984, p.11.

immédiatement à la suite, des scouts ; les uns et les autres fondant leur action sur un charisme, un humanisme et une vocation qui exhalent l'encens. Ce passé est toujours quelque peu fustigé voire caricaturé puisque les "choses sérieuses", elles, coïncident avec la montée en puissance des "vrais" professionnels, au rang desquels les éducateurs bien sûr, mais aussi les psychologues et les psychiatres. La "fin de la longue nuit", la sortie de l'empirisme, la modernité, ce sont eux.

"Désormais, la relation entre "l'inadapté" et le milieu en général est conçue comme réciproque : dans l'idéologie humaniste, il fallait réadapter l'enfant au milieu ; avec la nouvelle idéologie, ce dernier est aussi remis en question : "l'enfant est-il inadapté, ou bien le milieu où on le fait vivre n'est-il pas inadapté à le mettre à l'aise et à le valoriser ?" Dans cette période, il s'agit de savoir quelles sont les répercussions des conditions du milieu au niveau psychologique : "il faudra par un examen psychologique, ou même au cours d'une psychothérapie, décoder le symptôme qu'a choisi inconsciemment l'enfant pour manifester son désarroi affectif". La recherche des causes dans lesquelles on place au premier rang les causes psychologiques et médicales devient la préoccupation majeure".[1]

Tels sont les leviers du roman des origines avec lequel on se doit de rompre si l'on projette d'analyser une histoire objectivée, déposée, et qui agit en deçà de la conscience des agents qui s'engagent dans ce terrain ; une histoire que nous pensons beaucoup plus tributaire d'un passé censuré et bien plus rémanente aussi que celle, édulcorée et ajustée, que les professionnels font souvent la leur.

b. Le poids du religieux

Le rapport entre l'héritage religieux et l'Education Spécialisée est à la fois bien plus complexe et bien plus tenace qu'il n'y paraît à première vue ; les idées à l'emporte-pièce saturent les discours, caricaturent les enjeux et finalement, par des voies détournées, versent là aussi dans le roman des origines.

---

(1) Daniel CEREZUELLE, Jean HASSLER. *Le Secteur rééducatif menacé*. Paris : CTNERHI, 1983, p 43-44.

Incontestablement les racines religieuses ont façonné durablement les formes institutionnelles du secteur et la sécularisation en oeuvre depuis quelques décennies n'en a détruit le poids, ni dans les corps professionnels, même s'il faut se défier des analogies trop rapides entre deux champs qui certes entretiennent des rapports de proximité mais qui désormais prennent cependant leurs distances ; ni dans les murs qui influencent notoirement - quand bien même les agents s'en défendent - les actions qui s'y déroulent.

Mais avant tout il faut veiller à ne pas sombrer dans les raccourcis que favorise une approche généalogique du terrain, amenée à simplifier, à éluder. Si la vision panoptique que propose Bernard Gaudens[1] ou même Jacques Donzelot[2] parcourt allègrement les siècles, elle use - et abuse - du concept d'idéologie et de l'image d'une catholicité univoque, toute puissante et péremptoire. Rien ne vaut l'approche prudente, documentée, d'une période limitée dans le temps ou d'un objet précis, singulier, abordé alors sous tous ses angles.

En ce sens, si l'ouvrage d'Henri Gaillac[3] sur "les maisons de correction" ou celui de Michel Chauvière[4] sur le tournant capital de la période vichyste font désormais figure de références, c'est parce qu'ils sont parvenus à éviter ces ornières aussi séduisantes que schématiques.

Gilbert Vincent(5) rappelle, lui, à bon escient que le champ religieux n'a pas l'homogénéité qu'on lui prête et qu'il est traversé de conflits contrairement à l'idée commune de cohérence. Le terme de stratégie, régulièrement usité est, relève-t-il, ambigu : il reprend ni plus ni moins ce cliché de l'hydre rampante au dessein unique. Les protestants, par exemple, n'ont pas été, loin s'en faut, absents des processus d'institutionnalisation de l'Inadaptation, et au sein même de la cléricature les oppositions ont souvent été vives entre les fidèles à l'Encyclique de Pie XI vouant, en 1924, aux gémonies, "pour

---

(1) Bernard GAUDENS. Archéologie et idéologie de la rééducation.Th. 3ème c : Bordeaux 2 : 1978.

(2) Jacques DONZELOT. La Police des familles. Paris : Minuit, 1977.

(3) Henri GAILLAC. Les Maisons de correction. Paris : Cujas, 1971.

(4) Michel CHAUVIERE. Enfance inadaptée : l'héritage de Vichy. Paris : Editions Ouvrières, 1980.

(5) Gilbert VINCENT. "Question de généalogie institutionnelle : quand les sociologues se font historiens du travail social". Cahiers d' ECARTS, 2, 1984, p.21-31.

naturisme", l'"Education Nouvelle" et des prêtres pionniers - tel Jean Plaquevent - théoricien mais aussi actif praticien de ces méthodes pédagogiques mises à l'index par d'autres religieux.

Ce n'est pas la moindre des contradictions que de relever les luttes constitutives du terrain de l'Education Spécialisée et de postuler que le champ religieux est, lui, par contre invariant et stable.

Ce nécessaire préambule effectué, le poids de certains courants intimement liés à la religion est à souligner d'autant plus haut et fort qu'il structure les formes contemporaines de la prise en charge des inadaptés et des handicapés. Nous en percevons au moins deux dimensions prépondérantes : l'héritage de l'internat et la tradition du charisme.

- l'internat en héritage

L'internat n'est pas qu'un décor. Il demeure prégnant bien qu'étonnamment, à l'image peut-être de la naturalisation des nomenclatures, on paraisse trop souvent en oublier l'impact.(1)

L'idée d'enlever l'enfant au monde, de le cloîtrer, de le délivrer des perversions est une survivance de la pédagogie des Jésuites du XVIème siècle. Le terrain de l'Education Spécialisée n'en a bien sûr jamais eu le monopole et le XIXème siècle, qui en représente l'âge d'or, rappelle tout ce que le lycée Napoléonien ou les Ecoles Normales d'Instituteurs doivent à ce système qui déracine, traumatise mais aussi endurcit et prépare à la vie adulte. Age d'or mais aussi déclin puisque la part des internes régressera de 64 % à 29 % des lycéens entre 1809 et 1909.

Dans ce qui n'est encore que la préfiguration du secteur, la "solution internat" de fait s'impose comme allant de soi quand peu à peu, en écho à l'émergence de la notion d'enfance, on s'efforce de séparer les jeunes des adultes au sein des prisons. Les grandes demeures de bourgeois et surtout d'aristocrates et les bâtiments religieux (séminaires, couvents,...) se révèlent disponibles pour des initiatives privées se proposant de relayer une force publique incapable de répondre efficacement à ce "problème de société". Dès 1830 des pionniers philanthropes enfoncent ainsi un coin dans les velléités républicaines de régenter la vie civile et ouvrent grands leurs domaines . Ce mode d'éducation intra-muros se généralise ainsi pour les "enfants coupables" au moment où il perd de son importance pour

---

(1) A titre de première approche on se reportera, sur ce point, au numéro 7-1989 de la revue "Informations Sociales" intitulé "la vie en institution".

les autres jeunes.

Patrons sociaux, tels Japy ou Meunier, nobles nostalgiques d'un ordre mis à mal par la Révolution Industrielle, vont être aux avant-postes de ces formes qui tentent de faire intérioriser par les pensionnaires de "bonnes manières", de "bonnes habitudes".

Les Colonies Agricoles, vastes propriétés dont Mettray - près de Tours - sera durant un siècle le modèle, vont aussi asseoir une thématique qui traversera le terrain de l'Education Spécialisée et qui perdure encore sans doute insidieusement : la "mystique rustique", l'hymne à la nature bienfaitrice, à l'isolement qui permet de retrouver de vraies valeurs, saines et morales. La devise en sera *"la seule clé de ces colonies est la clé des champs"* et la croyance aux vertus du travail de la terre ira de pair avec la conviction que l'on peut remplacer l'épaisseur des murs par la rusticité de telles oasis d'ordre. Quand, en 1943, Henri Joubrel vantera ces arbres qui sont les seuls barreaux des centres qu'il initie, il rappellera aussi combien le scoutisme dont il est une des figures marquantes, puise dans de tels principes.

A-t-on rompu avec ce passé qui a légué des bâtiments bien sûr, mais surtout des représentations tenaces que peuvent légitimer aussi bien les pédagogies "traditionnelles" que les pédagogies "nouvelles" aspirant à protéger l'enfant, à le soustraire aux influences néfastes de son milieu, à raviver ses "capacités naturelles" ? Rien n'est moins sûr.

"Que faire de l'héritage ?" questionnait récemment Michel Tachon[1] avant de souligner combien les usages alternatifs de ces bâtiments impressionnants sont problématiques. La majorité des jeunes relevant de l'Education Spécialisée sont encore accueillis au sein d'institutions éloignées des pôles urbains dont ils sont pourtant le plus souvent issus. On saisit bien aussi pourquoi, dans les années 1960 et 1970, l'extraordinaire vague de création d'Instituts Médico-Educatifs - plus de 1000 ouvertures en 15 ans ! - va investir largement ces équipements - et avec eux leur passé. Il en est jusqu'aux écoles d'éducateurs - dont le lointain ancêtre est l'Ecole des contremaîtres de Mettray ouverte en 1838 - qui elles aussi seront fréquemment hébergées dans des murs chargés d'histoire.

Ces "institutions totales" au sens qu'en donne Erving Goffman[2] ont laissé des traces. Certes les professionnels qui, depuis vingt à

---

(1) Michel TACHON. "Que faire de l'héritage ?". *Informations Sociales*. 6, 1989, p.6-11.

(2) Erving GOFFMAN. *Asiles*. Paris : Minuit, 1968.

trente ans, occupent les lieux renient largement ces racines et tentent ici de réhabiliter des locaux désuets, là de convaincre leurs responsables d'associations de s'en séparer ; mais ces pans de bâtisses ne s'écroulent pas facilement voire demeurent bien vivaces dans les esprits(1). A l'intérieur des maisons anodines, dans les "appartements" où les éducateurs et leurs "clients" siègent désormais, court cette même histoire tenace parce qu'inscrite dans un passé qui ne cesse de se prolonger.

- la tradition du charisme

Les préjugés sur une catholicité de facto rétrograde et les clichés ressassés sur la "calotte" aboutissent très souvent à la caricature des enjeux et des formes qu'a pu prendre l'encadrement des enfants et des adolescents au sein des institutions religieuses relevant du secteur de l'Education Spécialisée. En fait le glissement du répressif au moral s'est effectué très lentement et les colonies pénitentiaires publiques n'étaient pas, jusqu'en 1930, beaucoup plus libérales que leurs homologues privées.

Il est périlleux de séparer la part des intérêts politiques, économiques qui ont présidé aux initiatives de courants effectivement conservateurs et les aspirations morales et charitables qui poussaient des congrégations et des notables vers de tels investissements oblatifs.

Il est désormais bien établi que les premiers patronages mis en place par des bourgeois avisés répondaient à la crainte que les jeunes livrés à eux-mêmes, au sein de pôles urbains accaparés par la Grande Industrie naissante, se retrouvent à la tête des insurrections.

Les derniers jours de Juillet 1830 - les Trois Glorieuses - restaient gravés dans les mémoires et plus tard toute la IIIème République sera hantée par la Commune.

"Il n'est pas une émeute, pas un mouvement désordonné qu'ils (les jeunes vagabonds) n'y assistent et auquel ils ne prennent part ; non qu'ils soient disposés à se passionner pour une opinion politique quelconque, mais un événement de ce genre est pour eux un drame dans lequel ils se rendent acteurs, plutôt pour satisfaire une sorte de goût aventureux que pour tout autre motif" déclarait Béranger De La Drôme[2], pionnier parisien des "maisons de refuge".

---

(1) environ 75 % des éducateurs ont pour cadre de travail un internat.

(2) Béranger De La Drôme, cité par Henri GAILLAC. op.cit.p.56.

La peur du vagabondage, cette "inquiétante manie de locomotion d'oisiveté"[1], qui aboutira jusqu'en 1935 à sa pénalisation sans autre forme de procès, renvoie effectivement les premières mesures alliant coercition et bienfaisance à un souci de paix sociale, voire de méfiance vis-à-vis de cette classe ouvrière décidément ingrate et menaçante. Quand peu après, Charles Lucas, le père des colonies agricoles proclame : "Il faut sauver le colon par la terre et la terre par le colon" on perçoit bien comment l'intérêt politique double l'intérêt moral. Des aristocrates malmenés par la bourgeoisie florissante peuvent ainsi simultanément accuser cette prétendue prospérité industrielle et continuer à faire entretenir leurs domaines désertés par une main d'oeuvre qu'attirent les séductions de la ville. En filigrane à l'apologie d'une campagne nourricière et régénératrice pour les "prisonniers de la vraie nature" se profileront durant un siècle des arrière-pensées mêlant irréductiblement altruisme et réaction.

Le socle institutionnel, ou plutôt, comme le note Michel Chauvière[2] "l'inextricable puzzle d'institutions jalouses de leur liberté" va se constituer grâce aux avancées de philanthropes - les magistrats, très tôt, initieront nombres de créations d'associations en marge du système judiciaire - et de congrégations enthousiastes et humanistes.

A une période où l'Etat assoit à grand mal son autorité, où les soubresauts de la Restauration et de la Monarchie de Juillet accaparent une puissance publique encore chancelante ; le bénévolat, la quasi-gratuité aussi de ces filières, qui passent presque exclusivement par les églises, assurent à l'Initiative Privée un monopole qui ne sera jamais réellement entamé par la suite. Le très fort courant d'intérêt pour l'enfant, les débats passionnés entre Lombroso et Lacassagne sur les causes du vice chez les jeunes sensibiliseront une opinion relayée par des journaux fréquemment gagnés à la cause salvatrice de la charité et de la commisération.

---

(1) Orsel, Président de la Société de Patronage Lyonnaise, cité par Henri GAILLAC. op.cit.p.59.

(2) Michel CHAUVIERE. op. cit. p. 28.

Si à la fin du siècle dernier, protestants et francs-maçons en tête, les républicains tenteront de faire voler en éclats une telle mainmise, leurs succès seront limités, mitigés. Les établissements pour jeunes filles notamment résisteront particulièrement bien à ces pressions. Dans les "écoles de préservation" un temps menacées, des milliers d'adolescentes resteront durablement élevées sur les genoux de l'Eglise et jusqu'aux années 1950, leur sort ne sera guère enviable.(1)

La loi de Séparation de 1905 elle non plus ne fera pas réellement vaciller les oeuvres des religieux qui, quatre ans auparavant, sous le couvert de la Loi sur les Associations à but non lucratif, auront adopté un cadre juridique assurant leur pérennité.

Le couple amour-vocation va être le ciment de ce courant que Paul Fustier(2) nomme "familial-charismatique". Les qualités de coeur seront pour longtemps un gage de compétence indiscuté ; le don de soi, l'idéalisme, la générosité assurant à ces missions rédemptrices une action efficace auprès des objets idylliques que vont devenir les "enfants perdus" puis plus tard les handicapés extirpés des asiles où ils croupissaient et de la démence dont on les taxait.

Certes, derrière les murs, la dureté de la discipline voire les sévices infligés aux récalcitrants seront monnaie courante, mais il est difficile de méconnaître cependant que cette permanence caritative sera empreinte, la plupart du temps, d'une générosité très sincère chez les religieux et les religieuses dévoués corps et âmes à ces tâches d'encadrement.

A leurs côtés, dès le début des années 1930, des laïcs gagnés à la cause vont faire leur entrée sur ce terrain encore disparate. La plupart seront des scouts passionnés par une action leur permettant de conjuguer activisme et humanisme. Ils seront dans un premier temps en nombre restreint. Ce sont les événements consécutifs à la Seconde Guerre Mondiale qui vont marquer fortement leur investissement dans le secteur de l'Education Spécialisée, avec la bénédiction de milieux cléricaux applaudissant à cette rencontre du sentiment religieux et de l'appel à l'honneur[3].

---

(1) on se reportera sur ce point particulier aux travaux de Béatrice KOEPPEL, notamment à l'ouvrage *De la Pénitence à la sexologie*. Paris : Le Symocore/C.F.R.E.S. Vaucresson, 1982.

(2) Paul FUSTIER. *L'Identité de l'éducateur spécialisé*. Paris : Editions Universitaires, 1972.

(3) On sait combien cet "exemple du chef" parrainé par un régime collaborationniste sera salué par la grande majorité du clergé, sympathisante de Pétain, au moins jusqu'au milieu de l'année 1942.

Nombre de ces jeunes ressentaient cette tâche d'encadrement comme ponctuelle et liée à un contexte particulier. *"Nous ne pensions pas faire carrière"* déclaraient à l'envi ceux qui, plusieurs années après, seront encore étonnés de continuer ainsi à se consacrer à ces centres remettant "dans le droit chemin" des adolescents perturbés et déboussolés. Pourtant force est de constater leur impact et bientôt leur poids.

Baden-Powell avait créé tout un système de patrouilles, de hiérarchie, de fonctionnement mêlant références familiales et primauté de l'ordre. Les "Chantiers de Jeunesse" bénis par Vichy calqueront dans de nombreuses institutions une organisation de type "scout" qui convient bien aux prêtres encore aux commandes. Le "salut des enfants perdus"[1] sera aussi un salut aux couleurs et, accessoirement, à la Francisque.

Le charisme trouvera sa voie et ses relais. Les "petits groupes verticaux", "les foyers familiaux", "le partage de l'expérience" et avec eux toute une modélisation, tout un vocabulaire se rapportant à des manières de penser et d'agir n'ont pas encore évacué aujourd'hui, loin s'en faut, le terrain de l'Education Spécialisée.

Pour l'heure, durant cette même période, les années 1941-1944, où la "nouvelle jeunesse" trouve à s'accomplir auprès d'enfants ballottés, privés de repères ou orphelins ; d'autres personnages prennent pied puis assoient peu à peu leur position : ils préfigurent l'organisation contemporaine d'un secteur jusque là marqué avant tout par un humanisme au service de l'ordre.

c. De l'humanisme aux techniques rééducatives

Tantôt insidieusement et patiemment, tantôt ouvertement et à grandes enjambées, des "techniciens" vont imposer leurs catégories, leurs directives, leurs places stratégiques et enfin leur domination sans faille. Parmi eux un corps professionnel précis va ainsi codifier non seulement ces "enfants de Caïn"[2] décidément inclassables, mais plus largement, l'ensemble des individus captés par les établissements et services où ils feront leur entrée, ou plus tard qu'ils créeront de toutes pièces au gré des alliances et des opportunités qu'ils sauront

---

[1] Henri JOUBREL. *Kergoat ou le salut des enfants perdus.* Paris : Editions Familiales de France, 1945.

[2] Louis ROUBAUD. *Les Enfants de Caïn.* Paris : Grasset, 1925.

magistralement saisir : les psychiatres, plus exactement les neuropsychiatres bientôt rejoints par les pédopsychiatres. Avec eux, à côté d'eux, mais le plus souvent en position subalterne, les psychologues, plus tard les analystes et des rééducateurs tels que les orthophonistes ou les psychomotriciens participeront à la structuration d'un terrain qui sera le meilleur vecteur de leur expansion, y compris dans la "société civile".

L'Oeuvre Privée, à un moment donné -durant les années 1930- donnait les signes d'un certain essoufflement, du fait notamment d'un relatif archaïsme de ses modes de prise en charge, d'un divorce grandissant entre l'avancée des représentations en matière de pédagogie, de la place accordée à l'enfant et de la frilosité de ses propres actions ; en raison aussi d'une absence patente de coordination entre des institutions soucieuses avant toute chose de leurs prérogatives. Cette oeuvre va retrouver, grâce à l'aura de ces spécialistes, un dynamisme qui lui faisait défaut. Leurs capacités mobilisatrices, leur influence dans les arcanes des circuits de décisions politiques permettront aux uns et aux autres de revendiquer un professionnalisme éprouvé et de reprendre l'initiative.

La médicalisation, et avec elle la transmutation de maints phénomènes sociaux en problèmes psychologiques individuels, va durablement imposer des schémas de perception qui infiltreront notoirement le métier d'éducateur et sa cohorte de discours mi-scientifiques, mi-oblatifs dont les ressorts seront "l'autonomie", "le changement", "l'épanouissement" et toute une logomachie psychologisante, signe comme le rappelle Marc-Henri Soulet[1], de sa double origine.

- homologuer et catégoriser

Les tentatives du corps médical pour asseoir son influence dans le traitement des handicapés et des inadaptés ne datent pas des années 1940. Le succès de leur entreprise y est certes capital au cours de cette période mais ce n'est là que l'aboutissement d'efforts qui sont en germe depuis de nombreuses décennies déjà.

Il faut remonter d'ailleurs au tout début du siècle dernier pour relever les premières luttes qui opposent médecins et pédagogues et annoncent là une lignée prolifique. Le continent noir de l'enfance

---

(1) Marc-Henri SOULET. "Les raisons d'être d'une profession". *Informations Sociales*, 1, 1985, p. 70-77.

suscite alors bien des intérêts, bien des convoitises aussi, et quand Jean Itard[1] tente avec minutie et passion de rééduquer Victor, l'enfant sauvage de l'Aveyron, se joue en fait l'entrée en lice des "Médecins de l'âme" dans ces asiles-dépotoirs insalubres où cohabitent pêle-mêle estropiés et marginaux, prostituées et malades mentaux. Les aliénistes prestigieux que sont Pinel, Esquirol ou Voisin recueillent les fruits du développement de la médecine du corps et, en creux, de celle de l'esprit, encore très peu visitée.

L'arriération, l'idiotie, l'imbécillité sont les premiers classements, trace d'une clinique balbutiante[2] qui investit d'ailleurs déjà les sphères de l'hospitalisation privée[3].

Cependant les événements déterminants qui inaugurent le jeu complexe d'alliances entre les promoteurs de la psychologie, de la psychiatrie et les pionniers de l'inadaptation vont paradoxalement voir le jour au sein d'une Ecole publique encore fragile et menacée.

Les lois Ferry de 1881 et 1882 posent les fondements d'une école "laïque et obligatoire" qui a pour suprême mission l'éducation des enfants de la République, l'inculcation de leurs droits et devoirs. Rapidement les premiers atermoiements, les premiers échecs ne tardent pas à inquiéter des personnalités - souvent protestantes - qui ont là engagé le fer avec une catholicité, rétrograde à leurs yeux, mais tenace. De nombreux enfants "prennent du retard" et mettent à mal une programmation des apprentissages que l'on pensait adaptée à tous.

Les premiers psychologues scolaires, réunis au sein de la Société Libre pour l'Etude Psychologique de l'Enfant (S.L.E.P.E.) qu'animent entre autres Binet et Simon, vont proposer leurs services et mettre au point des tests d'intelligence susceptibles de détecter ces "anormaux d'école" qui s'obstinent à n'y rien comprendre.

---

(1) Thierry GINESTE. Victor de l'Aveyron. Dernier enfant sauvage, premier enfant fou. Paris : Le Symocore, 1981.

(2) voir sur ce point Markos ZAFIROPOULOS. Les Arriérés : de l'asile à l'usine. Paris: Payot, 1981.

(3) Gérard REYRE. De l'Asile à l'I.M.P. Contribution à l'étude socio-historique du champ de l'enfance anormale. Th. 3ème C. : Paris 8 : 1987. L'histoire de la lutte contre la tuberculose apporte également des éléments de compréhension de cette dialectique du médical et du social constitutive de l'Education Spécialisée. CF. Yvonne KNIBIELHER. "La lutte antituberculeuse, instrument de la médicalisation des classes populaires (1870 - 1930). Annales de Bretagne et des Pays de l'Ouest, 2, 1979, p. 321-336 et Antoinette CHAUVENET. La Protection de l'enfance. Paris : l'Harmattan, 1992, p. 15 et ss.

Le fait que ceux-ci soient pour la plupart issus des milieux populaires ne sera pas réellement pris en compte ou plutôt n'étonnera pas outre mesure à un moment où les catégories morales se confondent avec les classifications scientifiques dans des approches à la fois naïves et commodes.

Les "classes laborieuses" suscitent encore de la méfiance et ces tares qu'on y détecte accréditent voire renforcent en quelque sorte les préjugés que l'on avait sur elles.

La réduction du social au psychologique, comme la mesure de l'intelligence à la seule aune d'un quotient intellectuel naturalisé bien que singulièrement arbitraire vont asseoir des pratiques de dépistage et d'exclusion qui traverseront le siècle. Le "racisme de l'intelligence"[1] corrélatif à l'obligation scolaire va trouver là ses premiers répétiteurs.

Les classes de perfectionnement, qui verront le jour dès 1909, ne rencontreront, par contre, pendant trente ans qu'un succès très mitigé[2], notamment parce qu'elles devaient être financées par les communes, mais au-delà, semble-t-il, pour une raison plus profonde :

> "L'invention de l'arriéré et son projet de mise à l'écart ne correspondent à l'époque ni à une demande interne du corps des instituteurs, ni à une nécessité fonctionnelle de l'école"[3].

Sauf si son comportement pervertissait vraiment l'ordre de la classe -et dans ce cas son orientation vers une "maison de redressement" était toujours possible- le "débile scolaire", fut-il passif, sera le plus souvent toléré.

Il serait simpliste, au nom de ce relatif échec des psychologues pour imposer leurs vues, de passer sous silence la période d'entre les deux guerres et de créditer l'idée d'une prise de possession du terrain de l'Inadaptation aussi soudaine que savamment orchestrée de la part

---

(1) Pierre BOURDIEU. *Questions de Sociologie*. Paris : Minuit, 1980, p. 264.

(2) De 1909 à 1939, uniquement 274 classes de perfectionnement verront le jour.

(3) Patrice PINEL, Markos ZAFIROPOULOS. *Un Siècle d'échecs scolaires*. Paris : Editions Ouvrières, 1983, p. 61.

des psychiatres durant le régime vichyste[1]. Nombre d'entre eux ont déjà pris pied durant les années 1930 dans des établissements publics ou privés, sans que leur rôle toutefois puisse être comparé à celui qu'il sera dix ou quinze ans plus tard.

Ainsi, quand en 1937, Paul-Emile Cadilhac[2] plaide, dans les colonnes de l'Illustration, en faveur des "maisons d'éducation surveillée" injustement à ses yeux soumises à la vindicte par la campagne d'Alexis Danan[3] ; il signale que "médecins et psychiatres ont longuement examiné les pensionnaires dans le cadre de la réforme en cours" et qu'un projet de "juge unique assisté d'un médecin psychiatre et d'une personne s'occupant des oeuvres de l'enfance et de l'adolescence" sera bientôt porté devant le Parlement afin de modifier le tribunal pour mineurs.[4]

Plus intéressante encore est l'étude biographique de Georges Heuyer[5]. L'ascension de ce médecin qui prendra une part importante dans l'institutionnalisation du secteur de l'Education Spécialisée et deviendra une personnalité de premier plan est exemplaire. Issu d'un milieu modeste, il optera pour les chemins de traverse de la neuropsychiatrie, discipline peu en vue et peu lucrative. Double domination dont il aura raison en s'attachant, avec acharnement, à asseoir, durant les années 1920-1930, une spécialité reniée par l'hôpital public, peu prisée par la médecine de ville. Sa rencontre avec des responsables du secteur privé à la recherche de caution scientifique sera le tremplin pour une carrière fulgurante.

---

(1) Il y aurait lieu, dans une étude plus fine, de distinguer sans doute les stratégies des psychologues et des psychiatres. Il est possible que les premiers aient éprouvé des difficultés à se dégager de l'alliance d'avec les tenants de l'Ecole Publique, laissant le champs des oeuvres privées, bon gré mal gré, à des médecins dont la spécialité parvenait mal à se faire reconnaître ailleurs.

(2) Paul-Emile CADILHAC. "Maisons de redressement". *L'illustration*, N° 4898, Janvier 1937, p. 76.

(3) Alexis DANAN. *L'Epée du scandale. Trente ans au service des enfants perdus.* Paris : Robert Laffont, 1961.

(4) La réforme évoquée, celle de la Colonie de Saint-Maurice, se soldera par un échec et la modification de la loi ne verra pas le jour non plus.

(5) Nadine LEFAUCHEUR. "Deux entreprises scientifico-sociales de promotion de l'eugénisme comme fondement des normes en matière de production et de socialisation des enfants : Adolphe Pinard et Georges Heuyer". *Vie sociale*, 3-4, 1990, p. 61-75.

Le régime de Vichy va permettre que se démultiplient ces alliances intéressées et surtout va imposer définitivement une organisation consacrant une certaine mainmise de l'Initiative Privée sur le secteur et, corrélativement, la position dominante de psychiatres qui ne démentiront jamais par la suite leur aspiration à le régenter et à l'aménager à leur mesure.

A la base de cette emprise, il y a bien sûr un contexte très particulier, mais surtout la défiance, la suspicion de tout ce qui de près ou de loin rappelle l'Education Nationale et l'Ecole Publique, responsable de la démoralisation du pays et de sa débâcle. Ses instituteurs seront brimés, ses cadres destitués au moment où certains responsables religieux fréquentent assidûment les allées du pouvoir. Magistrats et médecins vont prendre à bras le corps les problèmes que posent une délinquance qui ne cesse de croître et impulser, en 1943, sous la houlette notamment de Georges Heuyer, un Conseil Technique de l'Enfance Déficiente et en Danger Moral. De concert avec nombre d'animateurs d'associations souvent d'obédience chrétienne mais aussi laïques, en zone occupée en particulier, ils ne vont pas tarder à se doter d'un remarquable outil stratégique : les Associations Régionales pour la Sauvegarde de l'Enfance et de l'Adolescence (A.R.S.E.A.) qui désormais auront le monopole dans l'orientation des "enfants de justice". L'année suivante une loi[1] prévoira que "tout mineur déficient ou en danger moral doit être soumis à la consultation médico-psychologique". Le verrouillage est en place. Les soubresauts de la Libération et les tentatives de quelques contestataires, comme Fernand Deligny[2], se révéleront dérisoires quand, dans les équilibres subtils entre M.R.P. et communistes, il sera nécessaire de ménager des groupes de pression, conservateurs certes mais très puissants et finalement très rassurants à l'heure où les préoccupations sont plutôt à la reconstruction.

La mise en place des Centres d'Observation pour délinquants durant les années 1940 et 1950, consacrera un dispositif exclusivement associatif sous la coupe de juges des enfants "pourvoyeurs" et de médecins-psychiatres accédant fréquemment à des postes de direction ou du moins à des positions dominantes.

L'internat va se figer, la "première génération" d'éducateurs va peu à peu passer "d'un modèle socio-familial à une forme de gestation

---

(1) Cette loi du 3 juillet 1944 sera reconduite par l'Ordonnance du 1er septembre 1945.

(2) Fernand DELIGNY. *Les Vagabonds efficaces*. Lille : Victor Michon, 1947.

médico-sociale[1] où ils vont gagner leurs lettres de noblesse en s'initiant à être à la fois "adulte" et "grand frère", "authentique" et "machine enregistreuse"[2].

"La vocation, le partage de vie, la qualification technique font partie des références qui ne cesseront jamais de traverser le corps des éducateurs (...) le jeu de leurs oppositions paraît avoir non seulement valeur de signe, mais d'acte fondateur de la profession".[3]

Homologuer, étymologiquement, signifie s'assurer qu'on dit la même chose quand on dit les mêmes mots ; catégoriser renvoie à "accuser publiquement". Au sein du terrain de l'Education Spécialisée, l'instabilité des désignations allait de pair avec l'hétérogénéité des modalités de prise en charge. Les années de l'Occupation, curieusement, ont été le cadre d'une homologation conquise dans et par la lutte, à un moment où le secteur public, qui avait lui aussi avant-guerre des velléités de réforme, était mis sous le boisseau, affaibli voire moribond.

En unifiant le secteur, les psychiatres et déjà à leurs côtés des psychologues et des agents conquis par les ouvertures qu'offrent ces savoirs, vont préfigurer un raffinement des classifications qui ne cessera de s'imposer.

Ces catégorisations, on le découvre régulièrement[4] dramatisent et durcissent une réalité tout en produisant la connaissance dans un secteur qui n'a pas fini de s'étendre.

---

(1) Gérard REYRE. op. cit.p.401.

(2) Martine TUAILLON. "Analyse de la littérature spécialisée" p. 7-160 in : Les Centres d'observation pour enfants inadaptés. Lyon : I.R.I.S.H. Lyon II, 1980.

(3) Pierre NEGRE. La Construction de l'observation en Education Spécialisée. th. N.R. : Tours, 1988.

(4) Parmi les travaux les plus récents, citons Alain MINGAT. "Les activités de rééducation G.A.P.P. à l'école primaire". Revue Française de Sociologie, 32, 4, 1991. p. 515-549 et Serge EBERSOLD. L'Invention du handicap. Paris : CTNERHI, 1992.

- **La hiérarchisation des métiers**

Durant la période vichyste, l'osmose entre les médecins-psychiatres et les pouvoirs politiques va donc permettre une expansion extraordinairement rapide du modèle technicien. Rien ne démontre à ce jour qu'elle ait été orchestrée par un nombre très réduit de personnalités qui, dans l'ombre, auraient ainsi fomenté un plan de mainmise sur un terrain encore très composite. Par contre un contexte particulier s'est avéré se prêter admirablement bien à des visées et à une emprise dont on peut aisément repérer les prémisses avant 1939.

Ce qui est alors d'autant plus remarquable, c'est la prolifération des initiatives afin de conquérir promptement un terrain et surtout l'aptitude de ces tenants de la médicalisation à contrôler l'ensemble des maillons et des niveaux de décisions. En effet ce corps professionnel va, en un temps record, monopoliser les instances chargées de mettre en oeuvre la politique de placement des enfants et des adolescents ainsi que les commissions ministérielles construisant, codant et énonçant les nouvelles catégories. Plus que cela même, il va imposer une échelle hiérarchique dont il occupera le sommet et s'attacher, par la création d'écoles d'éducateurs notamment, à édicter un savoir ou plutôt à faire en sorte qu'il imprègne en douceur l'ensemble du dispositif institutionnel, évitant ainsi ces coups de force toujours susceptibles d'éclairer l'arbitraire qui se cache sous l'évidence, les enjeux des nomenclatures qui se doivent de passer pour naturelles.

L'enfant de justice va s'effacer peu à peu au profit de l'enfant malade, les anciennes catégories éparses vont être unifiées et, en 1945, le succès de leur entreprise va se voir couronné par une reconnaissance qui légitimera définitivement leur hégémonie : les Ordonnances qui donnent naissance à la Sécurité Sociale intègrent les institutions de l'Education Spécialisée dans le "risque-maladie" et considèrent les établissements et services comme dispensateurs de soins. Cette consécration du travail tous azimuts effectué par les psychiatres va entériner aussi l'ensemble de la logique technicienne. Sans doute n'a-t-on pas mesuré à l'époque toutes les conséquences de cette intégration. A y regarder de près, c'est un blanc-seing qui a été délivré à ces médecins et à leurs alliés que seront très tôt la magistrature et des élus et dirigeants avisés d'associations gestionnaires d'équipements. En effet ce qui caractérise le savoir psychologique - y compris dans ses prolongements médicaux - c'est sa malléabilité, son adaptabilité, sa capacité à renouveler en permanence le sens de conduites et d'actes *"sans que ce dont il parle se retourne contre lui pour le désavouer"*.(1)

Quelle que soit la problématique des personnes qui leur sont confiées, les psychiatres, les psychologues, plus tard les psychanalystes, parviendront à légitimer leurs interventions, leur compétence à livrer un sens et à traiter ; quitte pour cela à euphémiser le social, à le reconstruire sous le registre du problème relationnel lisible par eux-seuls.

Or, ce qu'entérinent les Ordonnances de 1945 ce sont non pas des catégories de handicaps ou d'inadaptations précises, strictes, à l'instar des atteintes organiques, mais avant tout des institutions. A l'étude, ces catégories, d'ailleurs, se révèlent singulièrement floues. Etait-ce une stratégie ? Là encore rien n'est moins sûr et on peut plutôt penser que ces imprécisions sont constitutives d'un savoir, qui, s'il se révèle indépassable, n'en demeure pas moins flottant et en perpétuel renouvellement. Le terme "handicapé" par exemple peut être défini de manière très extensive, et comme l'a récemment démontré Jacqueline Gateaux-Mennecier[2], accolé à la notion tout aussi vague de "troubles associés" il servira à légitimer durant les années 1960 l'exclusion d'un nombre impressionnant d'enfants et d'adolescents, issus de milieux populaires, d'une école en proie au boom démographique.

Le métier d'éducateur, dans ses formes contemporaines, ne peut être appréhendé, et son procès de paternité instruit, qu'en dépeignant ce contexte et cette période particulière durant laquelle l'Initiative Privée se rénove, se consolide, consécutivement à cette technicisation et à cette convergence d'intérêts entre les héritiers de la "médecine de l'âme" et les animateurs d'oeuvres, fascinés par un savoir qui, en définitive, permet de concilier valeurs morales et prestige de la science. En effet relier ces deux pôles ne va pas immédiatement de soi. Le rôle de charnière, et avec lui toute l'ambiguïté d'une telle position, va revenir à ce métier bâtardé en quelque sorte puisque sommé d'être à la fois charismatique et technique.

---

(1) Pierre BOIRAL, Jean-Paul BROUAT, Pierre VALARIE. "Le parler psy". *Informations Sociales*, 1, 1985. p.64-69.

(2) Jacqueline GATEAUX-MENNECIER. *La Débilité légère : une construction idéologique*. Paris : Presses du CNRS, 1990.

Les scouts et autres jeunes animés d'un idéal et d'une volonté de servir seront donc en fait doublement surpris. D'une part l'enchaînement de circonstances aboutira à ce que, contrairement à leur projet initial, ils ne "décrochent pas" à la Libération, mais d'autre part, ils vont découvrir qu'ils ont là à exercer un métier à part entière, pour peu qu'ils acceptent de se former et d'appliquer les directives des spécialistes.(1)

Prenant pied dans les établissements, les psychiatres ne font pas que produire de nouvelles représentations savantes des inadaptations. Leur place, pour être assurée, doit être confortée par une action visible et reconnue. L'outil existe : les centres d'observation coordonnés par les A.R.S.E.A. captent désormais la majeure partie des jeunes en difficulté relevant de l'Education Spécialisée. Restent à articuler les visées thérapeutiques et un encadrement efficace. Le personnel dévoué et déjà en charge de cette tâche de surveillance et d'animation va devoir peu à peu intégrer une mission d'intermédiaire. Dès 1943 l'éducateur technicien apparaît :

> "il est le moyen pratique de la mutation analytique et classificatoire dans l'approche des enfants inadaptés assurant la conservation d'une quotidienneté familiarisante tout en contribuant à l'observation proprement dite".(2)

Il ne saurait être question pour les psychiatres de partager, à l'instar des éducateurs, la vie de ces jeunes en difficulté. Leur singularité tenait justement à cette absence d'implication directe et à leurs savoirs interprétatifs. Ils vont alors chaperonner et guider ces exécutants indispensables pour que s'institutionnalisent leur légitimité et leur pouvoir.

De ces éducateurs, il est explicitement attendu qu'ils se fondent dans un groupe, qu'ils observent et qu'ils rendent compte. La générosité, l'authenticité, la sincérité sont les vecteurs obligés d'un travail qui doit effectivement passer par "l'accrochage affectif" et "l'esprit d'équipe".

---

(1) Un tel accord n'est pas toujours allé de soi. Ainsi Dominique DESSERTINE note-t-elle qu'au Centre de Sacuny, près de Lyon, "les éducateurs ne voient pas d'un bon oeil l'arrivée des psychiatres dans l'institution en 1946". Dominique DESSERTINE. *La Société Lyonnaise pour la Sauvegarde de l'Enfance (1890-1960)*. Toulouse : Erès, 1990, p.51.

(2) Michel CHAUVIERE. op. cit. p. 114.

"Le centre sera animé du pur esprit de recherche dans l'esprit scientifique du chimiste chargé d'analyser un produit composé; il sera, comme un laboratoire offre au chimiste tous les réactifs possibles, un lieu de rencontre des techniques les plus diverses.

L'objectivité de ces recherches suppose que l'enfant soit vraiment lui-même, ce qui nécessite une ambiance familiale"(1)

écrira en 1944 Georges Mazo.

Au-delà du fait que ces centres camouflaient un jugement moral sous un vocabulaire technique, la position de l'éducateur est bel et bien assignée. S'il doit s'engager, s'impliquer, être "capable de se remettre en cause", il doit avant tout se défier de l'interprétation. Son rôle n'est pas de tirer des conclusions des faits qu'il observe mais de "tenir son groupe" et de fournir au médecin et à ses collaborateurs des informations susceptibles de conduire à un diagnostic.(2) "Grand frère" ou "bon père de famille", en tout état de cause substitut familial, il doit concilier forme physique et aptitude à animer des activités afin que les jeunes ne sombrent pas dans une oisiveté qui réduirait le champ d'observation.

"De l'entrée à la sortie d'un enfant, la responsabilité suprême de son suivi revient au psychiatre et au psychanalyste seul, autour duquel s'élabore la doctrine du placement. La transmission du savoir ne fonctionne qu'à sens unique et dans la stricte application des rapports hiérarchiques existants entre les différents intervenants".(3)

L'éducateur raconte le comportement, c'est l'expert qui en dit le sens. Si le premier n'est pas, à proprement parler, un spécialiste ; du moins se doit-il d'acquérir les bases minima d'un savoir pour mériter d'être au service du second.

---

(1) Georges MAZO, cité par Martine TUAILLON. op. cit. p. 17.

(2) Sur les prolongements contemporains de ce rapport de domination experts-éducateurs, on se reportera à l'étude de Jean-Jacques DETRAUX. "Identité de l'enseignant spécialisé pour jeunes enfants gravement handicapés" in : *Identités Collectives et changements sociaux*/sous la direction de Pierre TAP. Toulouse : Privat, 1979, p. 295-297.

(3) Gérard REYRE. op. cit. . 297.

L'action des psychiatres, relayés par des associations influentes, va alors à la fois porter sur le cadre organisationnel de la formation de ces nouveaux éducateurs et sur le type de savoirs que ces écoles, de fait elles aussi nouvelles, vont dispenser.

Quatre voient ainsi le jour entre 1942 et 1944 à Toulouse, Lyon, Montpellier et Montesson[1]. Elles inaugurent une formation pluridisciplinaire qui consacre une pédagogie conciliant savoir et savoir-être, connaissances techniques et amour de l'enfance, cours dispensés par des spécialistes "sages et philosophes" au premier rang desquels les médecins, et stages en établissements. L'internat est obligatoire et contrairement à ce qui a été souvent affirmé, les femmes sont déjà majoritaires. Se profile ainsi un modèle en rupture avec l'université : formateurs permanents et élèves sont par exemple logés à la même enseigne dans ce qui se veut un retour aux fondements originels d'un univers clos et protégé où chacun "peut cheminer et faire des expériences".

Un savoir original va aussi être édicté et promu au rang de science alors qu'il relève plus d'un bricolage hétérogène mais de fait abordable et simple. Robert Lafon[2] en sera l'énonciateur : la psychopédagogie médico-sociale.

Ce n'est d'ailleurs pas à vrai dire des énoncés conceptuels nouveaux mais une synthèse, à usage immédiat et concret, de connaissances puisées dans les différents champs théoriques susnommés, un "art moyen, syncrétique, pratique"[3] qui, s'il s'apparente à un patchwork, entérine de facto la prééminence de ses initiateurs et d'une certaine "vulgate psychologique" pour longtemps dominante.

---

(1) La zone-nord échappera partiellement durant quelques années à l'influence de la psychiatrie, et l'école de Montesson sera bien plus marquée par le scoutisme. Son Directeur, Jean Pinaud, ancien éclaireur, prônera des méthodes "inductives" qui annoncent les principes fondateurs des Centres d'Entraînement aux Méthodes d'Education Active (C.E.M.E.A.)

(2) Robert LAFON. *Psychopédagogie médico-sociale*. Paris : P.U.F., 1950.

(3) Michel CHAUVIERE. op. cit.p. 79.

Le socle institutionnel est posé. Les médecins, neuropsychiatres puis pédopsychiatres, ont placé sous leur houlette un agent indispensable aux mutations tant théoriques que pratiques qu'ils aspiraient à réaliser. L'éducateur va faire siennes des références contradictoires telles la vocation et le professionnalisme, le partage de vie et l'objectivation de son action.

Durant la période faste de l'expansion de l'Education Spécialisée (Les "trente glorieuses" 1945-1975), ces lignes de force ne cesseront de traverser le métier d'éducateur et confirmeront la permanence du pouvoir médico-psychiatrique, "âme pensante et dirigeante par excellence".[1]

d. Luttes et complémentarités entre l'Etat et l'Initiative Privée

Si l'on s'en tient aux nombreux écrits internes au terrain de l'Education Spécialisée, aux discours et aux représentations largement véhiculés par les agents, y compris pour légitimer leur orientation vers des métiers encore peu balisés, les oppositions entre l'Initiative Privée et l'Etat sont extrêmement vives.

Ce sont deux univers radicalement différents qui doivent ainsi ponctuellement négocier, confronter leurs points de vue, tenter, sinon de s'entendre - la tâche est quasiment une gageure - du moins de se coordonner a minima.

Les associations ont obtenu un privilège, un quasi-monopole en s'érigeant, avec la bénédiction des pouvoirs en place au début des années 1940, comme recours contre "l'immobilisme", "la sclérose", "l'incompétence" d'administrations, dont l'archétype honni était l'Education Nationale. Un parfum de revanche flottait alors dans les couloirs des grands hôtels réquisitionnés de Vichy et, au-delà de la défaite, ce qu'il fallait juguler et effacer, c'était les mauvais souvenirs du Front Populaire et les prétentions des pouvoirs publics à tout

---

[1] Ibid.p.81. Signalons ici l'analyse de contenu de la revue "Sauvegarde de l'enfance" à laquelle s'est livrée Camille Thouvenot. S'attardant notamment sur les auteurs des articles, elle écrit : "Nous constatons que les spécialistes divers exercent une probable influence sur la revue et, partant, sur les débats qui agitent la profession. Nous trouvons là, ainsi, un nouvel indice de la volonté de techniciser la profession, volonté nécessitant l'appel aux spécialistes qui légitiment la technicité de par leur autorité reconnue. Nous notons la sur-représentation des médecins dans cette catégorie, confirmant l'imprégnation du secteur par "la santé". Ceci conforte peut-être la croyance en une nécessaire technicité de l'action sociale, à l'image de la médecine devant appliquer la bonne thérapie à un handicap dont les symptômes sont dûment repérés, identifiés et classés". Camille THOUVENOT. *L'Educateur et son efficacité. Contribution à une étude d'homologie métaphorique entre le champ de la magie et celui de l'éducation spécialisée*. Th. 3ème C : Lyon 2 : 1991, p.85-86.

régenter, à tout orchestrer. Les subtils dosages de concessions et de reprises en main de l'Après-guerre entérineront de fait la mainmise de réseaux associatifs désormais rompus à présenter toutes garanties de respectabilité, de savoir-faire ; de scientificité aussi.

Une image récurrente va alors largement impressionner les décennies suivantes : l'Initiative Privée est un recours salutaire contre l'univers désincarné et monolithique d'une puissance publique qui touche là à ses limites. Les clichés vont s'installer durablement et seront largement relayés par les pionniers de l'Education Spécialisée : d'un côté il y aurait les arcanes froids, bureaucratiques, cloisonnés, inhumains en somme, d'un Etat à mille lieues des préoccupations quotidiennes et des problèmes dans lesquels se débattent ceux qui "veulent faire quelque chose" pour les enfants qui souffrent ; de l'autre le dévouement, l'aptitude à innover, l'inventivité, la chaleur d'initiatives concrètes en prise directe avec un terrain où tout reste à entreprendre. Les seconds seront constamment incompris et en butte aux tracasseries répétées d'une administration tatillonne et obstinée. La lutte, ici pour obtenir des crédits pour un projet pourtant exemplaire, là pour décrocher une autorisation urgente, sera incessante et fera perdre temps et énergie.

Une telle vision est bien sûr simpliste. Elle fait l'économie notoire des rapports de complémentarité objectifs, voire des collusions entre un Etat que l'on évince bien hâtivement et un tissu associatif protéiforme certes, mais bel et bien tributaire des pouvoirs publics pour sa subsistance. Cliché donc mais cependant effets bel et bien réels puisque la sourde menace, plus imaginaire qu'effective, de devoir à tout moment rendre des comptes, de voir ses crédits supprimés par un pouvoir aussi lointain qu'intraitable et insensible, sera un moteur pour cette course à l'innovation qui marquera l'Education Spécialisée, au moins jusqu'aux années 1970.

"Réinventant eux-mêmes sans cesse l'histoire du secteur à la lumière d'une exigence d'innovation toujours renouvelée, les agents qui assurent la gestion de l'enfance "à problèmes" ont tendance à le considérer non seulement comme un terrain toujours neuf mais comme le plus neuf des terrains, puisqu'on peut toujours espérer y inventer quelque chose".[1]

---

(1) Francine MUEL-DREYFUS. *Le Métier d'éducateur*. Paris : Minuit, 1983, p.205.

Ces inventions auront leurs corollaires : la prise en charge d'une population toujours plus nombreuse et la multiplication considérable des institutions et des services amenés à encadrer des jeunes et des adultes qui, quelques décennies auparavant, échappaient aux réseaux associatifs structurant le secteur. Les éducateurs feront aussi volontiers leurs, ces représentations en termes de péril, de défi, de mission rédemptrice.

En fait, en filigrane à ces oppositions symboliques, se profilent des rapports complexes mais étroits entre l'Etat et l'Initiative Privée. Le premier saura - et sait encore - être pragmatique quand, en matière d'action sociale, il substitue volontiers dans ce secteur particulier du Handicap et de l'Inadaptation, un "bricolage politique"(1) au dessein cohérent qu'il se révèle incapable de mettre en oeuvre durablement. La seconde a appris à manoeuvrer, à louvoyer et surtout à remplir les missions qui, de fait, lui sont confiées.

La trame tissée au cours des années 1940 continue ainsi à structurer le terrain de l'Education Spécialisée. L'Initiative Privée demeure dans une logique de médiation et de jeu habile entre construction de la demande, "mise en plainte" et offre de service. L'Etat s'en accommode puisqu'il "navigue plutôt à vue".

- La construction de la demande

L'Inspection Générale des Affaires Sociales, consacrant son rapport annuel de 1984 à "la politique sociale et les associations"(2), notait dans ses conclusions :

> "Si l'action des groupes de pression n'est pas à condamner a priori, dans le secteur sanitaire et social, elle conduit à des confusions de rôle".

La réaction de la puissante Association Française pour la Sauvegarde de l'Enfance et de l'Adolescence (A.F.S.E.A.) ne manque alors pas d'intérêt :

> "S'il est vrai que certains regroupements présentent une organisation forte, c'est le plus souvent, pour se mesurer, s'opposer

---

(1) Michel TACHON. "L'Action sociale, un bricolage politique". *Projet*, 184, 1984, p. 446-456.

(2) I.G.A.S. *La Politique sociale et les associations*. Rapport 1983-1984. Inspection Générale des Affaires Sociales. Paris : La Documentation Française, 1984.

à un autre regroupement de mêmes dimensions"(1)

La reconnaissance des luttes qui structurent le secteur n'est pas si fréquente à un tel niveau : mais, au-delà de cet argument en forme de non-recevoir, se voit posée toute l'ambiguïté d'une Initiative Privée qui détient une position dominante pour ne pas dire "monopolistique"(2) dans la prise en charge des handicapés, des inadaptés mais aussi dans la formation des personnels spécialisés.

Les associations invoquent régulièrement la notion, pourtant insondable, de besoins et conjuguent allègrement construction, médiatisation de la demande et quasi-mainmise sur les dispositifs de réponse et d'offres de service. Une telle dialectique, héritage de l'histoire, singularise le modèle français et constitue l'Education Spécialisée en une sorte d'isolat qui se nourrit lui-même et pourrait ainsi tendre à l'autarcie, nonobstant son financement presque exclusivement public.

Il existe, de fait, une contrainte inhérente à l'encadrement de jeunes et d'adultes réputés en difficultés suffisamment graves pour justifier d'un placement, d'un suivi éducatif : la visibilité sociale, la représentation de leur situation, de leurs troubles, la mise en évidence d'un problème qui attend des solutions.

Ainsi, quand au début des années 1960, les associations de parents, déjà alliées à des pédopsychiatres intéressés, et fédérées au sein de la puissante Union Nationale des Associations des Parents et Amis des personnes Handicapées Mentales(3)(U.N.A.P.E.I.), manifestent pour obtenir l'ouverture d'établissements spécifiques pour leurs enfants handicapés encore confinés à leurs domiciles ou relégués dans les hôpitaux psychiatriques; leur revendication nécessitait cette mise en récit du malheur sans laquelle, selon le mot de Jean-François Laé(4), "le déclenchement de la providence" n'aurait eu aucune chance d'aboutir.

---

(1) Germain WIART, Madeleine PRINGUET. "La politique sociale et les associations. notes de lecture". *Sauvegarde de l'enfance*. 1, 1986, p. 43-51.

(2) Le rapport de l'IGAS retient ce qualificatif et s'attire alors les foudres d'une A.F.S.E.A. "choquée par cet étiquetage abusif trop utilisé par les rapporteurs" ibid. p. 46.

(3) Les 650 associations fédérées par l'UNAPEI président actuellement aux destinées de 1750 équipements accueillant 180 000 handicapés, jeunes et adultes, encadrés par 55 000 salariés.

(4) Jean-François LAE. "Besoin et nécessité". *Informations Sociales*, 13, 1991, p. 68.

Campagnes médiatiques, rassemblements silencieux ou colorés, pétitions, publicités audacieuses font désormais partie de l'arsenal éprouvé afin de transformer un besoin construit en une urgence étonnamment pas encore prise en compte. Besoin construit puisque préalablement à toute demande, à toute "mise en scène" aussi, il faut catégoriser, inventer des codes, marquer socialement une différence, un manque et inéluctablement verser dans les effets plus ou moins pervers de l'étiquetage.

Cette "information" peut s'alimenter dans les découvertes scientifiques : la honte d'avoir un enfant "taré" rejaillissait, il y a encore une soixantaine d'années sur toute la famille et l'on devine la souffrance de ceux qui devaient supporter les sarcasmes ou dissimuler leur malheur et leur peur. On imagine aisément le soulagement consécutif aux découvertes sur les trisomies, sur les causes souvent accidentelles de la déficience mentale pour tous ces parents qui, auparavant, devaient se résigner et subir.

Cependant, à côté de ces situations révélées par les progrès de la médecine, d'autres marquages sociaux renseignent plus sur les capacités mobilisatrices des groupes de pression qui les médiatisent que sur la réalité des handicaps. Des "nouveaux pauvres" aux "déficients intellectuels légers", des "incasables" aux "carencés affectifs", la liste est longue de ces configurations qui doivent leur existence, avant tout, aux réussites des entreprises de définition derrière lesquelles se profilent régulièrement les associations et leur floraison continue d'initiatives.

La question n'est alors pas tant de porter un jugement sur le bien-fondé des filières institutionnelles qui réalisent leur encadrement que de constater la déformation consécutive à la médiation des groupes, d'aucuns disent des "lobbies" qui, à l'image de l'Union Nationale Interfédérale des Oeuvres Privées Sanitaires et Sociales (U.N.I.O.P.S.S.) ou de l'U.N.A.P.E.I., font exister une demande. C'est donc le rapport des forces en présence qui détermine avant tout en quoi, et comment, cette demande sera reçue, de quelle manière la collectivité publique y répondra. Les "populations-cibles" qui relèvent de l'Education Spécialisée se sont ainsi additionnées au fil des décennies sans que l'on puisse réellement y déceler une logique unique, une règle planificatrice, une homogénéité. Quelquefois même une clientèle similaire au départ peut être captée par deux, voire trois réseaux distincts. Les appellations divergent, les modalités de prise en charge aussi et finalement les comportements sans doute également.

"Aider aujourd'hui un enfant en difficulté, c'est un adulte que vous n'aurez pas en charge pour des années"[1]

plaidaient dès 1946 les initiateurs des premiers I.M.E.[2], cherchant à vaincre les réticences de la Sécurité Sociale. On connaît maintenant les prolongements d'un tel argumentaire : ces établissements, prévus pour les jeunes handicapés profonds vont accueillir, au fil des années, de plus en plus d'enfants dont l'échec scolaire sera abusivement médicalisé, "psychologisé" faudrait-il plutôt dire. En 1967 les I.M.E. n'accueillent déjà plus que 48 % de déficients intellectuels profonds, en 1980 les 1 350 instituts ne prendront en charge que 34 % de ces mêmes handicapés. A l'heure où l'Ecole doit faire face à un afflux sans précédent, 3 917 000 élèves en 1952, 5 716 000 en 1960, la relativité des notions, la fausse rigueur de classifications, tels "troubles neuro-psychologiques" permettront, sur la base d'un quotient intellectuel faible, d'exclure ceux qui ne suivent pas, voire pervertissent l'ordre de la classe.

Non seulement ce seront eux qui formeront longtemps la majorité des effectifs des I.M.E., mais quand se posera la question de leur devenir à l'âge adulte, on va assister à la mise en place d'une filière "médico-productive" avec notamment l'ouverture des premiers Centres d'Aide par le Travail (C.A.T.). La croissance de ces derniers n'est pas sans rappeler celle des I.M.E. dix ou quinze ans plus tôt. Trois C.A.T. fonctionnaient en 1960, les 1 100 d'aujourd'hui tendent à encadrer non seulement des handicapés à l'étiologie quelquefois discutable mais aussi des malades mentaux providentiellement sortis des asiles, ou des hommes et des femmes que mènent là les surprenantes issues du traitement social du chômage.

- **Le système d'offre**

Les associations de l'Education Spécialisée ont, parallèlement à leur action sur la demande, développé des cadres institutionnels extrêmement variés et elles ne cessent en permanence de les modifier,

---

[1] Une part de la population accueillie en Institut Médico-Educatif ne diffère pas actuellement des jeunes suivis en Centre Médico-Psycho Infantile voire par les Etablissements Régionaux d'Enseignement Adapté (E.R.E.A.). La première filière est marquée par l'Initiative Privée et la pédopsychiatrie, la seconde, émanation des hôpitaux psychiatriques, par la prégnance d'une approche analytique ; la troisième enfin dépend directement de l'Education Nationale.

[2] Fernand CORTEZ. *I.M.P. - I.M.Pro aujourd'hui*. Paris : CTNERHI, 1980.

de les adapter, en écho à la logique d'innovation et à l'opposition symbolique à l'Etat qui les structure.

L'observateur ne tarde pas pourtant d'être surpris par l'hétérogénéité voire par les incohérences d'un système d'offre composite et enchevêtré (1).

L'Age d'Or des années 1950 et 1960, auquel a succédé, notamment après 1975, un certain ralentissement, a vu l'extension sans entraves sérieuses, financières ou administratives par exemple, d'un secteur qui multipliait les créations d'établissements et de services sans toujours se soucier de la réalité des besoins et du bien-fondé des implantations géographiques.

Au-delà de l'illustration limite de la Corrèze où l'Education Spécialisée "pèse" plus de 2 000 emplois qualifiés, 80 établissements et quelque 3 000 pensionnaires dont bon nombre sont originaires d'autres régions, il ressort pour le moins un certain désordre de la carte des établissements. Héritages historiques, opportunités conjoncturelles, impact de pionniers enracinés dans un département précis, reconversions à point nommé de bâtiments publics ou privés, quelquefois même impératifs liés à l'emploi, ont conjugué leurs effets pour livrer une répartition pas toujours adaptée.

De plus, quand ont été diligentées les premières études sérieuses des taux de prévalence des handicaps, il en est vite ressorti l'important suréquipement du territoire national en places d'hébergement, exception faite de quelques troubles précis telles les cardiopathies ou les atteintes sensorielles. Les établissements affichaient pourtant des taux de remplissage élevés. Il n'en fallait pas plus pour découvrir que nombre de personnes accueillies dérogeaient aux habilitations de ces centres spécialisés.

Enfin les taux d'encadrement, aussi, relèvent plus de l'histoire de ces centres, de leur date d'ouverture en particulier, que des caractéristiques des personnes prises en charge. En l'absence de normes, une fois encore ce sont plutôt les rapports de force et les alliances qui expliquent des écarts d'autant plus significatifs que les

---

(1) De "la répartition géographique très irrégulière des différents instruments de l'aide aux handicapés" à "la stratification progressive d'une réglementation anarchique et contraignante" en passant par "le détournement de plus en plus fréquent du but même de l'allocation aux adultes handicapés (A.A.H.)", les critiques du récent rapport de la Cour des Comptes sont nombreuses. *Les Politiques sociales en faveur des personnes handicapées.* Paris : Cour des Comptes, 1993.

charges de personnel représentent entre 75 % et 80 % des budgets de fonctionnement.

La diversité est ainsi la règle dans le secteur de l'Education Spécialisée. L'explication majeure tient au processus de son institutionnalisation.

> "Il s'est réalisé par sédimentation, par additions successives d'activités auprès de tel ou tel groupe de personnes en difficulté devenues "populations-cibles" à une période particulière, le restant ensuite avec une action conjuguée de la puissance publique et du secteur associatif"

note judicieusement Daniel Gacoin[1] avant de préciser :

> "Les associations du secteur affirment qu'il y a nécessité d'ajouter des étages supplémentaires dans les dispositifs d'interventions sociales, constituant de nouvelles couches sédimentaires ; participant bien par ce raisonnement à la poursuite d'une inflation sociale".[2]

Détenant un patrimoine considérable, les associations aspirent à se bâtir sur le modèle des entreprises, mais simultanément elles doivent leur richesse aux transferts de fonds publics et aux ressources allouées par la Sécurité Sociale. Situation paradoxale par excellence donc mais qui maintenant se pérennise depuis suffisamment d'années pour que l'on puisse affirmer la solidité de l'édifice.

L'Etat n'a pas vraiment d'alternatives à proposer et ses efforts, notamment pour juguler les dépenses, se heurtent rapidement à des groupes puissants dont il doit, bon an, mal an s'accommoder voire qu'il utilise. A ce titre sans doute doit-on plutôt parler de complémentarité pratique que d'opposition avérée entre pouvoirs publics et réseaux de l'Initiative Privée.

e. l'Etat et l'Education Spécialisée : une politique aléatoire

- 1950-1975. Une phase d'extension peu contrôlée.

Durant les années 1970, l'Etat était fréquemment appréhendé en tant qu'appareil idéologique aussi tenace qu'implacable. Il savait ruser ou forcer, admonester ou contraindre pour arriver à son unique

---

(1) Daniel GACOIN. "Le financement des associations du secteur du travail social". Revue de l'Economie Sociale, XVI, 1989, p. 63.

(2) Ibid. p. 72.

fin : aliéner les citoyens, se constituer en oligarchie toute puissante et désincarnée. Les dominants qui, immanquablement, diligentaient cette machine à niveler, étaient passés maîtres dans l'art d'inventer des techniques de surveillance et de relégation pour contrôler les populations à risques et prévenir les désordres susceptibles de faire vaciller leurs positions.

A relire des auteurs qui, depuis, ont infléchi leurs analyses(1), on mesure le chemin parcouru entre cette vision quelque peu apocalyptique réifiant l'Etat et les constats prudents, mitigés, qu'ils émettent désormais.

On ne peut comprendre les pérégrinations des politiques en matière d'Education Spécialisée si l'on demeure enfermé dans une approche autonomisant l'Etat et occultant les réseaux plus ou moins constitués qui le travaillent, l'influencent et l'orientent. Cette remarque faite il ne s'agit pas non plus de verser dans l'excès opposé et de dépeindre une puissance publique si taraudée par les groupes de pression qu'il ne lui reste plus qu'à subir et qu'à renoncer complètement à légiférer.

Cependant les analyses s'accordent pour reconnaître que l'Etat n'a jamais été capable d'élaborer une véritable politique sectorielle, même si sous la Vème République, il est parvenu à prendre quelques distances avec les intérêts sociaux. Manque de courage ? manque de volonté ? Sans doute, mais surtout il s'est régulièrement heurté aux capacités mobilisatrices, aux résistances d'une Initiative Privée experte à cultiver les acquis, à s'infiltrer dans les moindres failles, à pérenniser des actions et des dispositifs annoncés d'abord comme factuels, contextuels puis prolongés et enfin sédimentés.

Qu'il s'agisse de la prise en charge des handicaps ou des inadaptations sociales ; au moins jusqu'à l'aube des années 1980, quasiment jamais un coup d'arrêt n'a été donné aux multiples créations de filières. Les savoirs en matière d'évaluation, de mesure de l'efficacité, et leur corollaire le plus élémentaire, le recueil statistique, sont demeurés à un stade de sous-développement étonnant au regard des dépenses engagées. En fait, avant les premiers soubresauts annonçant la crise de l'Etat Providence, aucune volonté réelle de mesure ou d'élaboration d'indicateurs ne se manifestait.

---

(1) Nous citerons pour mémoire l'ouvrage de Jacques Donzelot, "*La Police des familles*", et celui rédigé par Jacques ION, Bernard MIEGE et Alain-Noël ROUX. *L'Appareil d'action culturelle*. Paris : Editions Universitaires, 1974.

Les associations de l'Education Spécialisée occupaient le terrain, mettaient en avant leur irremplaçable dynamisme et aussi tissaient des réseaux d'alliance avec les notables, en particulier avec les élus locaux encore aujourd'hui largement engagés dans les Conseils d'Administration. La remarque de Jacques Fournier et de Nicole Questiaux prend alors tout son sens :

"Dans le cadre de l'organisation économique qui est la nôtre à l'heure actuelle, l'action de l'Etat s'exerce en faveur des intérêts de tels ou tels groupes sociaux (...) Pour l'essentiel elle traduit le rapport de force qui existe entre des groupes. Elle est la résultante des impulsions qui lui sont données de l'extérieur. Elle profite, par conséquent, aux groupes, qui du fait de leur puissance économique et du conditionnement idéologique qui en découle, sont en situation dominante. Elle n'accorde aux autres groupes sociaux que les avantages que, à partir des luttes qu'ils mènent, ils se trouvent en situation d'arracher les premiers".(1)

Dans le secteur de l'Education Spécialisée, ces groupes ont saisi très vite la nécessité de ne pas s'aliéner l'Etat mais bien plutôt d'en pénétrer les cercles autorisés, de rendre visibles leurs actions, de mener des stratégies de cooptation, de se poser enfin comme "laboratoire d'idées" et comme recours inventif et souple. Des personnalités reconnues à des titres divers ont été approchées, sollicitées, intégrées dans des positions socialement rentables. C'est en cela que l'opposition entre Etat et Initiative Privée est bien plus symbolique qu'effective. Elle s'alimente dans des représentations alors que simultanément ceux qui pourfendent le monolithisme de la puissance publique cultivent fort bien les mille et une manières de la contourner, de l'influencer, de négocier.

La politique menée ne se déroulait donc pas, loin s'en faut, dans la sphère gouvernementale mais dans un cercle beaucoup plus large, notamment dans ces réseaux de sociabilité mêlant inextricablement segments de la société civile et commis de l'Etat. Point donc en la matière de rationalité bureaucratique mais bien plus la prise en compte des forces sociales et le développement, plus bricolé que planifié, d'un secteur soumis aux aléas des rapports de force et du poids de corps professionnels avisés.

---

(1) Jacques FOURNIER, Nicole QUESTIAUX. *Traité du Social*. Paris : Dalloz, 1984, p. 200-201.

Il serait bien imprudent, cependant, de confondre totalement Etat et groupes de pression, et sans aller jusqu'à avaliser l'analyse en termes de "phagocytages" tels que le posait, en 1981, Michel Chauvière(1), il y a lieu pourtant de se demander qui des deux a nourri l'autre. On ne peut réduire, sauf à verser dans la caricature, le rôle de l'Etat à une simple chambre d'enregistrement. Sans aucun doute, en s'accommodant d'une "non politique" il en retirait au moins le bénéfice de ne pas s'impliquer directement dans des fractures du social, dans des problématiques sensibles et complexes.

Le fait est que l'action législative durant les années 1950 et 1960 a consisté bien plus à entériner les rapports de force qu'à édicter des orientations, qu'à fixer des objectifs mûris et précis. Les réformes de 1956 et les décrets de 1957 normalisent certes la création des I.M.E., mais avant tout elles avalisent les glissements dans les classifications opérés par les pédopsychiatres depuis dix ans. Les décisions prises en janvier 1964 transforment certes les Associations Régionales de Sauvegarde de l'Enfance et de l'Adolescence (A.R.S.E.A.) en Centres Régionaux pour l'Enfance et l'Adolescence Inadaptée (C.R.E.A.I.) mais avant tout

> "elles sanctionnent l'extension du secteur Enfance Inadaptée et l'apparition corrélative de nouveaux acteurs dans le champ institutionnel"(2).

On peut donc évoquer une législation "de rattrapage" qui prend acte des évolutions passées, des faits accomplis et, ni plus ni moins, les reconnaît officiellement.

Il faudra attendre les lois de Juin 1975, et un peu en amont, le rapport annonciateur de Bloch-Lainé, pour percevoir une certaine reprise en main, par l'Etat, d'un secteur qui lui échappe assez largement. La croissance marque le pas, le libéralisme de l'Etat aussi. A l'heure où il va falloir désormais compter, va se poser la nécessaire relation coût-efficacité afin, au mieux, de continuer à faire "bonne chère avec moins d'argent".

---

(1) Michel CHAUVIERE. "Phagocytage". Non ! repères pour le socialisme. 5, 1981, p. 108-123.

(2) Jean-Paul TRICART. "Initiative privée et étatisation parallèle. Le secteur dit de l'enfance inadaptée". Revue Française de Sociologie. XXII (4) 1981, p. 592.

- 1975-1990. L'amorce d'une métamorphose ?

Trois étapes marquantes ont jalonné ces quinze dernières années. Les lois de 1975 d'abord, ensuite la Décentralisation, enfin la montée en puissance de politiques sociales transversales. De là à y percevoir un renversement et une métamorphose des rapports Etat-Initiative Privée il n'y a qu'un pas sans doute pourtant trop rapidement franchi par tous ceux qui militent pour une redéfinition de la donne et pour l'énoncé d'orientations enfin explicites.

Assurément l'ombre de l'Etat plane sur ces tournants qui viennent interpeller directement les acquis d'une Education Spécialisée confortablement installée et rompue aux stratégies favorisant son propre élargissement.

Le renouvellement de l'appareil législatif, en 1975, marque avant tout la volonté de contrôler les créations d'établissements et de services par l'intermédiaire des Commissions Régionales des Institutions Sanitaires et Médico-Sociales (C.R.I.S.M.S.). Désormais il ne sera plus possible de procéder à des ouvertures puis de solliciter, après coup, les deniers publics. De plus en installant des commissions uniques(1), seules habilitées, à l'échelon départemental, à reconnaître un handicap, à orienter vers un établissement, à autoriser le versement de subsides à l'intéressé, à sa famille, à l'équipement qui l'accueille, se manifeste l'aspiration à ce que cessent les disparités et les incohérences passées.

La Décentralisation, qui inclut largement l'action sociale, et avec elle, l'Education Spécialisée, a eu pour effet premier de rapprocher, sinon même de fondre en un, les décideurs et les financeurs. Jusqu'à ces réformes capitales, les élus départementaux votaient des dépenses mais n'avaient pas à se soucier des modalités de collecte des recettes : l'Etat y pourvoyait. On comprend alors le peu de cas qu'ils pouvaient faire d'une réelle mesure qualitative des politiques sociales mises en oeuvre. De plus, nous l'avons souligné, nombre d'entre eux voisinaient avec des pionniers, des promoteurs et des techniciens au sein d'associations du secteur.

Quand ils vont devoir directement gérer des ressources rares et maîtriser les coûts, ils seront dans un premier temps fréquemment déconcertés, mais ni l'opacité de l'Education Spécialisée, ni son

---

(1) La Commission Départementale de l'Education Spécialisée (C.D.E.S.) statue pour les jeunes de 0 à 20 ans, la Commission Technique d'Orientation et de Reclassement Professionnel (C.O.T.O.R.E.P.) pour les adultes.

vocabulaire abscons ne les décourageront : la croissance des dépenses de l'action sociale était telle qu'elle menaçait complètement l'équilibre budgétaire des Départements. De "grandes peurs" vont alors traverser l'Initiative Privée ; le discours évaluatif va engendrer une inflation de méthodologies de toutes sortes à l'heure où les Conseillers Généraux comparent les ratios, les prix de journée, les services offerts. Le discours d'entreprise va encore gagner du terrain et le leitmotiv sera désormais :

> "Il faut valoriser ce que l'on fait, il faut prouver son efficacité".

L'avènement des politiques sociales transversales est un fait sans doute encore plus intéressant à souligner que les deux autres tournants. Les premières opérations qui s'y rattachent sont pour ainsi dire des "coups" montés par un nombre relativement restreint de personnalités nouvellement nommées, en 1981-1982, au sein de cabinets ministériels. L'Etat démontre là qu'il peut bel et bien, le cas échéant, exercer un véritable pouvoir d'invention et, comme le souligne d'ailleurs François-Xavier Merrien :

> "Ses élites effectuent des choix qui les conduisent à des propositions qui sont rarement entièrement réductibles aux exigences formulées par les groupes extérieurs".[1]

Ainsi les "Opérations Anti-Eté Chauds" visaient-elles à faire collaborer ponctuellement des partenaires aussi éloignés que des entreprises comme "le Club Méditerranée", les forces de police et les associations de l'Education Spécialisée. Ces actions n'étaient pas uniquement médiatiques, contrairement aux idées largement véhiculées au sein d'un secteur privé quelque peu bousculé, et en tout cas peu habitué à ce que des rouages étatiques viennent sur son terrain pour lui donner la leçon.

On connaît mieux maintenant la genèse de ces programmes interministériels, et les luttes, là aussi, qui continuent à en marquer l'élaboration et la mise en oeuvre(2). On mesure aussi en quoi ces "ballons d'essai" préfiguraient des politiques transversales, et avec elles, tout le processus de contractualisation de l'action sociale qui caractérise la période contemporaine.

---

(1) François-Xavier MERRIEN. "Etat et politiques sociales : contribution à une théorie néo-institutionnaliste". *Sociologie du travail*, 3, 1990, p. 285.

(2) Gérard CHEVALIER. "Administrations de mission et luttes d'influence". *Revue Française de Sociologie*. XXXI(3), 1990, p. 421-437.

Ces politiques s'orientent essentiellement vers trois directions : la question urbaine et le Développement Social des Quartiers (D.S.Q.), la "voiture-balai" du Revenu Minimum d'Insertion (R.M.I.) et l'insertion professionnelle des jeunes de 16 à 25 ans. Dans chacune de ces configurations nouvelles, le poids de l'Administration est important et surtout sont directement remis en cause les cloisonnements corporatistes et les fiefs conquis par l'Initiative Privée.

Les formes d'aide sociale "classique" et leurs cohortes de clientèles "captives" tendent-elles pour autant à être invalidées, débordées par ces dispositifs qui conjuguent souplesse et adaptabilité ? Sans conteste l'Education Spécialisée "traditionnelle" est menacée comme jamais encore elle ne l'a été, et sa validité se retrouve sur la sellette. Pourtant le danger de remise en cause, de dissolution n'est pas immédiat. Les corps professionnels qui dominent le secteur de l'Inadaptation sont encore bien enracinés. Par contre, à moyen terme, plusieurs décennies d'acquis risquent fort d'être ébranlées.

"De toute évidence, la conjoncture aurait imposé que les dispositifs professionnels fussent immédiatement adaptés et transformés. C'était trop demander à un dispositif hétérogène fait d'humble volonté caritative, d'affirmation notabiliaire, de hautes ambitions politiques et de misérables volontés corporatistes"

notaient récemment Christian Bachmann et Michel Chauvière.(1)

L'édifice est solide, il est en passe d'être contourné, peut-être bientôt encerclé par une action sociale d'intervention qui, bien que sous l'impulsion de l'Etat, pourra revendiquer pour elle-même le dynamisme, l'inventivité, dont se prévalait exclusivement il y a peu l'Initiative Privée.

Pour l'heure il serait bien hâtif de sonner le glas d'un secteur à peine affaibli.

---

(1) Christian BACHMANN, Michel CHAUVIERE. "Requalifier le travail social ?" *Revue de l'Economie Sociale*, XV, 1988, p. 134. Livrant un bilan assez sombre de ces politiques publiques qui, selon lui, s'essoufflent, Christian Bachmann fait justement remarquer que "les éducateurs sont restés relativement à l'écart de ces grandes mutations. La plupart d'entre eux, abrités par la loi de 1975, exercent dans le handicap, mental ou social". Ainsi, si les associations du secteur ont pris pied dans ces dispositifs, le personnel embauché pour la circonstance n'a comporté qu'une faible proportion d'éducateurs spécialisés. Christian BACHMANN. "A propos d'un second souffle du social" in : *Les Educateurs aujourd'hui* sous la direction de Jean-Luc MARTINET. Toulouse : Privat, 1993, p. 194.

D'une part nombre d'associations ont compris l'intérêt de collaborer à ces dispositifs transversaux. Le bénéfice n'est pas vraiment financier puisque, de ce point de vue, c'est plutôt en prenant sur leurs propres moyens - y compris matériels - que se réalise un tel entrisme. Par contre la proximité de partenaires nouveaux, la mise en avant d'une bonne volonté, d'un esprit d'ouverture sont ainsi donnés en gage et tout au moins permettent de ne pas être absent des mutations à venir.

D'autre part, comme le rappelle opportunément Marc Fourdrignier(1), à côté des programmes D.S.Q., des Missions Locales, des Commissions Locales d'Insertion (C.L.I.) qui ont démultiplié leurs activités en quelques années, on a davantage assisté à un déplacement vers le secteur adulte en particulier, qu'à un rétrécissement de l'emprise de l'Education Spécialisée. Contrairement à l'idée reçue, l'Initiative Privée continue son extension. Entre 1982 et 1987, les effectifs pris en charge ont augmenté de 15 %. Dans le même temps, signe d'un dynamisme loin d'être tari, le nombre d'établissements et de services s'est accru de 40 %, la taille moyenne des équipements passant alors de 60 à 50 places.(2)

En l'absence d'orientations, que, ni élus locaux, ni représentants de l'Etat ne semblent vouloir ou pouvoir définir clairement(3), le resserrement budgétaire tient lieu de politique et tous les yeux demeurent rivés sur le contrôle des "taux directeurs" et des prix de journée. La maîtrise des coûts est une obsession ; par contre transparence et efficacité demeurent des velléités encore au stade de l'annonce. L'Education Spécialisée dispose de maintes ressources pour s'accommoder de ce flou, de ce "bricolage politico-institutionnel" qui perdure.

---

(1) Marc FOURDRIGNIER. "Quelles formations pour de nouvelles pratiques sociales?". *Sauvegarde de l'enfance*, 5, 1991, p. 405-423.

(2) Derrière cette diminution moyenne se profile aussi le tassement de la "solution internat" au profit de formules moins coûteuses tels les "services de suivi en milieu ouvert."

(3) Les observations du groupe de travail du Centre Universitaire de Recherches Administratives et Politiques de Picardie (C.U.R.A.P.P.) sont, sur ce point, éclairantes. Voir notamment Patrick LEHINGUE. "Représentation et relégation : le "social" dans les débats politiques locaux" in : Daniel GAXIE et coll. *Le "Social" transfiguré*. Paris, PUF, 1990, p. 11-139.

B. EDUCATEUR, UN METIER A L'IMAGE DU TERRAIN

Les formes contemporaines de l'Education Spécialisée puisent largement dans un héritage qui remonte à de très nombreuses décennies. Cependant c'est bel et bien ce que Michel Chauvière nomme "l'efficace des années quarante"(1) qui a le plus marqué l'organisation actuelle d'un terrain encore composite certes, mais suffisamment sédimenté pour résister aux pressions, aux injonctions de changement.

Les pédopsychiatres, les neuropsychiatres et leurs alliés ont notoirement influencé, non seulement les modalités de classement et de traitement, mais au-delà, les prolongements institutionnels et les positions dominantes et dominées des différents corps professionnels qui interviennent dans ce champ relativement clos. Le mariage de l'humanisme et de la technicité qu'ils ont réalisé leur a permis de conquérir, une fois levée l'hypothèque d'une Ecole Républicaine opportunément affaiblie sous Vichy, une emprise déterminante ainsi qu'une visibilité et qu'un marché irremplaçable pour diffuser leur savoir et asseoir leur pouvoir. L'Etat Providence a représenté aussi un formidable tremplin en laissant se développer sans réelles entraves une myriade d'équipements, de services, qui avaient tôt fait de répondre à des besoins ajustés à leurs offres.

Les innovations se sont multipliées, avant de devenir un véritable ressort, permettant de concentrer aides et moyens et d'entretenir un rapport conflictuel Privé-Public symbolique mais riche en prolongements.

Au moins jusqu'en 1975, mais plus sûrement jusqu'au début des années 1980, la forte extension du secteur ne s'est pas démentie, sans que se profilent des choix politiques affirmés et, à tout le moins, une réelle connaissance des effets des mesures sociales adoptées.

---

(1) Michel CHAUVIERE. *L'Enfance...* op. cit. p 289

Une logique de segmentation et d'accumulation caractérise toute cette période faste, et si la compression actuelle des dépenses a quelque peu brisé l'élan, nous sommes encore loin de la transparence annoncée, de la "mise à plat" proclamée des objectifs et des résultats.

L'extraordinaire croissance quantitative de l'Education Spécialisée s'est accompagnée de la multiplication des effectifs de professionnels chargés d'encadrer des populations toujours plus nombreuses.

Parmi eux les éducateurs occupent, par leur nombre, mais aussi par leur rôle, une place singulière. L'étude de ce corps particulier est une entreprise semée de chausse-trapes et d'embûches.

Déjà la définition précise d'un tel ensemble se révèle délicate. La prolifération n'a pas uniquement concerné les filières institutionnelles ou les catégories de handicaps. Dans le seul domaine de l'encadrement éducatif dix à quinze métiers différents ont vu successivement le jour, sans que soient clairement définis des domaines de compétence précis. L'entité générique de "travailleur social" se révèle, quant à elle, très problématique et finalement ajoute à la confusion.

La première tâche est alors de répertorier, de classer, de délimiter, et avant tout d'analyser la persistance de ce flou, y compris dans l'approche démographique, puisqu'aujourd'hui encore on ne dispose en la matière que de connaissances parcellaires.(1)

Secondement, l'étude de la genèse du métier d'éducateur spécialisé et de son processus de professionnalisation inachevé - et peut-être en fait inachevable - permet de comprendre comment ce corps a pu à la fois émerger, se multiplier, attirer les vocations en ne parvenant pour autant, ni à construire un monopole d'exercice, ni à éloigner durablement la menace d'être dissous dans une vaste nébuleuse

---

(1) En préambule à ses "propositions opérationnelles", le Commissariat Général au Plan soulignait tout récemment : "les données chiffrées sont, dans le domaine social, largement insuffisantes, et quant aux effectifs salariés, et quant aux parcours professionnels des travailleurs sociaux. Effectivement, il n'existe à ce jour aucun système d'information statistique national, permettant de réunir des données objectives, fiables et cohérentes sur l'évolution des travailleurs sociaux." Commissariat Général au Plan. *Redéfinir le travail social, réorganiser l'action sociale.* Paris : La Documentation Française, 1993, p. 78.

entamant sa position. Ce faisant, nous serons amenés à mettre l'accent sur un point déjà entrevu : l'ambiguïté d'un métier aux ordres devant conjuguer charisme et technicité. Nous nous arrêterons alors rapidement sur quelques travaux interpellant cette technicité proclamée mais, a priori, bien illusoire.

a. L'éclatement des métiers

L'extraordinaire développement quantitatif du secteur s'est réalisé, le fait est entendu, de manière désordonnée. Il en va de même pour les métiers qui, en son sein, ont proliféré sans concertation planifiée, sans définition explicite des missions dévolues à chacun d'eux, sans relation évidente entre les titres requis et les postes offerts.

Réformes régulières des cursus, multiplication des qualifications n'ont rien apporté à la clarification des champs d'intervention respectifs. Cette situation est particulièrement sensible dans le domaine "éducatif". Ainsi, auprès d'une population handicapée accueillie en I.M.E., peuvent intervenir, pour une tâche strictement identique, aussi bien un éducateur spécialisé bardé de formations complémentaires le hissant à un niveau "Bac + 4", un aide médico-pédagogique (A.M.P.) qui a interrompu ses études immédiatement après l'obtention du B.E.P.C., voire un "stagiaire" qui espère "pouvoir bientôt entrer dans une école" ou encore un jeune bénéficiant d'une "mesure" dans le cadre du dispositif d'insertion des jeunes de 16 à 25 ans.

Accumulation, empilement, sédimentation sont ainsi les traits caractéristiques d'un secteur professionnel bien particulier.

- Des postes flous et des titres interchangeables

Le nombre de métiers est allé croissant avec le développement d'un secteur florissant et entrepreneur. Une sensible accélération a marqué les années 1965-1975 sans toujours aboutir à une réelle clarification des prérogatives de chacun d'eux. On peut alors évoquer une création d'îlots successifs, une juxtaposition assez confuse d'emplois se surajoutant les uns aux autres.

Plus précisément on distingue deux mouvements différents, qui, chacun, a alimenté cette nébuleuse apte à décourager toute catégorisation rationnelle : d'une part une démultiplication verticale, d'autre part une prolifération horizontale. Alors que la première a pu donner naissance à quelques professions, la seconde n'a engendré que des métiers, peut-être même seulement des "occupations".

La démultiplication verticale puise largement dans la médicalisation de l'Inadaptation, notamment de l'échec scolaire, et dans le développement toujours plus segmenté des prises en charge de jeunes étiquetés débiles ou carencés éducatifs. Psychomotriciens, orthophonistes et kinésithérapeutes sont inscrits dans ce mouvement qui renforce notoirement les visées et légitime la position des psychiatres, puisque ce sont eux qui, la plupart du temps, prescrivent et orientent les enfants et les adolescents vers de tels spécialistes. Ces techniciens ont tous largement bénéficié de l'Etat-Providence et de ses subsides, lors de la vague de création des I.M.E. en particulier.

Toujours dans ce même mouvement vertical sont inscrits les psychologues cliniciens, les psychothérapeutes et analystes de toutes écoles, qui de concert, et souvent sur les indications de ces mêmes psychiatres, entreprennent une action tantôt individuelle, tantôt collective auprès des clients des institutions. Leur rôle, semble-t-il, ne s'arrête d'ailleurs pas là, puisque fréquemment ils animent, coordonnent, régulent les réunions des personnels éducatifs, rappelant qu'ils peuvent s'arroger le droit d'arbitrer les conflits et de ne lire dans le social que la somme de problèmes individuels. Ici les luttes sont épiques, les batailles pour nommer, pour étiqueter sont pour ainsi dire constitutives d'un milieu encore très instable.

La prolifération horizontale touche des métiers qui, eux, n'ont pas bénéficié d'un monopole d'exercice, et qui donc se confondent et sont interchangeables alors que les statuts, les salaires aussi, sont différents. Leurs dénominations évoluent sans cesse ; régulièrement apparaissent de nouveaux emplois aux attributions aussi hétérogènes que les précédents.

Nous évoquions les I.M.E. ; on peut aussi, à titre de seconde illustration, citer l'encadrement d'adultes handicapés : il n'est pas rare d'observer des infirmiers psychiatriques, des animateurs socio-culturels, des éducateurs spécialisés, des moniteurs-éducateurs, des A.M.P. sans compter le personnel non-diplômé, tous attachés sans distinction ni attribution particulière à la même besogne. Cette situation, aussi étonnante qu'elle soit, n'a rien d'un cas limite. Ce sont plutôt certains sous-secteurs particuliers, comme l'"Action Educative en Milieu Ouvert", chargée d'instruire des mandats judiciaires, qui font figure d'exception en parvenant à n'employer que des éducateurs spécialisés, sous couvert d'une compétence spécifique qui peut toutefois être remise en cause à tout moment par les autorités administratives chargées de financer de tels services.

S'attardant sur l'ensemble de ces démultiplications tant verticales qu'horizontales et relevant qu'elles tendent à perdurer, Daniel Cerezuelle et Jean Hassler notaient récemment :

"La persistance d'un tel phénomène révèle le dynamisme qu'il recèle et semble montrer que dans le domaine de l'Action Sociale, comme dans le champ particulier de l'Enfance Inadaptée, les courants idéologiques, socio-économiques et organisationnels sont les véritables déterminants d'une évolution que le pouvoir politique et l'administration tentent de canaliser, mais qu'ils doivent souvent se contenter de reconnaître après coup par un diplôme."(1)

Ici encore on peut donc évoquer sans crainte du démenti un "bricolage politique" qui s'attache tant bien que mal à limiter les coûts, à éviter les conflits ouverts ; quitte pour cela à complexifier sans cesse un milieu professionnel à l'image de son terrain d'exercice.

- Travailleur social : une appellation problématique

Que l'on cherche à s'en dégager ; c'est le cas des kinésithérapeutes, désormais bien plus attirés par la médecine que par la proximité de métiers flous, c'est le cas aussi des conseillers conjugaux gagnés à la cause de la pratique libérale ; que l'on cherche au contraire à y figurer; c'est celui des "aides à domicile" qui tentent par ce biais de gagner un statut ; l'appellation "travailleur social" a toujours été l'objet d'enjeux. Elle représente un creuset derrière lequel se profile le projet éventé et jamais mis en oeuvre de substituer aux multiples catégories un travailleur unique et polyvalent. Devant les corporatismes et la complexité d'un secteur où les conventions collectives s'enchevêtrent, l'idée d'"action sociale globale" chère aux initiateurs du VIème Plan a fait long feu mais le terme, lui, est demeuré. Régulièrement une rhétorique en mal de "topos" y a recours comme étendard.

La mise en scène de la formule, sa familiarité, ne doivent cependant pas suffire à l'accréditer. S'il existe effectivement un discours qui se voudrait unificateur au nom d'une participation à une même fonction collective, l'approche des groupes professionnels ainsi contingentée fait l'impasse sur les significations de l'hétérogénéité, sur

---

(1) Daniel CEREZUELLE, Jean HASSLER. op. cit.p.58.

les conflits, les oppositions pourtant constitutifs du secteur de l'Education Spécialisée et plus largement du "travail social". En fait cette taxinomie fait disparaître les hiérarchies et masque les rapports de force en donnant, sous la foi d'un label fédérateur, l'illusion d'un consensus entre des métiers quelque peu à la dérive et d'autres, constitués en professions établies, défendus pied à pied. Ambiguïté donc et usage assez étonnant par certaines investigations(1) qui ne se dégagent pas des objets pré-construits dans et par le sens commun.

"En s'attachant à un objet de recherche qui se confond avec une catégorie usitée par des groupes professionnels et un secteur d'activité, l'analyse ambitionnant de décrypter une complexité sociale provoque un renversement de perspective, en donnant de l'intérêt à l'utilisation de la formule "travailleurs sociaux". Celle-ci n'apparaît plus seulement comme un terme de ralliement signant une appartenance, elle témoigne d'une reconnaissance au delà des frontières traditionnelles du champ social. Cette approche introduit une manière de nommer ces techniciens du social, une façon de lire les processus de professionnalisation dans le champ social en privilégiant un mode de structuration au détriment d'autres enjeux" note judicieusement Michel Tachon.(2)

---

(1) Sans doute faut-il percevoir des contraintes éditoriales dans le choix du titre de l'ouvrage de synthèse bien documenté de Jacques ION et Jean-Paul TRICART : *Les Travailleurs Sociaux*. Paris : La Découverte, 1984. Dans la contribution de Jean-Paul Tricart à l'étude *"Les couches moyennes salariées ; une mosaïque sociologique"*. Paris: Ministère de l'Urbanisme et du logement, 1983 ; la prudence vis-à-vis de cette notion est explicite. Jean-Paul TRICART. *"Les travailleurs sociaux, une profession moyenne?"*. ibid. p. 151-162. De la même manière Jacques Ion est amené à clairement dissocier les éducateurs, les assistants de service social et les conseillères en Economie Sociale et Familiale dès lors qu'il s'attarde sur les implications différentes de chacun de ces métiers dans la mise en oeuvre du Revenu Minimum d'Insertion (R.M.I.). Jacques ION. "Mise en oeuvre du R.M.I. ; évolution des qualifications et modèle professionnel des travailleurs sociaux". *Société Contemporaine*, 9, 1992, p. 77-86.

(2) Michel TACHON. "Les Travailleurs Sociaux existent-ils ?" *Revue de l'Economie Sociale*, XIV, 1988, p. 47.

Les travailleurs sociaux n'existent pas ; ou plutôt, avaliser ce vocable ne peut que provenir d'une cécité à percevoir les enjeux que recouvre l'usage d'une telle notion univoque et surtout d'une incapacité à saisir les spécificités de métiers singuliers.

L'un d'entre eux d'ailleurs ne s'y trompe pas et se révèle vigilant quant aux risques de dissolution que représenterait un tel ordre des mots ne reproduisant pas l'ordre des choses : le groupe des assistants de service social rassemble tous les traits de la profession. L'ancienneté de leur statut, le privilège jalousement cultivé du secret professionnel, la tradition corporative renouvelée et actualisée par la puissance Association Nationale des Assistants de Service Social (A.N.A.S.S.), l'immatriculation préfectorale sont quelques unes de ces bornes délimitant un territoire et rappelant une légitimité socialement acquise. On comprend mieux alors pourquoi le Comité National des Ecoles de Service Social (C.N.E.S.S.) a choisi récemment de se retirer d'une Fédération de tous les centres de formation de travailleurs sociaux justement trop fédératrice et composite. Les enjeux de la formation sont à comprendre en termes de filtre et d'inculcation d'une identité professionnelle ; ils sont donc l'objet d'une attention sourcilleuse.

Il n'est qu'à lire enfin rapports ministériels(1), articles spécialisés(2) ou contributions de fond(3) pour constater que l'usage

---

(1) La revue "Actualités Sociales Hebdomadaire", dans son numéro 1761 du 29 novembre 1991 signale judicieusement que le terme "travailleur social" usité par le Rapport Bloqueaux ne recouvre en réalité la plupart de temps que les assistants de service social. Il en va de même de l'article récent de Rafaël RIVAIS "Fonction publique territoriale. Les travailleurs sociaux en question". *Le Monde*. 1.06.1993. p. 7. L'auteur rend compte d'un rapport de l'Association des présidents de Conseils Généraux (APCG) qui porte sur les seuls assistants de service social.

(2) La revue "Le Monde de l'Education" a consacré deux dossiers, en Novembre et Décembre 1990 aux professions sociales. Le premier porte sur "les assistantes et assistants sociaux de demain", le second, qui exclut cette profession, sur "les travailleurs sociaux". Michaëla BOBASCH. "Ecoles recherchent candidats". *Le Monde de l'Education*, 176, 1990, p.108-113. Michaëla BOBASCH. "Educateurs, animateurs, conseillères en économie familiale... Travailleurs sociaux : une mosaïque de métiers". *Le Monde de l'Education*, 177, 1990, p. 108-113.

(3) Antoinette CHAUVENET. "Les professions de santé publique de l'enfance : entre police administrative et éthique communicationnelle". *Sociologie et Sociétés*, XX(2), 1988, p. 41-54. L'auteur, ici, fait la distinction entre les éducateurs et les travailleurs sociaux. Elle la maintient dans son ouvrage "*La Protection de l'enfance*". op.cit. p. 24.

d'une telle entité est instable et peu opératoire dès lors que l'on tente de saisir rigoureusement des enjeux particuliers à tel ou tel métier précis.

Nous éviterons donc de mobiliser un tel agrégat étrangement unifiant et ambigu.

b. L'éducateur spécialisé. Définition et repérage démographique

La définition du métier d'éducateur ne va pas de soi ; le terme même est vague et peut concerner tout un chacun à partir du moment où il est amené à faire oeuvre d'apprentissage. De ce point de vue il est significatif que l'on ne parle pas de pédagogue et de pédagogie mais d'éducation, vocable étendu s'il en est. L'adjonction du qualificatif "spécialisé" pose plus de problèmes qu'il n'en résout puisque rien n'indique s'il s'agit là de définir les populations dont il a la charge - il semble bien que c'est ainsi qu'il fallait l'entendre quand le statut s'est précisé durant les années 1960 - ou les techniques, les savoirs qu'il est capable de mettre en oeuvre.

Le maquis des métiers qui se sont superposés sans délimitations de champs d'intervention - y compris en reprenant le mot même d'"éducateur" - achève cet imbroglio. Faut-il s'étonner alors que les définitions divergent et que le repérage statistique soit lui aussi difficile et finalement imprécis. Pourtant ces définitions s'imposent, faute de quoi l'investigation se révélerait vaine.

- Le choix d'une délimitation précise

La délimitation, en fait, peut se résumer en une alternative entre la seule prise en compte du titre ou celle, plus étendue, du poste ; entre les seuls éducateurs spécialisés dûment diplômés, la catégorie la plus nombreuse ; et l'ensemble des personnels qui occupent des "postes éducatifs". Ce choix ne s'impose pas d'emblée puisque, nous l'avons souligné, plusieurs métiers sont amenés à effectuer des tâches identiques au sein d'un large éventail d'institutions et des services de l'Education Spécialisée. Certains d'entre eux sont repérables à leur statut, d'autres beaucoup moins puisqu'ils fédèrent tous ceux et celles qui s'approprient les mots pour avoir les choses, qui revendiquent l'appellation "éducateur", marque disponible relativement favorable à leurs yeux.

"Plus la définition du titre et la définition du poste, donc la relation entre les deux, sont floues et incertaines, peu ou mal codifiées, et sujettes, de part et d'autre, à interprétation, comme c'est le cas dans les professions nouvelles (par exemple, les professions de représentation, de communication, de travail social, etc.), plus il y a de place pour le bluff et plus les détenteurs de capital social et de capital symbolique (nom noble, "distinction", etc.) ont des chances d'obtenir un rendement élevé de leur capital scolaire".(1)

Marie-Noëlle Valls-Lacroix(2) ne relève pas moins de sept métiers différents qui tous revendiquent le vocable : "éducateur".

- Le moniteur-éducateur a une activité souvent analogue à celle de l'éducateur spécialisé et son apparition, en 1970, renvoie comme le note Paul Fustier(3), à la conviction que les "débiles profonds" et les "cas sociaux" représenteraient des populations moins difficiles que d'autres et qu'il était donc possible de faire appel, pour leur encadrement, à un personnel moins qualifié et moins payé(4). La formation dure deux ans, le Baccalauréat n'est pas nécessaire pour y postuler et elle est sanctionnée par un Certificat d'Aptitude aux Fonctions de Moniteur-Educateur (C.A.F.M.E.).

- L'éducateur technique spécialisé doit, lui, justifier d'un diplôme professionnel (B.E.P., C.A.P., etc.) et d'une expérience de plusieurs années dans son métier. La formation, sanctionnée par le Certificat d'Aptitude aux Fonctions d'Educateur Technique Spécialisé (C.A.F.E.T.S.) dure trois ans, pour l'instant exclusivement en cours d'emploi. Il intervient essentiellement dans les Centres d'Aide par le Travail (C.A.T.), dans une moindre mesure dans les I.M.E.

---

(1) Pierre BOURDIEU. *La Noblesse d'Etat*. Paris : Minuit, 1989, p. 174.

(2) Marie-Noëlle VALLS-LACROIX. *Praticiens du secteur sanitaire et social. Qui êtes-vous ?*. Paris : Editions Ouvrières, 1989.

(3) Paul FUSTIER. "Préface". p. I-XII. in : *Travail Social, l'impossible professionnalisation*. Lyon : C.R.I. Lyon II, 1985.

(4) Les différences entre les définitions de l'éducateur spécialisé et du moniteur-éducateur ne manquent d'ailleurs pas d'étonner quand, dans le fichier "ROME" de l'Agence Nationale Pour l'Emploi (A.N.P.E.), le seul point supplémentaire noté dans la rubrique des premiers s'avère être "Aptitude à la relation - sens du travail en équipe".

- L'éducateur de l'Education Surveillée et l'Educateur de l'Administration Pénitentiaire sont des fonctionnaires du Ministère de la Justice. Ils ont suivi une formation particulière, leurs conditions de recrutement sont quasiment analogues et leurs tâches centrées sur la réinsertion sociale des jeunes délinquants, en milieu ouvert (comité de probation, etc.) ou fermé (maison d'arrêt).

- L'éducatrice de jeunes enfants (le métier est féminin à 98 %), ancienne jardinière d'enfant, exerce dans des établissements tels les haltes-garderies, crèches, pouponnières. La formation est sanctionnée, depuis 1973, par un diplôme d'Etat.

- L'éducateur des enfants et adolescents déficients ou inadaptés est un instituteur qui s'est ensuite spécialisé afin d'obtenir un certificat d'aptitude à l'éducation des enfants et des adolescents déficients ou inadaptés (C.A.P.S.E.I.S.).

- L'éducateur spécialisé, enfin, a suivi une formation de trois années après l'obtention du Baccalauréat, sanctionnée par un Diplôme d'Etat d'Educateur Spécialisé (D.E.E.S.).

Sept appellations donc, en attendant que d'autres métiers, à l'instar des éducatrices de jeunes enfants, revendiquent avec succès le qualificatif "éducateur".

Nous avons retenu uniquement le dernier de ces métiers, non sans hésitations, en particulier pour inclure ou non les moniteurs-éducateurs voire les éducateurs employés directement par le Ministère de la Justice. Le poids démographique des éducateurs spécialisés - ils sont trois fois plus nombreux que les moniteurs-éducateurs - et leur statut assez bien délimité ont guidé notre choix. (Les éducateurs "justice" ne sont, eux, que quelques milliers).

Notre propos concernera donc désormais uniquement les éducateurs spécialisés titulaires du D.E.E.S. (décret et arrêté du 22 février 1967), ceux qui, ayant effectué une formation antérieure à cette date, sont autorisés à se prévaloir d'une équivalence ; ceux, enfin - et nous nous expliquerons plus loin sur une telle option - qui, encore en formation, s'apprêtent à se voir délivrer ce diplôme d'Etat ; les uns et les autres exerçant à temps plein (85 % des effectifs) ou à temps partiel au sein des divers établissements et services de l'Education Spécialisée.

- **Un métier jeune et plutôt féminin**

Avancer quelques repères démographiques sur la population des éducateurs spécialisés passe d'abord par un avertissement. A l'heure actuelle il existe un relatif sous-développement de la connaissance en la matière et il est impossible de livrer un chiffre précis en ce qui concerne le nombre de personnes exerçant ce métier. La grande diversité des lieux d'intervention, la multiplicité des organismes, associations ou administrations de tutelle, les mouvements de personnel sans oublier la progression des emplois à temps-partiel, voire des doubles-employeurs rendent problématique un recensement exhaustif.

Les données disponibles auprès de l'I.N.S.E.E., y compris à l'échelon le plus détaillé, ne sont pas d'un grand secours : la nomenclature "4332 - éducateur spécialisé" est de ce point de vue significative bien qu'elle soit l'aboutissement d'un resserrement des définitions en oeuvre depuis quelques décennies.

Le "noyau" de cette nomenclature comprend l'éducateur spécialisé, le moniteur-éducateur et un "éducateur en milieu ouvert" qui ne se rattache à aucune convention collective, à aucun statut, à aucun diplôme précis.

La même observation vaut pour les "assimilés". Sont ainsi répertoriés un "éducateur de groupe", un "éducateur de loisirs", un "aide éducateur" bien mystérieux. Fait encore plus remarquable, et qui vient en écho avec une structuration professionnelle inachevée, la nomenclature agrège l'éducateur de jeunes enfants et le chef de service éducatif, personne qui occupe un emploi de cadre bien précisé dans les conventions collectives(1). On ne peut donc attendre d'une définition aussi large des indications statistiques pertinentes.

---

(1) Sur la base d'un article d'Alain Desrosières et de Laurent Thévenot, il est possible d'avancer une explication à la présence, au sein de la nomenclature "4332", des chefs de service éducatifs. "L'architecture générale de la nomenclature, écrivent ces auteurs, reste structurée autour de deux principes : partage du salariat et du non-salariat, mise en évidence de hiérarchies sociales plutôt liées au niveau de formation pour les salariés, et à la taille de l'entreprise pour les non-salariés". Aucune formation spécifique ne sanctionne l'accès au poste de chef de service, sauf dans le secteur public. Si ce sont souvent des éducateurs spécialisés qui occupent ces emplois, ils ne peuvent revendiquer aucun diplôme particulier. Alain DESROSIERES, Laurent THEVENOT. "Les mots et les chiffres : les nomenclatures socio-professionnelles". op. cit.p.54.

Les données les plus fiables demeurent celles que publie le Service des Statistiques et des Systèmes d'Information (S.E.S.I.) du Ministère des Affaires Sociales et de l'Intégration. Encore y a-t-il lieu de distinguer ici les informations relatives aux flux des éducateurs spécialisés en formation et celles portant sur les agents occupant un emploi à part entière. Les premières, publiées annuellement, livrent des indications rigoureuses sur les effectifs par sexe et par tranche d'âge(1). Il est également possible de calculer le taux de réussite à l'examen final et le poids respectif de chaque région dans l'effort de formation national.

Les chiffres relatifs aux éducateurs spécialisés en exercice sont beaucoup plus sujets à caution et, en tout état de cause, ne livrent que des approximations.(2) Ponctuellement ce même S.E.S.I. s'attarde sur ce métier mais les articles qu'il livre ne présentent en fait que très peu d'informations nouvelles.(3)

Si nous serons amenés, par la suite, à des approfondissements particuliers, notamment en nous intéressant à des études plus parcellaires, plus "régionales" mais aussi bien plus pertinentes, nous baserons ici notre approche sur la base des données émanant du S.E.S.I. puisqu'elles permettent malgré tout de dégager les grandes tendances du métier d'éducateur spécialisé.

Avant 1980, les chiffres publiés ici et là sont à considérer avec précaution. Jacques Ion et Jean-Paul Tricart avancent un effectif de

---

(1) Citons, pour mémoire, les deux dernières publications en date. S.E.S.I., les Ecoles de formation aux professions sociales en 1990-1991."*Documents statistiques*", 120, 1991, Paris : S.E.S.I., 1991 et S.E.S.I., Les écoles de formation aux professions sociales en 1991-1992. "*Documents statistiques*", 149, 1992. Paris : S.E.S.I., 1992.

(2)Dernière publication en date : S.E.S.I.., Les professions sociales et éducatives en 1991 emploi, effectifs. "*Documents statistiques*". 163, 1992. Paris : S.E.S.I., 1992 et Bernard NOZIERES. "Les professions sociales et éducatives". *Informations Rapides*, SESI, 33, 1993.

(3) Citons notamment François DELAPORTE, Jacqueline GOTTELY. "La formation aux professions sociales". *Solidarité-santé, études statistiques*, 1, 1986, p. 61-76 ; Daniel FOULON. "Les effectifs des professions sociales éducatives ont plus que doublé en 10 ans..". *Solidarité santé, études statistiques*, 2, 1987, p. 51-56 et Jacqueline GOTTELY. "Les professions sociales et la multiplication de leurs tâches" in : *Données sociales*. Paris : INSEE, 1993, p. 541-547.

4 500 personnes en activité en 1970 puis celui de 19 460 pour l'année 1975(1), or celui des flux d'étudiants diplômés durant cette période, qui nous est mieux connu, ne justifie au mieux que 60 % de cette importante augmentation. Une part de l'écart peut s'expliquer par des actions dites "d'adaptation". Elles ont consisté à former du personnel déjà en poste avant la création du diplôme d'Etat puis à lui accorder, par le jeu des équivalences, sinon le titre, du moins le statut. Mais au-delà d'une telle hypothèse, c'est la fragilité de la définition même de l'éducateur spécialisé qui semble en cause et, corrélativement, la probable sous-estimation du chiffre avancé pour l'année 1970.

En 1980, 25 100 hommes et femmes exerçaient ce métier. Cinq ans plus tard ils étaient déjà environ 32 200(2). Actuellement l'estimation est de 40 200(3), ces chiffres incluant des personnes non diplômées en nombre probablement assez restreint.

Compte tenu de cette rapide progression, et bien que l'on ne connaisse pas l'âge moyen des éducateurs spécialisés, on peut toutefois en avancer la relative jeunesse. En effet à l'obtention du D.E.E.S., il est de 25 ans.

Depuis une quinzaine d'années le flux des diplômes délivrés est relativement stable. Environ 2 300 personnes se présentent annuellement avec succès à l'examen final (avec 2700 diplômés, l'année 1979 est un épiphénomène).

La répartition par sexe est depuis longtemps sujette à débats puisque la soudaine accélération de la féminisation du métier est régulièrement annoncée. On se doit de considérer de tels propos avec prudence. Certes les informations sur le personnel en activité font défaut mais depuis une dizaine d'années la proportion de femmes parmi les nouveaux diplômés est stable. Elle oscille entre 57 % et

---

(1) Jacques ION, Jean-Paul TRICART, op.cit. p. 35. Les auteurs soulignent que les estimations qu'ils livrent sont incertaines. Leurs sources : d'une part le Centre Technique National d'Etudes et de Recherches sur les Handicapés et les Inadaptés (C.T.N.E.R.H.I.), d'autre part l'Association pour la Gestion des Formations Initiales du Secteur Sanitaire et Social (A.G.F.I. 3S)

(2) S.E.S.I. *Annuaire statistique.* Paris : S.E.S.I., 1989, p. 205.

(3) S.E.S.I. "Les professions sociales et éducatives". *Informations rapides.* 33, 1993, p.2.

63 %. Il est probable par contre que l'on assistera bientôt à une évolution sensible. L'obligation du baccalauréat est récente puisqu'elle date de 1991. On observe depuis un léger rajeunissement des effectifs et surtout une part accrue de candidates. Ainsi en 1992 les femmes représentent 65 % des étudiants, toutes promotions confondues, mais 70 % si l'on ne retient que la première année de formation. Nous aurons l'occasion, par la suite, d'expliquer une telle relation.

Les autres informations disponibles auprès du S.E.S.I. sont encore plus fragiles que les estimations précédentes. La répartition des éducateurs spécialisés par régions d'exercice livre des taux approximatifs et les classements par type d'établissement ou de service souffrent de ce flou des définitions déjà relevé précédemment. Le terrain de l'Education Spécialisée est composite. Ce flou se prolonge dans des données qui laissent entrevoir une globalité mais assurément n'autorisent pas une investigation très rigoureuse.

c. L'impossible professionnalisation

Le métier d'éducateur a partie liée avec l'ensemble du dispositif institutionnel qui, depuis un demi-siècle, organise l'encadrement des jeunes puis des adultes inadaptés ou handicapés.

L'Initiative Privée, au-delà de ses atermoiements et de ses luttes intestines, a maintenu son emprise sur un secteur, sur une entité avec laquelle l'Etat doit compter. Les corps professionnels qui sont parvenus à y asseoir leur position dominante ont soigneusement évité de froisser susceptibilités et ancrages charismatiques en modulant, quand il le fallait, leur prétention technicienne. Cependant ils ont bel et bien construit un "isolat" basé sur le traitement de cas individuels et inspiré par ce "colloque singulier" qui lie le médecin et son patient. Désormais la profession médicale marque de son sceau un terrain qu'elle a contribué, sinon à unifier, du moins à structurer quelque peu.

Au sein des établissements et des services qui le constituent, un agent ; "un aide" comme l'écrivait Etienne Jovignot[1], va devoir alors conjuguer des dimensions contradictoires. Substitut parental, il se montrera généreux, oblatif et mû par une éthique, laïque peut-être,

---

(1) Etienne JOVIGNOT. "Le profil de l'éducateur spécialisé". *Liaisons*, 71, 1970.

mais assurément passionnelle. Dans le même temps il aura à acquérir les humbles mais solides techniques d'un métier qui appelle des connaissances scientifiques minima afin d'observer et de rendre compte. Il fera appel alors à ce qui sera présenté comme un savoir à part entière, "la psychopédagogie médico-sociale", bien que tenant plus selon le mot de Michel Tachon(1), du "collage" et de "l'habit d'arlequin".

Les éducateurs spécialisés ne parviendront pas vraiment à se dégager de ces injonctions où le savoir doit apprendre à se dispenser d'une méthodologie tangible, où le savoir-être et le savoir-faire priment sur la science.

Sans aucun doute ces hommes et ces femmes engagés dans un métier régulièrement qualifié de "différent" ont servi à ce que se réalisent ces glissements, ces mutations du moral au médical qui ont rénové le secteur de l'Education Spécialisée. Par contre ils ne sont jamais parvenus à construire une profession, à s'arroger les bénéfices d'une corporation telle que, dans les années 1930, les assistants de service social l'avaient réalisée. Pour ce faire il aurait fallu, d'une part, qu'ils puissent se prévaloir d'une technicité particulière, d'autre part, qu'ils se constituent en entité suffisamment organisée pour délimiter leurs prérogatives et défendre leurs spécificités. En mettant l'accent, dans le propos qui va suivre, sur les "adhérences morales" qui, la plupart du temps, tiennent lieu depuis un demi-siècle de références, en rappelant brièvement leur incapacité à marquer un territoire, nous nous proposons, dans ce dernier développement, de dépeindre la situation d'un métier encore et toujours singulièrement flou.

- Une introuvable technicité

"Grand frère" ou père, l'éducateur des années 1940 se devait d'être animé d'un idéal qui le poussait à s'élancer dans l'aventure de la rééducation comme le prêtre dans la découverte salvatrice d'une vocation qui naît en lui d'une manière ineffable. Nous avons déjà mentionné une telle matrice qui puise ses représentations dans un

---

(1) Michel TACHON. *Recherche sur les processus de professionnalisation : analyse dans le secteur de l'Enfance Inadaptée au cours de la période 1945-1980.* Lyon : A.R.E.P.S., 1988, P. 51.

modèle "familial-charismatique". Plus qu'un rappel, nous voudrions alors ici en souligner à la fois la permanence et son évolution en prenant appui sur trois "moments", trois études aussi, faisant ressortir combien les modèles nouveaux se combinent aux anciens sans les évacuer, combien derrière le discours et les pratiques techniciennes se profile encore, si ce n'est l'ascèse religieuse, du moins une morale d'altruisme et de générosité.

Qu'elles soient référées à la pédagogie de la rédemption, au scoutisme où à la "pédagogie nouvelle", les valeurs de dévouement dont étaient porteurs les premiers animateurs des centres d'observation garantissaient le bien-fondé de leur engagement. Face à des jeunes instables ou même pervers leurs méthodes ne pouvaient que se révéler payantes. N'avait-on d'ailleurs pas fait appel dès 1937 à des "éclaireurs" pour instruire les instituteurs en charge de réformer les colonies pénitentiaires vilipendées par Alexis Danan.

Un accord se réalise, à l'époque, rapidement dès qu'il s'agit de définir les qualités de l'éducateur.

"- Il doit être jeune et physiquement sain et solide. L'enfant sensible au rayonnement spirituel, ne l'est pas moins à la valeur physique. Un rééducateur ne sachant pas se mettre le torse nu pour faire du sport, ou présentant une difformité physique, connaîtra rarement le succès.

- Il doit être psychiquement parfaitement équilibré et demeurer maître de lui en toute circonstance.

- Il doit présenter une haute valeur morale, aimer les enfants, les sentir et aborder sa tâche avec modestie, nous dirions même humilité.

- Son intelligence doit être réelle, mais son niveau d'instruction n'est pas un critérium absolu"(1)

Cependant dès la fin des années 1940, cet "appel du gosse", ces valeurs de référence, se doivent de cohabiter avec des connaissances techniques. Les pédopsychiatres qui oeuvrent en ce sens prennent

---

( ) Jean PINAUD. "Une école de cadres". *Sauvegarde*, 1, 1946, p.13.

bien garde d'opposer le dévouement et la nécessaire technicité. Il semble bien d'ailleurs qu'à l'époque du moins, eux-mêmes, à l'image de Robert Lafon, portent ces convictions d'alliance des deux termes. Dans les écoles qu'ils initient voire qu'ils dirigent, dans les centres où ils interviennent, ils rappellent régulièrement l'irréductibilité de cet ensemble et insistent sur "la santé, la résistance, le bon équilibre physique, les qualités intellectuelles et affectives".

L'image du technicien au grand coeur s'installe ; elle représente une synthèse qui traversera les décennies, quitte présentement à reprendre et à interpréter à sa façon les thèmes de l'éthique ou de cet "art qui complète la science".

Désormais, l'idéal religieux est évacué et les connotations moralisatrices retraduites. La maîtrise d'un savoir éprouvé, la mise en avant d'une formation qualifiante et de compétences spécifiques justifient l'accès des éducateurs spécialisés au rang de spécialistes dégagés une fois pour toutes d'un héritage perçu comme de plus en plus lointain.

Sans prétendre instruire présentement la réfutation détaillée d'une telle linéarité, qui irait du magique à la science nous pouvons toutefois relever qu'assurément il s'agit là d'une vision simplifiant une réalité beaucoup plus complexe.

Trois investigations ont tenté, entre 1980 et 1985, de saisir chacune un segment particulier de la carrière de l'éducateur spécialisé et de vérifier l'adéquation entre la technicité annoncée et la mise en oeuvre effective de pratiques, d'actes susceptibles de correspondre à un tel qualificatif. Bien que réalisés sur la base de corpus différents, tous ces travaux parviennent, on va le constater, à des conclusions singulièrement proches. Ces trois "moments" ainsi analysés sont d'une part les modalités et les enjeux de la sélection pour entrer en école de formation, d'autre part les pédagogies de ces instituts fortement intégrés au secteur, enfin les pratiques concrètes que les éducateurs spécialisés développent.

Les critères de sélection, les modalités mêmes de l'évaluation des motivations, de la personnalité, des compétences des impétrants ont toujours été l'objet de débats passionnés et contradictoires. Les enjeux sont vécus comme cruciaux et l'on mesure bien, à la lumière de la sociologie des professions, combien ils renseignent effectivement sur les processus de professionnalisation. Les luttes qui s'y engagent cristallisent la dynamique du métier et livrent finalement un reflet assez fidèle des forces qui le travaillent.

En consacrant une volumineuse thèse aux "problématiques de la sélection des éducateurs spécialisés"(1) Andrée Guiot s'est attardée tant sur les discours que sur les formes, assez étonnantes pour le néophyte, qu'ont pu prendre ces épreuves au fil des quarante dernières années.

Nombre d'éducateurs spécialisés qui sont passés sous de telles fourches Caudines en gardent longtemps un souvenir, sinon précis, du moins marquant. Durant plusieurs journées en internat - lieu et rupture déjà signifiants - les tests sportifs alternaient avec des entretiens conduits par des psychologues ou des pairs, avec des "mises en situation" théâtralisées, des débats et il n'était, à lire le récit édifiant de Jean-Louis Cardi(2), jusqu'aux soirées dansantes qui pouvaient donner lieu à observation, analyse et notation. La cérémonie d'adoubement et le rejet hautement symbolique des impies, on l'aura compris, amène Andrée Guiot à parler de "démarche initiatique et quelque peu ésotérique".

En voulant discerner ceux qui ont les qualités requises et ceux qui risquent non seulement de se fourvoyer mais de contaminer les autres, c'est bel et bien un discours innéiste qui tantôt apparaît au grand jour, tantôt se transmue en représentations techniciennes garanties par la fiabilité des tests ou le regard averti des psychiatres. La sélection repère ceux qui ont entendu "l'appel" mais, pas plus que la formation, elle ne pourra faire advenir une passion, une attirance "que l'on a ou que l'on n'a pas". Est-il fait pour ? saura-t-il donner ? saura-t-il tenir son groupe ? est-il suffisamment équilibré ? seront quelques unes des questions auxquelles s'efforceront de répondre des jurys cooptés et

---

(1) Andrée GUIOT. *Les Problématiques de la sélection des éducateurs spécialisés.* th. Etat: Dijon : 1984. On lira avec intérêt la critique de cette recherche par Michel TACHON. Recherche sur le processus... op.cit.p.18.

(2) Jean-Louis CARDI. *La Prévention spécialisée. Un secteur spécifique du travail social : transformations, modalités de fonctionnement, idéologie (1945-1982).* Th. Sociologie : Paris 8 : 1987.

réputés perspicaces(1).

L'auteur de cette étude est alors amené à une conclusion qui recoupe les réflexions présentées par d'autres chercheurs : le vocabulaire sélectif s'est modifié entre 1950 et 1980 mais d'une part les changements ne sauraient cacher les liens qui perdurent entre les termes dès lors évoqués et les substantifs révoqués ; d'autre part la technicité annoncée ne correspond pas aux procédures effectives.

"L'inventaire auquel nous nous sommes livrés prouve qu'elles n'ont guère évolué avec les années (les décennies...) ni par voie de conséquence les résultats formels auxquels elles peuvent aboutir"(2).

La sélection des éducateurs spécialisés est une révélation ; le début aussi d'une socialisation qui se pare des habits neufs de la science mais qui renvoie finalement aux représentations rituelles que l'on observe dans la cléricature. Le modèle de "technicien de la relation", véhiculé dès les années 1960, qui guide la recherche des futurs "bons éducateurs" ne doit pas faire illusion.

Comme le relève Andrée Guiot, "la "technique" alors revendiquée se trouve être, comme le bon sens, la chose la mieux partagée du monde(3). Le vocabulaire usité, à connotation "psy", renvoie plutôt à un vulgate interprétant plus ou moins librement cette "mystique rationalisante de l'âge de la science"(4) qu'est la psychanalyse.

Patrick Watier(5) s'est, lui, particulièrement intéressé aux pédagogies mises en oeuvre au sein des écoles d'éducateurs spécia-

---

(1) Sur le point spécifique des entretiens avec les éducateurs spécialisés en exercice au cours de ces épreuves de sélection, on se reportera aux compte-rendus et aux analyses de Camille THOUVENOT. op. cit. p. 422-425.

(2) Andrée GUIOT. op.cit. p. 554.

(3) Andrée GUIOT. ibid.. p. 545.

(4) Pierre BOURDIEU. *La Distinction.* Paris : Minuit, 1979, p. 427

(5) Patrick WATIER. *Etude sur la pédagogie des écoles d'éducateurs spécialisés.* Paris : Fédération Nationale des Comités d'Entente et de Liaison des Centres de Formation des Travailleurs sociaux, 1983.

-lisés, aux évolutions annoncées et aux variations tangibles. Ses conclusions confirment les observations du précédent auteur. Puisque, plus qu'"apprendre", il s'agit de faire devenir dans une alternance de résurrection et d'initiation,

> "la technicisation se révèle être plus un mythe qu'une réalité quotidiennement réalisée ; ce qui subsiste c'est une morale"(1)

Moment crucial de la socialisation dans le métier, ce temps passé en école - trois années dont la moitié en stage - se singularise, pour les éducateurs spécialisés, par une insistance tant sur l'acquisition d'une identité professionnelle que personnelle, et ce sont les deux que les formateurs se devront de valider. C'est l'être qui est en jeu et la relation au savoir est d'ailleurs ambiguë.

> "La pédagogie implicite est préférée à une pédagogie explicite assimilée au simple engrangement de connaissances. Les images d'origines religieuses ont disparu, mais la formation n'en reste pas moins un lieu d'où doit advenir une nouvelle personne"(2)

remarque l'auteur en évoquant la pédagogie des années 1980. On notera au passage combien cette défiance d'un savoir emmagasiné renvoie à l'opposition symbolique entre la formation dispensée par l'Initiative Privée - dont quasiment toutes les écoles dépendent - et un enseignement délivré par une "Education Nationale" qui ne peut être que sclérosée voire mortifère(3).

---

(1) ibid. p. 25.

(2) ibid. p. 28.

(3) Sur ce thème de la formation, on se reportera également à l'article de Kléber FORTINEAU. "La formation des éducateurs spécialisés analysée comme un rite d'institution". *Archives Aquitaines de Recherche Sociales*, 1-2, 1987, p. 119-137. Ces versants rituels et magiques ne sont d'ailleurs pas le propre de la formation. Ils perdurent bel et bien dans la pratique et relativisent sérieusement cette idée d'efficace et de rationalité qui accompagne la récente thématique de l'évaluation. Sur ce point, voir Camille THOUVENOT. op. cit., notamment son analyse des pratiques rituelles au fil de la vie quotidienne en internat, p. 207 et ss.

Dans une toute autre perspective enfin, Daniel Cerezuelle et Jean Hassler(1) ont tenté de saisir les signes tangibles d'une technicité en actes. Leur attention s'est particulièrement portée sur les écrits des éducateurs spécialisés, sur les informations échangées ou archivées, sur les modalités des prises de décision, lors du placement d'un enfant en établissement par exemple.

L'un et l'autre semblaient craindre que la technicisation éloigne et annihile l'usager, qu'il soit jeune ou adulte, inadapté ou handicapé. Ce qu'ils ont découvert les a déconcerté et rassuré. Indigence de l'écrit, approximation des évaluations, absence de rigueur laissent souvent intacte cependant la vitalité des institutions.

"On constate de façon générale un intérêt qui dépasse la simple conscience professionnelle"

écrivent-ils. On voudrait bien sûr en savoir plus.

Au-delà d'analyses en écho à leurs propres corpus, on peut remarquer que leurs hypothèses sont à la fois confirmées et infirmées. Confirmées puisque l'étude préliminaire qu'ils ont effectuée des textes, des règlements, des modalités administratives laissait présager effectivement une technicisation du métier. Infirmées puisque l'observation sur le terrain a fait avant tout ressortir l'écart entre l'annonce et le réel.

"la technicité est décrite comme "un modèle favorisant" plutôt que comme une procédure dont l'efficacité peut se mesurer et dont le contenu est réellement approfondi, analysé et comparé".(2)

---

(1) Daniel CEREZUELLE, Jean HASSLER. op. cit.

(2) Ibid. p. 232. Pour des prolongements de cette réflexion sur les écrits, le lecteur se reportera à Michel VEDELAGO. "Evolution de l'idéologie du travail social". *Cahiers du CTNERHI*, 13, 1981, p. 7-23 et au numéro de la revue Informations sociales, 7, 1987. consacré aux "écrits professionnels". Signalons également la thèse de Marie-Anne SEINTIGNAN-POMMIER. *Langage, travail et idéologie. Les discours des éducateurs spécialisés*. Th. 3ème C : Rouen : 1989. L'auteur tend à rejoindre en grande partie les observations de Daniel Cerezuelle et de Jean Hassler.

Au terme de ces trois recherches, ici certes plus évoquées que développées, on ne peut que souligner les contradictions.

La foi "tout court" est rejetée et "l'appel de l'enfant" au moins modulé. Par contre la technicité qui était censée s'y substituer apparaît bien fragile et discutable. Au mieux annoncée, elle n'est quasiment jamais mise en oeuvre, ni même clairement définie.

Rejetant le clerc d'église et le scout charismatique, un "technicien de la relation" aurait dû lever les adhérences morales et développer enfin des pratiques professionnelles à part entière. Or aux lieu et place de cette technicité, c'est une "culture morale" qui apparaît être le ciment, tant des modalités de sélection, des ressorts de la formation que des formes d'échanges et de travail au sein des institutions : l'ineffable demeure.

Ces "adhérences" expliquent-elles à elles seules la position d'auxiliaire des éducateurs spécialisés ? Si la réponse est malaisée on ne doit pas oublier, par contre, que ce métier encastré entre charisme et science est un intermédiaire précieux pour tous ceux qui, en retrait, s'alimentent des observations rapportées, en livrent le sens et prescrivent la conduite à tenir. Pour échapper à ce rôle subalterne il aurait fallu qu'un groupe professionnel à part entière se constitue. Tel n'a pas été le cas, et le rappel de quelques occasions manquées illustre les impasses où, sans qu'il soit besoin de pressions extérieures directes, les éducateurs spécialisés se sont eux-mêmes engagés.

- Une incapacité à s'organiser

Nous citerons ici pour mémoire, sans nous y attarder outre mesure, les débats qui ont traversé le terrain de l'Education Spécialisée durant les année 1950 et 1960.

Au cours de cette période, poussée démographique et carence de l'Education Nationale en ce qui concerne la mise en place de structures adaptées entraînent l'émergence d'une proportion significative de jeunes présentant des retards dans les apprentissages et des "troubles caractériels". Leur présence au sein de l'école se révèle problématique et, de fait, nombre d'entre eux se voient "naturellement" orientés vers des établissements qui, sous couvert du "risque maladie" peuvent les recevoir. L'Education Spécialisée inaugure ainsi la prise en charge de tout une kyrielle de débiles, de dyslexiques, de dysorthographiques. Corrélativement s'ouvre en moyenne chaque semaine un nouvel I.M.E.

"Déjà marqué par l'influence médico-psychiatrique qui a présidé à son émergence, le secteur dit "de l'enfance et de l'adolescence inadaptée" se trouve donc en mesure d'accueillir toute une nouvelle catégorie de jeunes "clients" qui aurait pu tout aussi bien lui échapper, mais, par là même, va se voir attribuer une "étiquette" (des "étiquettes") contribuant sans doute à une ségrégation plus évidente encore (1)

Dans le même mouvement d'extension, les progrès de la médecine, la découverte des antibiotiques notamment, permettent la survie - et la vie - de très nombreux enfants et adolescents autrefois rapidement condamnés ("débile profond", "mongolien"), qui ne vont pas tarder alors à devenir des adultes, pour lesquels il va bien falloir mettre en oeuvre des équipements particuliers. L'U.N.A.P.E.I. d'ailleurs y veille et se constitue en groupe de pression extrêmement efficace.

Alors que les différents établissements et services du secteur procèdent sans discontinuer à des embauches, manquent toujours à l'appel non seulement un statut clairement défini de l'éducateur mais aussi des conditions de formation et d'exercice précises et unifiées. Les pouvoirs publics aspireraient volontiers à mieux organiser le métier. En 1951 puis en 1954 ils sollicitent de l'Association Nationale des Educateurs de Jeunes Inadaptés (A.N.E.J.I.) sa participation active à la création d'un diplôme d'Etat puis à celle d'une convention collective. C'était trop demander à un mouvement composite qui regroupait d'éminents pionniers tels Henri Joubrel et Jacques Guyomarc'h mais aussi des techniciens, Robert Lafon en particulier. Oppositions épiques et incapacité surtout à se dégager d'une image charismatique vont aboutir à un retard considérable dans la prise en compte de ces demandes ministérielles. A l'origine de ces valses-hésitations on repère les débats sans fin mettant aux prises les défenseurs des spécificités du métier qui se défient par exemple de l'exigence d'un niveau scolaire précis pour entamer une formation et se révèlent ardents avocats de l'expérientiel" et, face à eux, ceux et celles qui pour en appeler à la psychopédagogie, veillent toutefois à ne pas perdre leur position dominante. L'accord entre ces différentes composantes d'une A.N.E.J.I. tiraillée et incapable finalement de jouer

---

(1) Andrée GUIOT. op. cit. p. 181.

un rôle de catalyseur dans le processus de professionnalisation va tarder à se réaliser.(1)

Dans le même temps l'Initiative Privée se développe considérablement. Des milliers d'éducateurs sont employés sans formation préalable. Cela ne pose aucunement problème : pour maints directeurs d'institutions, ce qui compte avant toute chose ce sont leurs aptitudes innées, leurs "capacités naturelles" qui ne peuvent se révéler qu'au contact de l'enfant (d'où l'appellation qui se prolongera jusqu'aux années 1980 d'"éducateur de contact").

"Seul l'enfant (le "gosse" dont l'"appel" est à l'origine de la "démarche éducative") et le groupe d'enfants et d'adolescents de l'institution de rééducation, sont à même de révéler l'éducateur à lui-même, à ses aptitudes éducatives : en un mot, de le "sélectionner" (et de le former...)"(2).

L'occasion de franchir un pas décisif vers un statut reconnu, vers une professionnalité clairement délimitée a été manquée. Il faudra attendre 1966 et 1967 pour que respectivement soit adoptée une convention collective et créé un diplôme d'Etat. Ce retard hautement significatif va hypothéquer tout l'avenir puisque sur ces entrefaites une prolifération horizontale des métiers s'est réalisée et d'ailleurs, dès 1970, des moniteurs-éducateurs viendront directement concurrencer les éducateurs spécialisés sur leur propre terrain.

Autre illustration de cette incapacité structurelle à s'organiser : les tentatives avortées des éducateurs du sous-secteur de la prévention spécialisée pour s'ériger en corps à part entière sont elles aussi exemplaires des oppositions qui traversaient le terrain et jugulaient par avance toutes velléités d'échappée.

---

(1) On se reportera sur ce point à la recherche de Jean-Marc LEVERATTO. *Essai d'Ethnologie de l'Education Spécialisée.* Th. N.R. : Nancy 2, 1990, notamment au chapitre intitulé "La Dispute de la professionnalisation" p. 325-348.

(2) Andrée GUIOT. "L'éducateur de contact, enjeu et "enfant imaginaire" du secteur de l'inadaptation" p. 39 in : *Travail social, l'impossible professionnalisation.* op. cit.

Dès le début des années 1960 "clubs" et "équipes" dites "de milieu ouvert" ne vont pas tarder à se développer sur la base d'un noyau fondateur particulièrement actif dans le Nord de la France et dans la région parisienne. Les uns et les autres vont manifester très rapidement une aspiration à marquer leur différence d'avec une Education Spécialisée tournée avant tout vers l'accueil en internat de jeunes "débiles" ou "caractériels".

Définissant leurs missions, proposant à point nommé leurs bons offices quand les administrations découvrent le problème des "bandes" et s'inquiètent de leurs débordements, les initiateurs d'un métier qui se verraient bien prendre le large rencontrent la bienveillance d'un Haut Commissaire à la Jeunesse et aux Sports, Maurice Herzog. Avec son soutien ils envisagent de constituer une entité marquant sa prise d'autonomie par un cursus de formation spécifique. L'année 1961 sera, comme le rappellent Vincent Peyre et Françoise Tétard, décisive.

"Ce projet se heurte immédiatement à une vive opposition des représentants des associations d'éducateurs spécialisés et des écoles d'éducateurs. Au nom de l'unité de la profession d'éducateur, ils font ressortir les risques que présente une telle sécession qui soustrairait tout un pan de l'action éducative à leur emprise et porterait en germe la création d'autres spécialisations indépendantes".(1)

Par ailleurs, l'influente Union Nationale des Associations Régionales de la Sauvegarde de l'Enfance et de l'Adolescence (U.N.A.R.S.E.A.) parvient à prendre sous son contrôle des organismes de prévention tentés par la dissidence. Par son biais c'est aussi le Ministère de la Santé et de la Population qui rappelle sa présence. Un temps écarté, les tenants de la médicalisation reprennent le dessus.

L'agencement historique s'est toujours révélé prégnant, plaçant dans son giron l'ensemble des formes d'encadrement des handicapés et des inadaptés, jugulant toute tentative de fractionnement. A l'intérieur même du corps de métier, jamais ces initiatives n'ont été suffisamment organisées pour faire imploser un ensemble qui négociait que très lentement sa prise de distance d'avec le charisme. Si l'A.N.E.J.I., qui comprenait, rappelons-le, grand nombre de scouts ou d'anciens du

---

(1) Vincent PEYRE, Françoise TETARD. "Les enjeux de la prévention spécialisée : 1956-1963" in : *Lectures sociologiques du travail social.* op.cit. p. 128.

scoutisme, toutes branches laïques ou confessionnelles confondues, a permis que se réalise une certaine construction du métier d'éducateur ; par contre elle a été bien incapable d'édifier les bases solides d'une profession. (1)

Les spécialistes qui, aujourd'hui encore chaperonnent les éducateurs spécialisés, leur rappellent régulièrement qu'ils doivent demeurer "hommes de terrain", "en contact avec le concret", "disponibles".

"Définir les fonctions de l'éducateur spécialisé supposerait de donner une définition précise de la profession ; cette définition n'existe pas encore, et il est bien possible qu'il faille davantage s'en réjouir que s'en inquiéter".

écrivait le Docteur Michel Lemay(2), pédopsychiatre fortement engagé dans le secteur et un temps d'ailleurs directeur d'une école d'éducateurs.

---

(1) "Une profession, rappelle Pierre Desmarez, est un métier qui a obtenu que ses praticiens disposent d'un monopole sur les activités qu'il implique et d'une place dans la division du travail qui les empêche d'avoir affaire à l'autorité de profanes dans l'exercice de leur travail. Certains métiers y parviennent, d'autres pas, et d'autres encore y parviennent partiellement. Devenir une profession est une chose délicate et difficile qui dépend d'une action politique et sociale menée sur plusieurs fronts. Il faut obtenir des concessions de la part de l'Etat, gagner des querelles de territoire avec d'autres métiers, légitimer son autorité et exercer un contrôle interne destiné à sanctionner la déviance". A la suite des remarques de l'auteur, nous observons que parmi les "métiers du social", seuls les assistants de service social peuvent être considérés comme membres d'une profession. Toutefois à suivre les pérégrinations de la notion de "secret professionnel" ou le déséquilibre entre offres d'emploi et candidats, on mesure combien clôture d'un marché du travail et monopole ne sont jamais acquis une fois pour toute. Pierre DESMAREZ. *La Sociologie industrielle aux Etats-Unis*. Paris : Armand Colin, 1986, p. 69.

(2) Michel LEMAY. *Les Fonctions de l'éducateur spécialisé*. Paris : P.U.F., 1968, p.5. Citons encore cet auteur : "il est certain qu'un éducateur ne pourra jamais exercer une action véritable s'il "ne paie pas de sa personne" et s'il ne devient pas un exemple authentique des valeurs qu'il veut apporter aux enfants inadaptés. Il est non moins vrai que son amour et son dévouement risquent d'être dérisoires s'ils ne sont pas étayés par de solides notions théoriques. Technique et don de soi ne sont pas opposables. Ils sont les deux aspects de ce qui paraît être l'approche vraie d'autrui". Michel LEMAY. op. cit. p. 99-100.

Le métier d'éducateur spécialisé, tributaire d'un lourd héritage, est un métier ambigu. Il porte la marque des influences d'un charisme qui se mue désormais en un humanisme de bon aloi et d'une médicalisation qui y puise des médiateurs très précieux.

Les quelques repères qui précèdent ont restitué un cadre général. Sans prétendre à l'exhaustivité ni à un réel approfondissement, ils permettent toutefois de souligner les particularités à la fois du terrain et des postes. Restent à étudier les agents qui vont s'y investir en y apportant leur propre histoire, leurs propres aspirations.

CHAPITRE II

L'INFLUENCE DETERMINANTE DU RESEAU FAMILIAL

Quelles sont les dispositions, quels sont les ressorts qui entraînent des individus à prendre ainsi position au sein d'un secteur que nous percevons largement tributaire d'un héritage déposé et rémanent ?

Quelle part de cet "illusio", de cet investissement dans des pratiques d'encadrement de personnes handicapées, est redevable à l'histoire des agents, aux trajectoires sociales dans lesquelles ils sont inscrits ?

Telles sont les interrogations qui vont traverser le propos qui va suivre.

Les hypothèses que nous émettons s'appuient avant tout sur les deux pôles que nous avons développés précédemment.

Le terrain du handicap, qui continue à se présenter comme le plus neuf des terrains, porte avant tout la marque de ses origines et des dépôts successifs qui ont abouti à cette configuration particulière, à cet "isolat" que nous avons dépeint. Les luttes qui l'ont façonné sont loin d'être épuisées mais la prééminence des corps professionnels qui l'ont conquis durant les années 1940 perdure par delà les décennies. Humanisme et techniques s'accordent toujours par ce privilège donné au "colloque singulier", alors que tendent à se développer parallèlement des pratiques de traitement social du chômage et de la délinquance notamment, régies par d'autres modèles. Les prédictions de bouleversements, associées ici aux Lois de 1975, là à la Décentralisation, méritent d'être considérées avec circonspection. Certes le resserrement budgétaire hypothèque les logiques de fort développement et d'invention perpétuelle sur lesquelles était bâtie l'Education Spécialisée, mais lobbies et corporations sont, pour l'instant, suffisamment influents pour conserver en l'état les rapports de force, les positions de dominants et de dominés. L'alliance réussie du charisme et de la science, que le thème désormais omniprésent de l'éthique se charge à la fois de conserver sur le fond et de renouveler sur la forme, entérine une structuration plutôt conservatrice.

Le métier d'éducateur spécialisé est ainsi redevable de cette histoire, des conditions de son émergence pour et par des corps qui avaient besoin d'individus situés dans "l'entre-deux", à la charnière du clerc et du pédagogue, à distance à la fois des images du scout et de ses actes de foi et du spécialiste exerçant "froidement" une profession comme les autres. Les hommes et les femmes qui choisissent de s'engager sur un terrain ainsi déjà balisé endossent cet héritage. Les positions dominées qu'ils occupent, le rôle de "voltigeur" en quelque sorte qui leur est dévolu, font d'eux des intermédiaires, encadrants et encadrés, qui doivent plus leur place à un "savoir être" voire aux adhérences morales dans lesquelles ils se reconnaissent, qu'à des méthodes, des outils qui leur seraient primitivement extérieurs et qu'ils auraient appris à mettre en oeuvre.

Claude Dubar (1) en 1970 et dix ans plus tard Francine Muel-Dreyfus (2), ont posé de précieux jalons pour une investigation des déterminants sociaux du choix d'un tel métier. Tous deux ont relevé des points d'ancrage rapportant une telle orientation à l'histoire de la lignée, aux singularités des trajectoires familiales, aux décalages entre les aspirations des parents et l'avenir restreint qui s'offrait à leurs enfants. Notre propre investigation passera par ces découvertes mais ne les acceptera cependant pas ipso facto.

---

(1) Claude DUBAR. *Idéologie et choix professionnels des éducateurs spécialisés.* Th. 3ème C. Paris : 8 : 1970. Cette recherche n'a jamais été publiée intégralement. Seuls quelques extraits ont été présentés, notamment : Claude DUBAR. "Origine sociale et valeurs professionnelles des éducateurs." p. 89-103 in : *Sociologie et compréhension du travail social/* sous la direction de Jean-Marc DUTRENIT. Toulouse : Privat, 1980. Dans sa thèse déjà citée, Andrée GUIOT présente une synthèse bien documentée de cette recherche. Andrée GUIOT, op. cit. p. 596-628.

(2) Francine MUEL-DREYFUS. op. cit.

La première de ces recherches date maintenant de plus de vingt ans. Il n'est pas indifférent de noter que moins de 50 %(1) des éducateurs diplômés avant 1970, exercent encore ce métier, sans que l'on puisse connaître d'ailleurs exactement la part de ceux qui ont quitté le terrain et de ceux qui occupent maintenant des postes hiérarchiques.

Il est donc à tout le moins nécessaire de vérifier si les observations mises en avant peuvent encore se révéler fondées. En outre elles portent sur un échantillon restreint n'autorisant pas toujours des conclusions généralisables et passent sous silence nombre de points méthodologiques qui mériteraient d'être élucidés. Nos propres investigations nous poussent par exemple à douter de la fiabilité des informations recueillies et retranscrites par les écoles d'éducateurs. L'étude de Claude Dubar, par ailleurs, souffre, à notre sens, d'imprécisions notamment pour ce qui concerne les catégorisations. Ces remarques faites, nous partageons entièrement les observations émises par Andrée Guiot : cette thèse est primordiale et apporte un éclairage, inaccoutumé à l'époque, sur les composantes du choix du métier d'éducateur.

L'ouvrage de Francine Muel-Dreyfus, qui demeure la principale référence, le seul aussi qui ait connu une diffusion importante, mérite une attention particulière.

La notion de génération apparaît centrale dans la démonstration qu'effectue l'auteur. Ceux et celles qui ont opté pour le métier d'éducateur entre 1965 et 1975 auraient vécu de manière particulièrement exacerbée les mutations qui ont profondément transformé l'institution scolaire durant cette décennie.

Amenés à constater l'inanité des aspirations formulées, pour eux, par leurs familles ; le choix d'une telle orientation vers un secteur inclassable, ineffable, s'inscrirait comme un recours au déclassement, comme un refus d'hériter, d'emprunter les voies tracées auxquelles justement ils espéraient échapper grâce à la poursuite de leurs études "au moins jusqu'à la terminale."

---

(1) Il ne s'agit là que d'une estimation sur la base d'une étude de Thibault LAMBERT. *Les Educateurs spécialisés. Etude démographique de leurs origines sociologiques et de leurs devenirs professionnels.* Paris : CTNERHI, 1980.

Ce serait alors autant, sinon plus, les aléas et les "péripéties" de leur cursus scolaire que les dispositions et valeurs transmises par leurs familles qui seraient à l'origine de ce choix "contre" ; contre les postes tout faits, contre un avenir terne, sans surprise.

A suivre Francine Muel-Dreyfus, on aurait affaire là, à une fraction singulière d'éducateurs qui se démarquerait largement d'une part des pionniers qui ont défriché le terrain, d'autre part des agents qui, par la suite, ont opté et optent encore pour un tel métier.

L'homologie entre leurs aspirations et les attentes d'un tissu d'institutions et de services ferraillant avec l'Education Nationale et sa supposée cohorte d'immobilismes, serait tombée à point nommé au moment où, en pleine phase d'extension, l'Initiative Privée avait besoin d'un personnel dévoué à la cause et reprenant à son compte des représentations en termes d'innovation, d'invention, d'affirmation de valeurs faisant la part belle au savoir-être, à l'intelligence concrète se moquant des estampilles scolaires. L'humeur anti-institutionnelle des uns, leur croyance en la maîtrise individuelle de leur destin social se seraient accordées harmonieusement avec la vitalité d'associations cultivant elles aussi ces images de possibles infinis, d'alternatives à la normalisation, à l'ordre établi. Ce faisant, les nouveaux arrivants, s'identifiant aux postes, auraient participé à les renouveler, à les réinventer.

Ces développements appellent, de notre part, deux réserves.

La première a trait à la représentativité contestable des éducateurs oeuvrant dans le sous-secteur dit de la "prévention spécialisée".

Ce sont eux, pour l'essentiel, qui ont été interrogés par l'auteur ; elle s'en explique d'ailleurs clairement :

"Si nous avons particulièrement choisi ce secteur d'activité, c'est parce que s'y fait entendre avec une force particulière un discours critique d'ordre "politico-sociologique" sur le "travail social", l'une des hypothèses de la recherche étant que ce type de discours sur sa propre pratique et les représentations du rapport au métier qui l'accompagnent et le nourrissent expriment de façon particu-

-lièrement achevée le système d'aspirations professionnelles de ces nouveaux éducateurs."(1)

L'éducation spécialisée offre une palette extrêmement variée de postes éducatifs. Héritière de la "mystique rustique", une kyrielle d'internats notamment, accueillant jusqu'à 100 ou 150 enfants, continue, souvent en vase clos, à encadrer ainsi des jeunes "en difficulté". Les emplois offerts divergent, là, largement de ceux des services de Prévention qui ne représentent pas plus de 5 % des effectifs d'éducateurs spécialisés en activité. Il n'est pas certain que cet ensemble d'institutions, d'I.M.E. en particulier, se soit inscrit avec la même acuité dans cette "radicalité de l'innovation"" que dépeint Francine Muel-Dreyfus, pas plus qu'il ait fait appel à des personnels prédisposés à ces innovations - fussent-elles dans les faits que des aménagements et des accommodements-.

De ce point de vue déjà nous sommes amenés à penser que les éducateurs pris en compte par l'auteur, ne représentent qu'une partie d'un ensemble beaucoup plus composite et en dernière instance très inégalement concerné par les événements à l'origine de l'entrée dans le métier des hommes et des femmes qui ont livré ces "romans sociaux" conjuguant déni de l'héritage et reconstruction du passé familial.(2)

Un indice d'ailleurs conforte cette première réserve. Francine Muel-Dreyfus associe les mutations des années 1965-1975 et ce "deuxième âge du métier" à des "tendances nouvelles à la masculinisation"(3) sans doute effective dans le sous-secteur de la Prévention. Or, par les travaux de Thibault Lambert puis par les statistiques publiées par le S.E.S.I., nous connaissons désormais

---

(1) Francine MUEL-DREYFUS. op. cit. p. 148.

(2) La recherche menée par Jean-Louis Cardi fait bien ressortir toutes les spécificités d'un sous-secteur, la "prévention", assez peu représentatif de l'ensemble du terrain de l'Education Spécialisée. Jean-Louis Cardi. *La Prévention spécialisée...* op. cit. Voir aussi Jean-Louis CARDI. "Social, éthique et idéologie : l'exemple de la prévention spécialisée". *Les Cahiers de la Recherche sur le Travail Social*, 12, 1987, p. 101-120.

(3) Francine MUEL-DREYFUS. op. cit. p. 153.

exactement ces taux, année après année, en ce qui concerne les nouveaux venus dans le métier. Si effectivement en 1965 la proportion d'hommes augmente - 45,1 % contre 42 % l'année précédente - dès 1966 ce même taux retrouve un niveau - 37,7 % - très proche de celui qui va ensuite devenir modal puisque depuis bientôt trente années, contrairement à maintes affirmations, le rapport hommes-femmes s'avère demeurer stable - 38 % - d'hommes environ.

La seconde réserve que nous émettons renvoie d'abord à l'histoire du terrain. Ce que Michel Chauvière nomme "l'efficace des années quarante" a laissé, à notre sens, des traces très profondes dans l'organisation contemporaine du secteur. La décennie 1965-1975 correspond certes à un moment où l'exclusion scolaire d'enfants étiquetés hâtivement "déficients intellectuels" bat son plein, où les puissantes associations de parents, épaulées par des pédopsychiatres, inaugurent des centaines d'établissements nouveaux ou reconvertis, où les effectifs d'éducateurs diplômés dépassent en cinq années - 1965-1969 - le nombre total de ceux qui sont passés par les écoles depuis leur création en 1943. Cependant la périodisation mise en avant par l'auteur nous paraît discutable. Nous percevons, pour notre part, plutôt une continuité depuis les années 1960 jusqu'à nos jours, et nous nous sommes attachés, dans un chapitre précédent, à en relever les fondements.

Francine Muel-Dreyfus laisse entendre que désormais, depuis 1975, une autre logique préside à l'engagement dans le métier d'éducateur, en passe de devenir alors "un métier comme les autres", témoin cette "reféminisation" à laquelle elle consacre les dernières pages de son ouvrage. Puisqu'à la situation "quasi-expérimentale" de l'école durant dix années a succédé un état relativement stabilisé ; chacun a pu alors faire le constat des changements et ne peut donc plus être désormais pris au dépourvu comme l'ont été ces familles dépeintes par l'auteur.

En somme une "troisième génération" d'éducateurs a pris le relais. Produite selon un autre mode que ses prédécesseurs ; ses motivations, ses aspirations, et au-delà les déterminants sociaux de ses choix pour un tel métier ne peuvent que diverger.

Là encore nous pensons qu'un tel raisonnement est hâtif.

"On ne peut découper dans une population des générations que sur la base d'une connaissance de l'histoire spécifique du champ concerné, en effet, seuls les changements structuraux qui affectent ce champ possèdent le pouvoir de déterminer la production de générations différentes en transformant les modes de génération et en déterminant l'organisation des biographies individuelles et l'agrégation de ces biographies en classes de biographies orchestrées et rythmées selon le même temps."(1)

Nous n'avons pas, pour notre part, perçu les changements structuraux susceptibles de produire depuis une quinzaine d'années une génération largement dissemblable à celle étudiée par l'auteur.

A notre sens, Francine Muel-Dreyfus, sans doute orientée en cela par la population particulière qu'elle a étudiée, se centre trop sur les mutations scolaires et leurs conséquences. Le choix du marqueur "années 1968"(2) n'est à cet égard pas indifférent. Claudine Attias-Donfut(3) rappelle régulièrement les risques d'assimiler une génération à un point du temps, le symbole devenant alors mythe. Certes l'auteur du "Métier d'éducateur" rappelle que ce qu'elle nomme "génération" renvoie bien à une fraction de classe qui a vécu de manière particulièrement forte les bouleversements de l'école, mais une question demeure alors en suspens :

Alors que le terrain de l'Education Spécialisée est plutôt gouverné par une même logique depuis au moins trois décennies, comment rendre compte de l'engagement actuel, dans le métier, de jeunes qui n'étaient pas - loin s'en faut - scolarisés dans le secondaire entre 1965 et 1975 ? Il existe bien un "hiatus".

Si des évolutions, voire des changements, se font jour depuis 1975, nous demeurons cependant fidèle à une autre hypothèse.

---

(1) Pierre BOURDIEU. *La Distinction.* op. cit. p. 530.

(2) Francine MUEL-DREYFUS. op. cit. p. 141 et 5.

(3) Claudine ATTIAS-DONFUT. *Sociologie des générations.* Paris : PUF, 1988.

Au-delà de ce qu'a pu produire chez cette "seconde génération" leur passage par une école en pleine mutation - et nous ne songeons pas à en nier les résonances, sur une partie tout au moins des éducateurs spécialisés ni donc les apports de l'auteur sur ce point - il existerait des déterminants sociaux encore plus profondément ancrés, plus transcendants en somme, qui relieraient ces éducateurs "de la génération 1968" à ceux qui, aujourd'hui, choisissent et sont choisis par le métier d'éducateur spécialisé.

L'un d'entre eux ne vient-il pas en écho à ce que relève Gilbert Vincent ?

"On décèle (dans l'étude de Francine Muel-Dreyfus) une forme d'embarras devant le fait religieux. Il s'agit du fait étonnant qu'une donnée explicite, telle l'origine chrétienne voire l'expérience acquise dans le cadre de certains mouvements d'action catholique comme la J.E.C. ou la J.O.C. ne donne lieu à aucune interprétation. Ce qui est d'autant plus étonnant que la plus grande partie du travail d'analyse porte sur la genèse des aspirations des travailleurs sociaux (la leur et celle de leurs parents). Il y a contiguïté du champ du travail social et de l'institution scolaire et la focalisation sur les interférences de l'une et de l'autre repousse à l'arrière-plan la contiguïté, tellement soulignée ailleurs, du champ social et du champ religieux."(1)

Autant sinon plus qu'à des événements scolaires ponctuels, les éducateurs spécialisés, depuis vingt ou trente années, devraient leurs aspirations à des dispositions culturelles, à un héritage particulier. Déclassés par le haut ou par le bas - nous nous attendons à ce que ce soit plutôt des transfuges - peut-être eux-mêmes fils et filles de transfuges et partageant donc une expérience et des positions similaires - les éducateurs spécialisés disposeraient d'un capital culturel incorporé, "extra-scolaire", préadapté aujourd'hui comme hier au terrain d'élection de leur activité salariée.

---

(1) Gilbert VINCENT. "Question de généalogie institutionnelle..." op. cit. p. 30.

Nous émettons donc l'hypothèse que ce qui rassemble les éducateurs spécialisés à vingt ou trente ans d'intervalle est plus marquant que ce qui les diffère.

> "L'habitus est durable mais non immuable. Cela dit, je dois immédiatement ajouter que la plupart des gens sont statistiquement voués à rencontrer des circonstances accordées avec celles qui ont originellement façonné leur habitus, donc à avoir des expériences qui viendront renforcer leurs dispositions".(1)

Nous pensons qu'à plus d'un titre, chez les éducateurs spécialisés, les marques de cet habitus rejoindront celles de leurs familles. Nous nous attacherons alors à repérer, à relever ces accords "hors des prises de la conscience". Pour ce faire nous emprunterons deux directions. Nous explorerons les trajectoires lignagères à la recherche des principes et des processus de transmission des valeurs familiales intériorisées par les agents qui prennent pied sur le terrain de l'Education Spécialisée. Nous nous attarderons aussi particulièrement sur les héritages rémanents en termes, sinon de religion, du moins de morale. Nous avons souligné combien ce secteur est traversé par un humanisme, et, au-delà, par une idéologie chrétienne qui perdure. Nous tenterons d'en relever les traces dans l'éducation reçue par ceux et celles qui vont s'y investir.

A. L'EDUCATEUR SPECIALISE ET SA FAMILLE

Dans les développements précédents nous nous sommes attachés à dépeindre le terrain de l'Education Spécialisée, convaincus que ce sont bel et bien ses spécificités mais aussi les représentations qu'il donne de lui-même par le biais de ses porte-paroles, pionniers subjugués ou professionnels avisés, qui le rendent attractif pour des individus aspirant à s'investir, à s'adonner, à "payer de leur personne". Ce faisant nous avons pointé le rôle dévolu à des agents - les éducateurs spécialisés - devant concilier un engagement aux relents vocationnels

---

(1) Pierre BOURDIEU. *Réponses*. Paris : Le Seuil, 1992, p. 109.

et une technicité se payant d'ailleurs plus de mots que de mises en oeuvre effectives.

Rappeler les lignes de force et les luttes de corps n'avait pas pour objectif de verser dans la quête toujours vaine d'une "initium" mais plutôt de mettre à jour la configuration matricielle, les héritages rémanents qui aboutissent à des positions dominantes et, à l'opposé, à des espaces mal définis, flous, mais à coup sûr dominés. Au-delà d'un roman des origines ajusté et édulcoré, la dynamique propre aux neuropsychiatres et aux pédopsychiatres a fait l'objet d'une attention particulière. A notre sens, relever la place conquise par ce condominium rompu au jeu des alliances et des compromis est primordial. Bien plus familiers qu'il n'y paraît à la magie et au commerce de biens symboliques, ce sont ces médecins qui ont largement contribué à rénover les profils des "postes éducatifs" et corrélativement ce qui est attendu des hommes et des femmes appelés à les occuper. Ce que nous avons voulu mettre en exergue c'est cette position d'intermédiaire revenant à des agents qui doivent y apporter leur foi et leur fougue, bref des valeurs plus que des connaissances, un savoir-être plus que des savoirs scientifiques et techniques. Telles sont, de notre point de vue, les singularités d'un "habitat" qui, par homologie, nécessite de ceux qui vont y prendre pied des prédispositions très particulières.

"L'histoire objectivée, instituée, ne devient action historique, c'est-à-dire histoire agie et agissante que si elle est prise en charge par des agents que leur histoire prédispose à l'assurer, et qui, du fait de leurs investissements antérieurs, sont inclinés à s'intéresser à son fonctionnement et sont dotés des aptitudes nécessaires pour la faire fonctionner".(1)

On ne devient pas éducateur spécialisé par hasard. L'habitus des individus qui prennent possession de ces postes font qu'ils en connaissent déjà, d'une certaine manière, l'exercice. Telle est, résumée à l'extrême, la proposition émise annonçant les prolongements qui vont suivre.

---

(1) Pierre BOURDIEU. "Le mort saisit le vif". *Actes de la recherche en sciences sociales*, 31, 1980, p. 6.

Demeure cependant entière la question des indicateurs à retenir pour mettre à jour ces dispositions. On l'aura compris, ce que nous allons rechercher, ce sont les ressources dans lesquelles puise celui ou celle qui va choisir ce métier. Là encore ce sont les héritages - ceux des éducateurs spécialisés pour cette fois - qui vont être recherchés. Ce passé qui agit au point de rappeler sa présence quand une orientation se dessine porte l'empreinte d'une lignée, d'une trajectoire dans laquelle, bon gré, mal gré, les uns et les autres sont inscrits. Reste à souligner les composantes, à relever les traces de ce dépôt d'histoire entraînant les impétrants à s'engager dans des emplois qu'ils perçoivent taillés à leur mesure.

Nous prendrons d'abord le parti, somme toute pas très original, d'explorer les profils sociologiques des familles des éducateurs spécialisés. Il ne s'agira cependant pas de se cantonner à une simple description. En effet déjà ce premier versant devrait déboucher sur un certain nombre de constats validant ou déroutant ce qui a pu être avancé notamment en termes d'évolution du recrutement au fil des dernières décennies ou d'"effet générationnel". Cette approche, que nous étayerons à partir des professions exercées par les parents vise à restituer les premiers indices d'une appartenance. Toutefois, nous le constaterons aisément, on atteint rapidement les limites d'un tel indicateur. Nous nous attarderons alors, dans un second temps, sur la reconstitution des ancrages et des déplacements de la lignée afin de déceler cette alliance de la "pente et du penchant" susceptible d'avoir influé sur le choix de "faire éducateur". Ce n'est donc plus en termes de positions mais de trajectoires que nous raisonnerons. Pour ce faire nous apporterons des informations à la fois sur les grands-parents, sur l'itinéraire professionnel des parents et enfin sur les options retenues par les fratries, ce "champ des possibles" auquel il est souvent difficile de déroger. Enfin les cursus scolaires des uns et des autres seront, autant que faire se peut, restitués. Nous avons recueilli quelques données sur les diplômes possédés par les parents et surtout nous avons veillé à collecter de précieux renseignements sur les études secondaires, sur les pérégrinations universitaires des éducateurs spécialisés. Nous les mettrons en perspective avec les aspirations, déçues ou exaucées, de leurs familles, relevant au passage des parcours qui pour être fréquemment heurtés, n'en portent pas moins la marque d'une ambition qui mérite explication.

a. Les origines sociales des éducateurs spécialisés

Les indicateurs susceptibles d'appréhender les origines sociales d'une population donnée sont toujours bel et bien le fruit d'un travail de construction qui, comme tel, repose sur des conventions, sur des regroupements. Ils ne livrent en tout état de cause qu'un reflet déformé de la réalité et sont toujours à la fois imparfaits et réducteurs. Celui que nous avons retenu ici en premier lieu ne déroge pas à ces réserves mais sa disponibilité va de pair avec sa commodité : la profession du père en effet synthétise sans doute le mieux l'origine sociale de la lignée, malgré ses limites et ses insuffisances, dès lors qu'elle est restituée à travers le prisme du code des P.C.S. La répartition que nous allons présenter devrait donc permettre une approche autorisant déjà des commentaires et des comparaisons. Nous nous attarderons également sur la profession de la mère. Nous présumons, après d'autres, que parmi les nombreuses médiations qui interviennent pour déterminer le choix du métier, le fait qu'elle soit active ou non, et, bien sûr, le type d'emploi qu'éventuellement elle occupe, peut avoir une incidence non négligeable.

Nous ferons immédiatement une distinction entre les parents des éducateurs et des éducatrices afin de faire ressortir leurs éventuelles spécificités. Nous relèverons aussi les écarts qui se dessinent si l'on considère cette fois d'une part les éducateurs spécialisés (hommes et femmes confondus) en activité, d'autre part ceux encore en formation, l'écart d'âge entre les uns et les autres étant d'un peu plus d'une dizaine d'années en moyenne.

Il ne s'agit, dans le propos qui va suivre que d'une "photographie" renseignant sur les positions occupées généralement en milieu ou en fin de carrière par les pères et les mères. Cependant, puisque c'est sur une telle base que se fondent les quelques observations publiées, nous allons immédiatement interroger les enseignements des comparaisons entre les différentes études. Nous avons émis des réserves quant à un effet générationnel qui obligerait à raisonner en termes d'âges du métier. Nous sommes en mesure d'ores et déjà d'instruire une telle question se rapportant à l'analyse soutenue par Francine Muel-Dreyfus notamment et à nos propres avancées contestant partiellement une telle lecture des mutations dans le recrutement des éducateurs spécialisés depuis les années 1960.

- **Le profil sociologique des éducateurs et des éducatrices**

La diversité des origines sociales des éducateurs spécialisés a été régulièrement soulignée comme étant l'une des caractéristiques notoires d'un métier, qui peut ainsi recruter aussi bien des transfuges de la bourgeoisie, que des individus issus de la classe ouvrière. Nous avons souhaité, pour notre part, vérifier les assertions, les actualiser éventuellement, les confronter aussi à des données suffisamment précises pour échapper à des conclusions toujours un peu hâtives dès lors qu'elles s'appuient sur de grandes catégories mal délimitées.

Sur la base de notre recherche une telle hétérogénéité est a priori confirmée(1). Les éducateurs et les éducatrices que nous avons interrogés ne dérogent en rien à une tendance qui semble perdurer, démontrant d'ores et déjà que, de ce point de vue tout au moins, la "nouvelle génération" ne diffère pas radicalement de ses prédécesseurs. Aucun milieu social, aucune classe n'a l'apanage du monopole d'accès à ces emplois et à leurs filières de formation. Cependant il convient de souligner aussitôt qu'une telle diversité ne signifie en rien une représentativité fidèle de chacune des grandes catégories sociales. Seuls les agriculteurs, et dans une moindre mesure les employés peuvent la revendiquer. Par contre les ouvriers sont largement en deçà de leur poids réel dans la population active masculine alors qu'à l'inverse les cadres supérieurs mais aussi les professions intermédiaires se révèlent surreprésentés.

En procédant à une étude plus précise de chacun des espaces sociaux que délimite la codification des professions, et en distinguant les hommes et les femmes il est possible de faire apparaître certaines tendances.

- Les agriculteurs.

Le taux d'individus issus de la catégorie "agriculteurs" est peu ou prou le reflet assez fidèle de ce qu'ils représentent au sein de la population active de référence. 12,4 % de l'ensemble des pères d'éducateurs spécialisés interrogés exercent un des nombreux métiers

---

(1) Nous invitons le lecteur à se reporter à l'annexe de l'ouvrage où nous présentons la méthodologie de notre recherche, en particulier toute précision utile sur la population interrogée.

rassemblés dans une nomenclature à l'appellation générique un tant soit peu restrictive puisqu'elle n'inclut pas uniquement le travail de la terre mais aussi l'aquaculture ou la pêche artisanale, activités significatives dans les deux régions côtières, la Bretagne et les Pays de Loire, retenues pour notre recherche. En termes de sex-ratio les éducatrices sont ici plus nombreuses que leurs homologues masculins mais les écarts ne sont pas considérables.

- Les artisans, commerçants et chefs d'entreprise.

Les éducateurs spécialisés issus de ces catégories (14 %) sont surreprésentés. La raison d'un tel écart incombe essentiellement aux éducatrices puisque 15 % d'entre elles ont un père exerçant un métier plutôt tourné vers l'artisanat et le commerce que vers la direction d'entreprises de dix salariés et plus. Les éducateurs ne sont toutefois pas en reste puisqu'avec un taux de 11 % eux aussi sont légèrement surreprésentés.

- Les cadres et professions intellectuelles supérieures.

Ce serait plutôt dans cette catégorie que l'on devrait repérer les hommes et les femmes déclassés vers le bas, décrochés de leurs lignées, et optant là pour des emplois réputés mal configurés, inclassables, ouverts aux réinterprétations, à mi-chemin entre la vie d'artiste et la vocation. Dans les faits, ce sont les cadres de la fonction publique qui, à eux seuls, représentent près de la moitié des pères des éducateurs et éducatrices figurant dans cette catégorie(13 %). Certes quelques femmes, quelques hommes aussi, mais en moins grand nombre, sont issus des professions libérales ou "intellectuelles supérieures", mais leur poids est minime. L'image de la jeune fille issue de la bourgeoisie et s'orientant vers un métier social en harmonie avec des valeurs humanistes rappelant la "dame d'oeuvre" du début du siècle ne paraît pas vraiment fondée.

- Les professions intermédiaires.

Ce groupe, enjeu de vifs débats tant sur son homogénéité que sur les traits structuraux de ses membres, rassemble deux sphères distinctes, peu perméables entre elles. D'une part les agents de l'Etat, d'autre part les professionnels employés par des entreprises du secteur privé. Au sein de la population étudiée ni l'un ni l'autre des deux pôles n'apparaît vraiment prendre le dessus. Les 22 % de cet ensemble correspondent toutefois à une relative surreprésentativité qui s'inscrit dans l'évolution perceptible à partir des données du CEREQ sur lesquelles nous nous attarderons plus loin.

- Les employés.

Plus de la moitié des pères appartenant à ce groupe sont des employés de la fonction publique, ce qui est d'autant plus remarquable que cette catégorie particulière est à 75 % féminine. C'est là le seul point notable, puisqu'avec 14 % des effectifs sollicités par notre enquête, un tel niveau correspond globalement au poids de cet ensemble dans la population active.

- Les ouvriers.

Avec 22 % les ouvriers atteignent le même taux que celui des professions intermédiaires. Leur sous-représentativité est cependant patente puisque la part de ce premier groupe dans la population active de référence est de 45 % environ. Notons par ailleurs que les emplois liés à des activités artisanales, nombreux au sein des deux régions retenues, sont très peu présents chez les pères des éducateurs spécialisés.

Si l'on se cantonne à ce premier indicateur, insuffisant certes mais cependant bien commode, qu'est la profession exercée par le père des éducateurs spécialisés, un trait essentiel se profile assez nettement. Les hommes et les femmes qui ont opté pour ce métier sont plutôt issus des couches moyennes de la population. L'hétérogénéité abondamment soulignée ne doit pas faire illusion ; on observe un recentrement autour des positions intermédiaires. Chez les ouvriers, ce sont les personnels les plus qualifiés qui apparaissent ; pour ce qui concerne les employés il s'agit bien plus des agents de la fonction publique que des salariés des entreprises et des commerces. Ce sont encore ces fonctionnaires, de catégorie A cette fois, qui rassemblent une part significative des cadres et professions intellectuelles supérieures. Enfin les travailleurs indépendants sont rarement des chefs d'entreprise.

L'hypothèse que le milieu social d'origine est à déterminer uniquement sur la base du métier exercé par le père est contestable. Cependant une première approche comme la nôtre ne permet pas vraiment d'instruire les effets propres de l'activité professionnelle de la mère. En effet, comme le soulignent Alain Desrosières et Laurent

Thévenot(1) il se révèle fort délicat d'isoler "l'effet catégorie sociale" de "l'effet sexe" : les femmes n'occupent pas les mêmes emplois que les hommes et les mises en perspective des positions des uns ne valent pas pour les autres. On ne sera pas étonné outre mesure de constater que 45 % des mères actives sont des employées ; les cadres et les ouvrières étant fort peu nombreuses.

Le fait majeur à relever ici, au-delà même de la présence significative d'institutrices et de professionnelles de la santé et du travail social, ne porte paradoxalement pas sur la répartition entre groupes ou catégories mais sur les femmes non-actives. Près de la moitié des mères d'éducateurs n'ont pas d'activité professionnelle ou l'ont interrompue depuis quinze ans au moins ; ce n'est le cas que pour le tiers environ des mères d'éducatrices. Par contre aucune différence n'est vraiment notable, quand activité il y a, entre les métiers exercés par les mères des uns et des autres, exception faite des professions indépendantes sans que toutefois l'écart soit là très important.

L'étude des origines sociales a porté jusqu'à présent sur l'ensemble des parents d'éducateurs spécialisés, que leurs fils ou que leurs filles soient inscrits dans un cursus de formation ou en activité depuis plusieurs années.

Reste pour conclure cette première étude à relever les éventuels écarts selon la date de l'arrivée dans le métier.

La moyenne d'âge des éducateurs spécialisés en poste est de 38 ans, celle des éducateurs spécialisés inscrits dans une école est de 27 ans. La mise en perspective de ces deux populations distinctes laisse entrevoir des différences à imputer essentiellement aux pères des éducatrices. Si l'on considère qu'on observe là les indices d'une évolution du recrutement social à dix ou quinze ans d'intervalle, la part de femmes issues du groupe des cadres et professions intellectuelles supérieures a diminué de près de moitié, passant de 19,6 % à 10,4 %. A l'inverse la proportion d'éducatrices dont les pères appartiennent aux professions intermédiaires, qui était de 12,8 %, atteint désormais 27,3 %. Enfin elles sont moins souvent

---

(1) Alain DESROSIERES, Laurent THEVENOT. "Les mots..." op. cit. p. 63.

aussi d'origine ouvrière. Les écarts entre les hommes et les femmes se sont ainsi comblés, aux secondes revenant un rôle majeur dans ce recentrement.

Tant que l'on se cantonne aux seules professions exercées en dernier lieu par les parents des éducateurs spécialisés que nous avons interrogés il n'est pas possible de pousser plus avant l'analyse. Par contre une perspective s'ouvre immédiatement dès lors que l'on s'attache à comparer les données recueillies et les résultats des investigations passées.

- **Les "trois âges" du métier. Une affirmation hâtive**

La cause parait entendue : le métier d'éducateur spécialisé est sensible à l'effet générationnel.

"Jusqu'en 1965, écrit Francine Muel-Dreyfus, l'éducation spécialisée attire surtout des femmes, issues dans leur majorité de familles catholiques, appartenant à certaines fractions des classes moyennes et supérieures qui peuvent trouver là un terrain où concilier le désir de faire des études, celui d'exercer un métier, et le respect de traditions d'honorabilité sociale et familiale en restant malgré tout dans le domaine professionnel qui leur est traditionnellement accordé"(1).

Ainsi se dégage-t-il une image de l'éducatrice relativement proche de celle qu'étrennera longtemps l'assistante de service social, fille de "bonne famille" échappant au voile ou à un univers domestique délimité en entrant dans un métier où les qualités de coeur priment, où l'aspiration à des missions salvatrices peut s'accomplir.

Après cette date, et durant toutes les années 1970, les différentiations sociales tendraient à se réduire fortement entre ces femmes et ces hommes qui "masculinisent" le métier au point même d'apparaître majoritaires si l'on en croit Christian Bachmann et Jacky Simonin(2). L'hétérogénéité du recrutement, sa relative démocra-

---

(1) Francine MUEL-DREYFUS. *Le Métier d'éducateur*. op. cit. p. 152.

(2) Christian BACHMANN, Jacky SIMONIN. *Changer au quotidien*. Paris : Etudes Vivantes, 1981. Tome I. p. 107. Récemment Jean-Yves Trépos avalisait encore une telle vision. Jean-Yves TREPOS. *Sociologie de la compétence professionnelle*. Nancy: PUN, 1992, p. 3.

tisation iraient de pair, avec une "humeur anti-institutionnelle" portée par les éléments de cette "génération abusée" qui occuperont des postes taillés à leurs mesures. Le "deuxième âge" du métier verrait ainsi ces chantres de l'innovation, de l'expérimentation, redonner vie à des institutions somnolentes et promouvoir sans cesse des nouveautés que l'on croit percevoir cependant assez souvent "coulées dans des moules antiques".

L'auteur du "Métier d'éducateur" laisse clairement entendre que cet âge est révolu : les hommes désormais désertent et aux "victimes" des changements structuraux de l'école des années 1960 voire 1970, succèdent des jeunes - et leurs familles - qui ont pu mesurer les évolutions et les filières désormais "porteuses" ou au contraire dévaluées ; bref, à l'institutionnalisation d'un secteur qui n'a plus besoin d'être si inventif répondent des éducateurs et surtout des éducatrices qui viennent exercer là un métier comme un autre.

Michel Tachon(1) avalise une telle vision en soulignant

"qu'on n'embrasse pas cette profession de la même manière dans les années 1950 ou dans les années 1980, si on est un homme ou une femme"

puis en repérant, sur la base de l'étude du CEREQ de 1983 (2), les traits du "troisième âge" du métier, détaché donc, une fois encore, de ses prédécesseurs.

"On note, écrit-il, un tassement de recrutement dans les classes moyennes et une significative augmentation des représentants des classes ouvrières et supérieures (...) La démocratisation relative, avec l'arrivée de personnes de la classe ouvrière est paradoxalement liée à une revalorisation de la profession présentant un attrait pour les jeunes issus des classes supérieures. Ce mouvement, semble-t-il, récent, inscrit le métier d'éducateur dans une situation marquée par les générations. La population des éducateurs des années 1950-1970 n'a pas le même profil que celle des années 1970".

---

(1) Michel TACHON. *Recherche sur les processus...*, op. cit. p. 44.

(2) François POTTIER. *Devenir professionnel des jeunes issus des formations aux professions sociales.* Paris : CEREQ, 1983.

Si l'on suit donc le raisonnement de l'auteur, on assisterait à un effacement relatif de la base principale du recrutement sociologique des années 1970 au profit des deux pôles que sont, d'une part, les fils et filles d'ouvriers, d'autre part, les jeunes dont les parents sont cadres supérieurs ou exercent des professions libérales.

"Les premiers, précise-t-il, perçoivent le métier d'éducateur spécialisé comme une ascension sociale moins sensible à la dévaluation des titres universitaires et de leur accès sur le marché du travail ; les seconds, déclassés, opèrent là un reclassement social par l'image morale attachée à cette profession. Ils atténuent l'affaiblissement de leur position face à la référence universitaire par l'intériorisation des valeurs qui structurent les représentations de la profession - on troque la référence d'un titre contre la mission morale d'une profession".

Ce processus générationnel paraît donc avéré. Il est, on l'aura compris, une des clés de voûte de la perspective qu'adopte notamment Francine Muel-Dreyfus, puisque sa démonstration s'appuie sur le rôle dévolu à une fraction particulière de la jeunesse, exposée plus que les autres et déconcertée par une scolarité qui ne tient pas ses promesses. Ces hommes et ces femmes - ces hommes surtout - d'abord désabusés, s'engagent alors dans les voies encore mal balisées de l'Education Spécialisée et de ses métiers ouverts et plein d'avenir.

"Les nouveaux éducateurs sont des hommes. Francine Muel-Dreyfus considère ce changement comme fondamental pour l'analyse sociologique de ce qui peut être considéré comme la réinvention par des hommes d'une profession jusque là féminine. C'est dans cette thèse que s'enracine le choix significatif du terme de "métier" d'éducateur : c'est un métier masculin par rapport à une profession féminine"

commente Jean-Marc Leveratto[1].

Si nous ne sommes pas si tranchés que cet auteur quant à l'importance à accorder à ce basculement homme-femme dans l'ouvrage "Le Métier d'éducateur", rappelons cependant que notre première réserve sur la validité pleine et entière de la construction

---

[1] Jean-Marc LEVERATTO. op. cit. p. 91.

s'est justement argumentée sur ce qui nous paraît en partie inexact : le métier d'éducateur n'a pas vraiment été investi par les hommes. Certes de 1962 à 1965 les centres de formation ont enregistré (ou ont sélectionné) plus de candidatures masculines qu'à l'accoutumée, mais cette tendance ne s'est pas confirmée par la suite ; les femmes n'ayant quoi qu'il en soit, jamais cessé de représenter la nette majorité des élèves-éducateurs spécialisés.

Notre étude nous amène à émettre une seconde réserve, ou du moins nous entraîne vers une vérification précise des données sur lesquelles se fonde notamment Michel Tachon pour annoncer ainsi "le tassement du recrutement dans les classes moyennes". En effet, la tendance que nous avons observée paraît absolument inverse : les professions intermédiaires enregistrent une poussée notoire et les fils et filles de cadres supérieurs semblent bel et bien bouder une orientation qu'ils ne dédaignaient pas il y a encore dix ou quinze ans.

Nous nous proposons donc présentement d'instruire cette question de l'"effet générationnel" en reprenant les sources disponibles.

L'enregistrement de la profession des parents des éducateurs spécialisés en formation n'a jamais été, nous l'avons constaté nous-mêmes en les interrogeant toutes, le souci premier des écoles, et cela, selon nous, pour des raisons qui tiennent autant, sinon plus, à la prégnance d'approches psychologisantes récusant toute signification à de tels indicateurs qu'à des difficultés uniquement logistiques. Les données sont donc rares.

Claude Dubar[1] inaugure de telles investigations portant sur la région du Nord de la France mais aussi sur la "promotion 1969" de huit écoles du Sud, de l'Est et du Sud-Ouest. Au même moment, un groupe d'étudiants en sociologie de l'Université de Paris VIII[2] entreprennent, à moindre échelle, une enquête statistique sur ces mêmes origines sociales, dans la région parisienne cette fois. Par la suite, les études régionales seront fort peu nombreuses. Francine Muel-Dreyfus cite une maîtrise de sciences humaines et sociales appliquées qui examine le recrutement sociologique de l'Ecole de Montpellier[3] , Andrée Guiot[4], de son côté, a pu obtenir de

---
(1) Claude DUBAR. *Idéologies...*, op. cit.
(2) Michel BARRAT et coll. *Recrutement et idéologies des éducateurs spécialisés.* U.V. de sociologie, multigr., Paris 8 : 1972.
(3) Michel COMBAREL et coll. *Les Educateurs en formation, approche sociologique d'une population.* Mém.Mait : Aix-Marseille 2 : 1977.
(4) Andrée GUIOT. *Les Problématiques...*, op. cit.

précieuses informations auprès de Jean Ughetto, directeur de l'Ecole de Formation Psycho-Pédagogique (E.F.P.P.) de Paris et a elle-même procédé à un recueil de données chiffrées au sein du centre de formation de Lyon-Caluire. Quant aux études de portée nationale, elles sont d'autant plus abondamment citées qu'elles ne sont qu'au nombre de quatre.

La mise en perspective qui va suivre appelle immédiatement des précisions, afin, justement, d'éviter les ornières dans lesquelles ont versé maintes interprétations de ces informations.

Les données présentées par Thibault Lambert méritent ainsi d'être considérées avec prudence. Rappelons simplement ici qu'elles portent sur les hommes et les femmes qui, diplômés entre 1943 et 1976, travaillent certes encore pour la plupart dans le secteur de l'inadaptation et du handicap mais sont, pour la moitié environ d'entre eux, devenus désormais directeurs, chefs de service ou sont intégrés, après des formations complémentaires, dans le corps des services para-médicaux. Evoquer, comme on le fait souvent, les "éducateurs spécialisés des années 1950 à 1970" voire "les éducateurs des années 1970" en se référant aux tableaux publiés dans cette étude, c'est faire l'impasse, non seulement la plupart du temps de ses richesses, puisque les annexes notamment permettent une répartition par période et par sexe, c'est aussi omettre qu'il ne s'agit pas - ou plus - d'éducateurs spécialisés stricto sensu.

Pour constituer des catégories socio-professionnelles plus fines, pour aussi distinguer hommes et femmes, Francine Muel-Dreyfus a procédé de son côté à une analyse secondaire de l'enquête du S.E.I.S.(1). Précisons qu'elle porte sur les effectifs de seize écoles de province - la remarque est d'importance, nous le constaterons par la suite - et rappelons aussi que, compte tenu des taux de départ annuels du métier (1,2 % pour les hommes et 2,3 % pour les femmes à cette époque) et des promotions hiérarchiques, 40 % au moins des éducateurs spécialisés sur lesquels porte cette étude, ne sont déjà plus en exercice au moment de la publication du "Métier d'éducateur".

Les données du CEREQ portent, elles, sur les éducateurs spécialisés diplômés en 1980 et 1985. Si elles permettent un premier

---

(1) Service des études informatiques et statistiques du Secrétariat d'Etat aux universités.

bilan de leur insertion professionnelle - ils sont interrogés moins de deux années après l'obtention de leur diplôme d'état - elles ne renseignent pas immédiatement sur les origines sociales respectives des éducateurs spécialisés. Jacques Ion et Jean-Paul Tricart(1) ont donc procédé eux aussi à une analyse secondaire de ces informations pour établir une répartition par sexe sur la base de l'étude de François Pottier(2). Nous avons également entrepris une telle analyse secondaire de l'étude de Florence Defresne(3).

Avant d'étudier les enseignements de l'ensemble de ces enquêtes, pour les hommes puis pour les femmes, il faut préciser qu'aucune ne s'appuie donc réellement sur l'ensemble des éducateurs spécialisés occupant un poste à part entière mais uniquement sur les étudiants inscrits dans les centres de formation aux dates mentionnées. Si notre démarche avait bien pour objectif de combler partiellement une telle lacune en interrogeant des éducateurs et des éducatrices en activité, nous ne les retiendrons pas ici, nous cantonnant aux élèves éducateurs spécialisés. Il faut souligner enfin l'instabilité des nomenclatures usitées par les uns et les autres.

- **L'évolution de l'origine sociale des éducateurs.**

Avancer que le métier d'éducateur spécialisé est, jusqu'en 1965, essentiellement féminin ne doit pas faire oublier que si les femmes sont majoritaires, les hommes représentent cependant jusqu'à cette date plus de 25 % des effectifs diplômés. Une telle disparité peut d'ailleurs s'expliquer par l'absence de mixité dans cinq des huit premières écoles ouvertes et ne révèle donc peut-être pas la réalité des personnels employés dans les institutions, notamment en tant qu'"éducateur de contact". Par ailleurs, le terme même de génération peut porter à confusion si l'on oublie qu'entre 1943 et 1965, la totalité des personnes diplômées ne dépasse pas 2 700, dont 680 à 700 hommes. Cinq années suffisent ensuite pour doubler ces chiffres.

---

(1) Jacques ION, Jean-Paul TRICART. op. cit.

(2) François POTTIER. op. cit.

(3) Florence DEFRESNE. *Devenir professionnel des jeunes issus des formations aux professions sociales en 1985.* Paris : CEREQ, 1989.

EVOLUTION DES PROFILS SOCIAUX DES EDUCATEURS EN FORMATION

C.S.P. du père	1943-1969	1970-1977	1975	1980	1985	1990-1992
Agriculteurs	6.8 %	8.1 %	6.6 %	6.9 %	5.2 %.	9.8 %
Arti. Comm. Chefs d'entreprises	18.1 %	11.1 %	13 %	8.3 %	12 %	9.8 %
Cadres. Professions. Intellect. Sup.	16.2 %	12.8 %	16 %	17.8 %	16.5 %	11.8 %
Pro. inter.	13.2 %	14.5 %	25.8 %	20.3 %	23.6 %	26.6 %
Employés	11.7 %	12.4 %	14.9 %	16.5 %	17.4 %	16.1 %
Ouvriers	25.3 %	33.4 %	23.7 %	22.1 %	24.7 %	25.9 %
TOTAUX	91.3 %	92.3 %	100 %	91.9 %	100 %	100 %

Sources : 1943-1969 et 1970-1977   Thibault LAMBERT   1980   François POTTIER
1975   Francine MUEL-DREYFUS   1985   Florence DEFRESNE
Les écarts entre certains taux et 100 % correspondent à des catégories "autres" ou "divers"

Qu'observe-t-on à la lumière d'une telle mise en perspective ?

Les fils d'agriculteurs ont toujours sensiblement représenté la même part des effectifs. Le taux le plus fort concerne notre propre étude réalisée dans des régions fortement rurales. Depuis 1970 les enfants d'artisans, de commerçants et de chefs d'entreprise oscillent également dans des proportions similaires après avoir apparemment été, dans un premier temps, plus attirés par ce métier. Les cadres et professions intellectuelles ne se distinguent pas particulièrement par un taux très fort ; le taux de 11,8 % de notre enquête ne s'explique pas, à notre sens, uniquement par les particularités régionales. Le reflux est déjà perceptible entre les deux études du CEREQ. Les éducateurs dont le père exerce une profession intermédiaire étaient bien moins nombreux avant 1975. Sans doute convient-il cependant de ne pas trop mettre l'accent sur une telle augmentation : le taux de 14,5 %, annoncé par Thibault Lambert, apparaît bien faible comparé à celui de 25,8 % du S.E.I.S. Nous sommes tentés de soupçonner ici une absence d'alignement dans les nomenclatures et les catégorisations. Remarquons que par la suite, là encore, les proportions demeurent stables comme le sont aussi celles des employés, après avoir connu durant la décennie 1970 un accroissement de 4 % à 5 %. Les enfants d'ouvriers enfin représentent toujours le quart environ des effectifs masculins(1).

En conclusion, si l'on s'appuie sur la profession du père - et c'est bien sur une telle base - la seule disponible - que s'argumentent avant tout les analyses en termes "d'âges", on peut affirmer que les hommes recrutés pour ce métier ont toujours conservé, au moins depuis 1965 environ, les mêmes profils sociologiques, l'amplitude de l'écart entre les années 1950 et cette date n'excédant pas, elle, 8 % à 9 % et étant liée essentiellement au reflux des fils de commerçants et d'artisans.

Le processus générationnel annoncé par Francine Muel-Dreyfus puis repris par Michel Tachon ne les concerne pas. Si les éducateurs qui ont occupé les postes entre 1965 et 1975 se singularisaient par leurs aspirations et leurs représentations du métier, rien ne permet vraiment de relier ces particularités à des profils sociaux fondamentalement différents de leurs prédécesseurs et de leurs successeurs.

---

(1) Claude Dubar a relevé, lui aussi, en 1970, une telle proportion. Par contre, les enfants d'ouvriers représentaient 29 % des effectifs à Lyon-Caluire en 1978 et 1981.

"La dispersion relativement plus forte du recrutement sous le rapport de l'origine sociale des hommes"(1)

n'est pas très probante, de plus leurs profils sociologiques n'ont pas évolué depuis une trentaine d'années alors que sur la même période la modification de la structure sociale de la population active a été, au plan français, conséquente.

- **L'évolution de l'origine sociale des éducatrices.**

Les variations sont ici beaucoup plus sensibles que pour les hommes et pourraient valider a priori un effet générationnel, cantonné alors aux éducatrices. Une étude plus précise permet cependant sinon de relativiser, du moins de circonscrire cet effet.

Les filles d'agriculteurs, plus nombreuses que leurs homologues masculins, représentent bon an, mal an environ 12 % des effectifs. Le métier attire donc régulièrement ces jeunes ruraux - y compris dans les très grandes villes -. Thibault Lambert remarquait déjà une telle surreprésentativité dans les écoles d'éducateurs des grandes métropoles régionales(2).

Les artisans et commerçants orientaient volontiers leurs enfants vers le terrain de l'Education Spécialisée. Nous venons de noter un reflux chez les hommes au début des années 1960. Ici celui des femmes est encore plus net. Toutefois le recrutement dans cette catégorie paraît s'être stabilisé, sinon même avoir entamé une légère remontée dans les régions rurales.

Les éducatrices dont le père exerce un métier de cadre ou une profession intellectuelle supérieure sont bien moins nombreuses à se diriger vers le secteur qu'au cours des années 1950 et 1960. Il est probable cependant que le taux signalé par le S.E.I.S. et repris par Francine Muel-Dreyfus, 12,7 %, comme celui qu'enregistre notre enquête, 10,4 %, portent tous deux la marque de la province.

---

(1) Francine MUEL-DREYFUS. op. cit. p. 155.

(2) Anne Dussart confirme également une telle observation pour les éducateurs spécialisés ayant occupé leur premier poste au cours des années 1980. Anne DUSSART. *Itinéraires professionnels et trajectoires sociales des éducateurs*. Mém. Maît : Paris 7 : 1989.

EVOLUTION DES PROFILS SOCIAUX DES EDUCATRICES EN FORMATION

C.S.P. du père	1943-1969	1970-1977	1975	1980	1985	1990-1992
Agriculteurs	12.5 %	15.2 %	11.2 %	12 %	10.3%.	13.6 %
Arti. Comm. Chefs d'entreprises	21.2 %	14.2 %	12.4 %	12 %	12.8%	15.8 %
Cadres. Professions. Intellect. Sup.	22.9 %	12.6 %	12.7%	18.8 %	17.8 %	10.4 %
Pro. inter.	13.5%	14.9 %	23.3 %	19 %	18.8 %	27.3 %
Employés	10.4 %	11.6 %	15 %	12.3 %	17.2 %	13.6 %
Ouvriers	14.6%	25.3 %	23 %	18.4 %	22.6 %	19.3 %
TOTAUX	95.1	93.8%	100 %	92.5 %	100 %	100 %

Sources : voir tableau précédent.

A l'E.F.P.P. de Paris, entre 1977 et 1980, 27,2 % des éducateurs spécialisés sont issus de cette catégorie. Après avoir connu une remontée au début des années 1980, une nouvelle baisse est amorcée.

Ces remarques faites, notons que ce groupe, réputé très fortement représenté chez les femmes avant 1965, n'a jamais vraiment à lui seul réuni plus du quart des éducatrices. Michel Tachon, de son côté, annonçait pour les années 1980 "une significative augmentation des classes supérieures". La dernière étude du CEREQ, l'investigation d'Anne Dussart (13 %) et nos propres résultats invalident tous une telle vision des choses.

Les professions intermédiaires ont vu leur participation passer en dix ans - 1970 - 1980 -, de 14 % à 20 %. Nous avons relevé un taux de 27 % pour l'Ouest de la France. Les spécificités régionales amplifient sans doute un processus ascendant, c'était le cas aussi dans l'enquête du S.E.I.S. Là encore le tassement annoncé n'est donc pas probant. Les 23,3 % de 1975 incluent environ 3 à 4 % de policiers et militaires. Il y a donc eu une remarquable stabilité puis une augmentation de cette catégorie intermédiaire, sensible chez les hommes d'abord vers 1985 ; chez les femmes maintenant.

La catégorie "employés" est, elle, globalement assez stable. 1980 marquait une légère baisse, 1985 un retour vers un taux de 15 % environ.

La proportion des filles d'ouvriers enfin, toujours en deçà de l'importance démographique de ce groupe quelquesoit la période de référence, n'augmente pas sensiblement. Elle représente bon an, mal an le cinquième des effectifs d'éducatrices : Florence Defresne indique un taux de 22,6 %. Anne Dussart mentionne celui de 21 %, nous mêmes observons une proportion de 19 %.

Les hommes n'ont pas été sensibles à l'effet générationnel, les femmes beaucoup plus mais sans toutefois que le phénomène soit massif, sans non plus que depuis vingt-cinq ans des changements majeurs soient intervenus. Les filles d'artisans, de commerçants, de cadres ont rapidement cessé de s'orienter vers le métier d'éducateur spécialisé. Elles n'ont jamais été très nombreuses. On ne peut donc pas, sous peine de raccourci, évoquer une logique de générations tranchée. Le recrutement des éducatrices est hétérogène et pas plus que chez les hommes ne se profile une "troisième génération" dont les origines sociales différeraient de celles des éducateurs spécialisés entrés dans le métier dix, quinze voire vingt ans auparavant. Si des changements doivent intervenir - et il est probable que ce sera le cas, en lien notamment avec l'obligation toute récente d'être titulaire du baccalauréat - ils ne seront pas brutaux et devraient conjuguer féminisation accrue et prégnance des catégories intermédiaires.

Le métier d'éducateur est-il devenu, à partir de 1975 environ, un métier comme un autre ? C'est ce que laisse entendre Francine Muel-Dreyfus. Au-delà de ses limites et de ses contingences, l'examen des profils sociologiques des éducateurs spécialisés, évalués à la profession de leurs pères, ne fait rien ressortir de la sorte. A contrario, il démontrerait plutôt une relative stabilité du recrutement depuis au moins une trentaine d'années. Reste, nous l'avons souligné d'emblée, qu'un tel indicateur est imparfait. Il a certes permis d'instruire une mise en perspective qui déroute les attendus mais il ne renseigne en rien sur les itinéraires, sur cette pente dans laquelle est inscrit l'éducateur ou l'éducatrice, sur tout ce que l'un ou l'autre peut devoir, au plus profond de son habitus, à des mouvements qui n'ont rien d'incident.

b. les trajectoires sociales des parents des éducateurs spécialisés

En dépit de ses insuffisances, la profession exercée par le père permet au moins une première approche de la position des familles dans le système de stratification sociale. Indicateur synthétique de l'empreinte de l'ascendance, il bénéficie de la disponibilité d'un code éprouvé.

Aussi imparfait qu'il soit, il nous a permis d'ores et déjà de relativiser un certain nombre d'affirmations devenues trop vite des évidences : les profils sociologiques des hommes et des femmes qui s'orientent aujourd'hui vers le métier ne diffèrent pas fondamentalement de ceux de leurs aînés, et il n'est même pas certain que les années 1965-1975 aient marqué une profonde rupture avec ce qui est peut-être un peu abusivement appelé "la première génération". Ce serait pourtant ne pas rendre justice, aux avancées de Francine Muel-Dreyfus notamment, que de considérer comme nulles et non avenues des analyses qui dépassent largement le strict cadre des origines sociales. Ne signale-t-elle pas, d'ailleurs, l'inadéquation de sa démarche avec "un questionnaire fermé et un comptage statistique de la C.S.P. du père"(1). On pourrait même s'étonner qu'elle y ait alors fait appel si l'on oubliait que, pour fonder son analyse, elle devait, préalablement à une investigation s'appuyant sur des entretiens libres, positionner cette "seconde génération", la singulariser, la dater, la délimiter. Quand son ouvrage a été rédigé, ni le CTNERHI ni le CEREQ n'avaient publié des études qui, à l'examen, "fragilisent" désormais cette construction en termes "d'âges du métier d'éducateur".

Réflexion faite il est cependant inutile, voire dérisoire, de trop se focaliser sur de tels biais : cela aboutirait de facto à survaloriser un indicateur - le métier déclaré du père - à lui seul bien approximatif.

Nous nous proposons alors maintenant sinon d'y substituer, du moins d'y adjoindre une observation restituant bien mieux les positions d'origine, le "terreau où l'on grandit", la marque d'un passé familial, d'une hérédité sociale qui conditionnent largement pensons-nous, l'expérience temporelle de ceux et celles qui "ont choisi" et "choisissent" encore ce métier réputé "pas comme les autres".

Les prédispositions qui vont ordonner le parcours d'un individu, qui vont borner le champ des possibles, "les choses à faire ou ne pas faire, à espérer ou à ne pas espérer" sont bien plus fidèlement restituées par les orientations de la lignée, leurs trajectoires passées que par une seule position, celle du père en fin de carrière professionnelle.

Pour restituer la durée nous nous sommes donc attachés à multiplier les étapes et les intermédiaires en recueillant des informations sur les métiers exercés par les grands-parents paternels et maternels ; sur ceux des parents à la naissance de la personne interrogée, quand elle avait dix ans environ, et sur le dernier en date. Nous avons également collecté des données sur les diplômes obtenus par ces pères et mères.

---

(1) Francine MUEL-DREYFUS. op. cit. p. 11.

- **La position des grands-parents**

Les grands-parents paternels et maternels identifient ici, de manière quelque peu arbitraire il est vrai(1), le berceau de la famille, l'ancrage de la lignée à partir duquel les cheminements vont être repérés et si possible évalués en termes d'ascension, de régression ou de stabilité.

Les observations qui vont suivre ne dérogent en fait pas vraiment à ce que les différentes enquêtes sur la mobilité sociale notamment, ont souligné depuis une dizaine d'années. Par contre d'ores et déjà, à l'hétérogénéité patente des origines sociales des pères des éducateurs spécialisés répond ici une certaine homogénéité des profils sociologiques de leurs grands-parents, qu'ils soient paternels ou maternels.

Trois enseignements majeurs ressortent de cette première recherche.

D'une part la proximité des lignées paternelles et maternelles se révèle très forte, d'autre part les catégories intermédiaires sont très faiblement représentées et les catégories supérieures quasi-absentes, enfin les origines des grands-parents des éducateurs et éducatrices en activité depuis de nombreuses années et celles des hommes et des femmes qui entrent actuellement sur le marché du travail, offrent une grande similitude.

La proximité sociale est généralement moindre avec les grands-parents qu'avec les parents. Dans le cas des éducateurs spécialisés, cela va de soi puisqu'a priori toute hérédité professionnelle est à proscrire tant ce métier était faiblement représenté il y a un demi siècle. Les activités professionnelles des lignées paternelles et maternelles portent plus prosaïquement la marque d'une structure où les régions rurales pesaient de tout leur poids et occupaient une large part de la population active. Plus encore qu'actuellement, l'homogamie était la règle et explique l'appartenance sociale très proche des deux grands-pères. Les écarts en effet sont ténus : tout juste a-t-on pu

---

(1) Voir sur ce point l'approche critique de Béatrice LE WITA. "L'enjeu des trois générations". p. 209-218 in : *Jeux de famille*/sous la direction de Martine SEGALEN. Paris : Presses du CNRS, 1991.

PROFESSIONS DES GRAND-PARENTS DES EDUCATEURS SPECIALISES

g.p. maternel / g.p. paternel	Agri.	Arti. Comm.	Prof. Lib.	Cadres sup.	Prof. Inter.	Empl.	Ouvr.	N.R.	Totaux
Agri.	24.6 %	4.3 %			0.9 %	1.8 %	2.6 %	1.3 %	35.5 %
Arti. Comm.	5.3 %	4.9 %	0.3 %	0.9 %	1.4 %	1.4 %	1.6 %	2.8 %	18.6 %
Prof. Lib.	0.1 %	0.3 %			0.1 %		0.1 %		0.6 %
Cadres sup.	0.1 %	0.6 %		0.4 %	0.3 %			0.1 %	1.5 %
Prof. Inter.	0.6 %	0.9 %	0.1 %	0.6 %	1.2 %	1 %	1.2 %	0.5 %	6.1 %
Empl.	1.6 %	2 %	0.1 %	0.1 %	0.8 %	2.2 %	2.6 %	1.3 %	10.7 %
Ouvr.	3.3 %	2.8 %		0.1 %	0.8 %	2.5 %	6.4 %	1.4 %	17.3 %
N.R.	1 %	1.8 %		0.4 %	1 %	0.5 %	0.3 %	4.7 %	9.7 %
Totaux	36.6 %	17.6 %	0.5 %	2.5 %	6.5 %	9.4 %	14.8 %	12.1 %	100 %

relever, pour les employés et les ouvriers, une différence de près de 4 % entre les deux lignées, différence si minime qu'on hésite à l'imputer à la tendance, notée par Michel Gollac et Pierre Laulhé(1), que le petit-fils se rapproche un peu plus de la lignée paternelle que maternelle.

Il était permis de penser, par ailleurs, que le métier d'éducateur spécialisé, relativement neuf, allait attirer des individus aux filiations originales, aux héritages singuliers voire atypiques. De fait il n'en est rien, et c'est là d'ailleurs la seconde leçon de cette investigation.

Plus de 80 % des personnes que nous avons interrogées ont entre 25 ans et 40 ans. La majorité de leurs grands-parents ont donc interrompu leurs activités vers 1960. Si l'on met en perspective les 16 % d'agriculteurs exploitants recensés en France parmi les hommes actifs de 40 ans à 59 ans en 1962 et les quelque 35 % de la lignée paternelle des éducateurs spécialisés, leur origine fortement rurale apparaît immédiatement. Les métiers artisanaux relevés corroborent s'il le fallait, cette observation : qu'il s'agisse de celui de forgeron, de maréchal-ferrant ou de bûcheron, nombre d'entre eux renvoient là aussi à un enracinement rural. Certes notre enquête s'est déroulée dans deux régions bien typées ; rappelons toutefois la forte proportion au plan national d'éducateurs spécialisés fils ou filles d'agriculteurs.

Une proportion non négligeable de pères, le quart environ, occupent ou occupaient, on s'en souvient, une position intermédiaire ; les employés représentant environ 14 % et les cadres supérieurs 13 %. Sans même alors pousser plus avant l'analyse, un premier profil se dessine immédiatement. Leur mobilité ascendante a dû être importante, et si parmi les éducateurs spécialisés, des déclassés il y a, cette régression sociale les ramène probablement à la position de leurs grands-parents. En effet nulle trace ici d'une filiation portant l'empreinte des classes supérieures, ce qui renforce l'un de nos précédents constats : le métier d'éducateur spécialisé n'a quasiment jamais attiré de jeunes issus durablement - sur deux générations au moins - de milieux sociaux fortement pourvus à la fois en capital

---

(1) Michel GOLLAC, Pierre LAULHE. "Lignée paternelle, lignée maternelle. Un rôle voisin dans l'hérédité sociale". *Economie et Statistique*, 199-200, 1987, p. 107-113.

économique et en capital culturel, et cela contrairement à la profession d'assistant de service social(1).

Le troisième enseignement, enfin, de cette étude portant sur le dernier métier exercé par les grands-parents, consiste à souligner la relative permanence de leurs origines sociologiques, quel que soit l'âge de leurs petits-enfants. On aurait pu légitimement s'attendre à ce que les plus jeunes des éducateurs spécialisés, ceux et celles qui viennent d'obtenir leurs diplômes, se singularisent notamment par des ascendants moins souvent issus du milieu rural. Il n'en est rien. Environ 33 % des hommes en activité ont un grand-père paternel qui était agriculteur contre 36 % chez les femmes. Ces proportions que l'on prévoyait inférieures sont en fait respectivement de 36,8 % et 36,2 % pour les éducateurs et éducatrices entrant dans le métier au début des années 1990.

---

(1) On consultera utilement sur ce point Louis BRAMS, Noëlle COURTECUISSE. *Les Assistants de service social*. Paris : INSERM, 1972, et les données que présente Florence DEFRESNE. op. cit. Jacques ION et Jean-Paul Tricart évoquent "le mouvement de démocratisation du recrutement de la profession d'assistante sociale" en faisant remarquer que les groupes "cadres supérieurs", "professions libérales", "commerçants et artisants" ne représentent plus que 31 % des pères en 1980. Il convient d'être prudent sur une telle évolution : les données publiées en 1989 infirment cette tendance, la proportion de ces catégories rassemblant alors 35.5 % des effectifs. Curieusement Jacques Ion réitère une telle affirmation dans un article qui illustre de plus, à notre sens, les limites de la catégorie "travailleur social". Il évoque d'abord la décrue du nombre de diplômes délivrés annuellement. "Pour la période 1979-1990, observe-t-il, on relève les chiffres suivants : pour les assistants de service social, le nombre passe dans l'intervalle de 2 006 (en 1979) à 1 507 (en 1990) ; pour les éducateurs spécialisés, de 2 705 à 2 124 ; et pour les moniteurs éducateurs, de 1 328 à 1 139". Il poursuit ensuite : "Mesuré aux catégories socioprofessionnelles des parents, ce recrutement a tendu à devenir relativement homogène alors même que, de ce point de vue, tout opposait par exemple les assistantes sociales d'origine bourgeoise aux éducateurs masculins d'origine populaire". Cette assertion peut donner lieu à trois objections. D'abord la première année retenue, 1979, n'est pas incidente : elle correspond en fait à un épiphénomène dans le nombre d'éducateurs spécialisés diplômés. En 1978 ce chiffre était de 2 400, dès 1980 on revient à un chiffre de 2 350 qui est aussi celui, à cent unités près, de 1991. La "décrue" concerne au premier chef les assistants de service social ; bien moins les éducateurs spécialisés ou les moniteurs éducateurs. De plus, si effectivement se fait jour un certain recentrement autour des professions intermédiaires, évoquer une homogénéisation est contestable. Enfin, ici encore, revient l'image décidément tenace des éducateurs spécialisés, groupe masculin, alors que les femmes y ont toujours été majoritaires. Jacques ION. "Les travailleurs sociaux sont-ils encore un groupe professionnel ?" in : *Les Educateurs aujourd'hui*/sous la direction de Jean-Luc Martinet, op. cit. p. 178-179.

A dix ou quinze ans d'intervalle, les profils sociologiques des grands-parents perdurent. Puisque l'on n'y retrouve pas l'hétérogénéité de ceux des parents - si l'on se fie au dernier métier exercé par eux - ce sont les trajectoires de ces derniers qui ont dû être très diversifiées.

- **La mobilité des parents des éducateurs spécialisés.**

Compte tenu des données dont nous disposions, plusieurs approches de la mobilité sociale des parents pouvaient se révéler fécondes. Nous avions en effet sollicité des informations très détaillées sur les ascendants et les collatéraux, nous réservant le soin de les répertorier, de les coder et donc de maîtriser au mieux l'usage de ce filtre toujours réducteur qu'est la grille des C.S.P. Cependant les velléités de transformer une telle investigation quantitative en une source qualitative intarissable n'aboutissent toujours qu'à la réalisation de coupes instantanées qu'il ne faut pas confondre avec une étude longitudinale.

Nous avons donc opté pour une analyse en trois temps : d'abord nous avons mis en perspective la dernière profession des grands-pères paternels et celle exercée par les pères à la naissance du futur éducateur. Ensuite nous nous sommes attachés à relever les trajectoires de ces pères. Enfin nous y avons adjoint une étude sur le capital scolaire possédé.

- **L'influence pérenne des grands-parents.**

La mise en perspective des professions des grands-parents et des parents à la naissance de leur enfant - futur éducateur ou éducatrice - permet de constater une diminution sensible du nombre d'agriculteurs et la montée en puissance des emplois salariés. L'évolution de la structure sociale impose une mobilité déterminante à la plupart des catégories, y compris aux artisans et aux commerçants. Professions intermédiaires et employés voient, pour ce qui les concerne, leurs proportions doubler. Par contre l'accès à des métiers de cadres supérieurs ou à des professions libérales est rare, les trajectoires de faible ampleur prédominent largement. Les pères ont alors, pour la plupart, entre 25 ans et 35 ans. Probablement des ascensions professionnelles sont-elles déjà en cours mais une telle étude de mobilité permet avant tout de relever à la fois la pérennité de l'influence du milieu d'origine - les individus ne se dirigent pas au hasard - et des mouvements intergénérationnels redevables pour l'essentiel à des conditions structurales que sous-tendent l'exode rurale et des flux dirigés vers l'industrie voire vers le secteur tertiaire.

PROFESSIONS DES GRAND-PARENTS PATERNELS ET DES PARENTS EN DEBUT DE CARRIERE

g.p.paternel / Père 1	Agri.	Arti. Comm.	Prof. Lib.	Cadres sup.	Prof. Inter.	Empl.	Ouvr.	N.R.	Totaux
Agri.	10.9 %	0.5 %			0.1 %		0.1 %	0.3 %	11.9 %
Arti. Comm.	3.6 %	6.5 %		0.1 %	0.1 %	0.9 %	2.1 %	1.2 %	14.5 %
Prof. Lib.	0.1 %	0.3 %	0.4 %	0.1 %	0.3 %	0.1 %		0.5 %	1.8 %
Cadres sup.	0.3 %	0.3 %		0.8 %	0.1 %	0.4 %	0.5 %	0.3 %	2.7 %
Prof. Inter.	3.3 %	2.9 %		0.4 %	2.2 %	1.8 %	1.8 %	1.3 %	13.7 %
Empl.	6.8 %	4.7 %	0.1 %		1.2 %	4.6 %	4.4 %	2.5 %	24.3 %
Ouvr.	9 %	3.3 %	0.1 %	0.1 %	2 %	2.6 %	8.2 %	2.9 %	28.3 %
N.R.	1.5 %	0.1 %			0.1 %	0.3 %	0.3 %	0.6 %	2.9 %
Totaux	35.5 %	18.6 %	0.6 %	1.5 %	6.1 %	10.7 %	17.3 %	9.7 %	100 %

Les deux tiers des enfants d'agriculteurs ne continuent pas la voie tracée par leur père, ils sont alors effectivement le plus souvent ouvriers, dans une moindre mesure, employés. La tendance est similaire pour les fils de commerçants et d'artisans. Toute proportion gardée, là aussi 30 % seulement s'inscrivent dans l'héritage paternel, les autres s'orientent alors plus fréquemment vers le groupe des employés, ou vers les professions intermédiaires.

Ce groupe des employés est réputé transitoire. Ici pourtant tel n'apparaît pas le cas. A l'instar des fils d'ouvriers, catégorie a priori plus stable, la moitié des individus y occupent la même position que leurs pères. Il s'écarte là d'un endorecrutement généralement très faible puisque de l'ordre du dixième au plan national.

Cette première approche démontre, s'il le fallait, les prolongements d'une contrainte structurale qui paraît avoir particulièrement concerné l'ensemble de ces familles. Le passage de témoin entre deux générations a été l'occasion de distorsions majeures et l'expérience de la mobilité intergénérationnelle et des stratégies qui en découlent a été forte. Il est probable qu'elle a laissé des traces dans les dispositions à l'égard de l'avenir.

- **La mobilité sociale des pères**

Les ruptures, les reconversions, les passages entre groupes socioprofessionnels avaient été d'une ampleur particulière entre grands-parents et parents. Durant la carrière des pères, de tels phénomènes se sont poursuivis, sans que l'on puisse toutefois édicter une règle, sans que l'on atteigne, globalement, un niveau de déplacement aussi important que lors de cette "crise de succession" entre les deux générations.

La table de mobilité sur laquelle s'appuient les observations suivantes masque, semble-t-il, des mouvements plus importants puisqu'elle relève uniquement les changements de groupes. Elle ne traduit donc pas cette fluidité résultant de l'occupation d'emplois successifs voire de promotions hiérarchiques, cantonnés par le biais de la grille des C.S.P. au même ensemble de catégories. Si l'artisan devenu chef d'entreprise, si le contremaître devenu formateur pour adultes mènent bien des stratégies d'ascension, elles n'en demeurent

MOBILITE DES PERES DES EDUCATEURS SPECIALISES

Père 3 / Père 1	Agri.	Arti. Comm.	Prof. Lib.	Cadres sup.	Prof. Inter.	Empl.	Ouvr.	N.R.	Totaux
Agri.	11.2 %					0.1 %	0.6 %		11.9 %
Arti. Comm.	0.4 %	10 %		0.5 %	0.4 %	1.2 %	1.8 %	0.2 %	14.5 %
Prof. Lib.			1.4 %	0.4 %					1.8 %
Cadres sup.		0.3 %		1.3 %	1.1 %				2.7 %
Prof. Inter.		0.3 %	0.1 %	2.6 %	8.6 %	1.8 %	0.3 %		13.7 %
Empl.	0.4 %	0.9 %	0.4 %	4.6 %	7.1 %	9.8 %	2 %	0.1 %	24.3 %
Ouvr.	0.1 %.	2.4 %	0.1 %	1 %	4.7 %	2.6 %	16.9%	0.4 %	28.2 %
N.R.	0.3 %	0.1 %		0.9 %	0.4 %	0.1 %	0.3 %	0.8 %	2.9 %
Totaux	12.4 %	14 %	2 %	11.2 %	22.4 %	14.6 %	21.9 %	1.5 %	100 %

pas moins ignorées par un tel indicateur. L'analyse secondaire que nous avons menée, la prise en compte d'une étape intermédiaire - nous avons collecté aussi le métier du père lors du passage en sixième de l'éducateur spécialisé, à 10-12 ans environ - complète une analyse qui livre alors non pas l'exacte mesure mais une vision cependant assez riche de cette mobilité intragénérationnelle des parents.

Peu de fils d'agriculteurs ont hérité de la position de leur père. Amenés à quitter l'exploitation familiale, nombre d'entre eux sont devenus ouvriers mais aussi, plus fortement que la moyenne, employés. Leur destin n'a donc pas été pour cela tout tracé puisque ce second groupe engendre fréquemment une mobilité non négligeable en cours de carrière. Ceux qui sont demeurés eux-mêmes des agriculteurs ont très rarement divergé par la suite d'une activité professionnelle sans doute inscrite dans une longue filiation. A la base de cette stabilité on observe un phénomène bien connu : les deux grands-pères étaient agriculteurs. Ce groupe, qui représente environ 10 % des parents d'éducateurs et 13 % des parents d'éducatrices peut donc être considéré comme stable.

Le groupe des artisans et commerçants appellerait assurément une décomposition tant cet ensemble est en fait hétérogène. Ici les chefs d'entreprise sont très rares et la mobilité n'est pas négligeable puisque le quart d'entre eux ont opté pour ce statut non-salarié au cours de leur vie professionnelle. Auparavant ils étaient alors plutôt ouvriers, voire employés, confirmant là les observations des récentes enquêtes FQP. De plus, l'étude des déplacements "horizontaux" fait apparaître de fréquents changements, notamment chez les commerçants qui, pour près du tiers d'entre eux, tout en demeurant fidèles à leur catégorie, ont choisi, ou, dû négocier un réajustement de leur type d'activité commerciale en cours de carrière. La relative stabilité des effectifs - 14 % des éducateurs spécialisés, avec là encore une prédominance féminine, ont un père, en début et en fin de vie professionnelle, artisan ou commerçant - ne doit pas faire oublier que d'autres, 5 % environ, ont aussi vu leur ascendant exercer de tels métiers au cours de leur vie.

Si les professions libérales sont toujours très peu représentées dans les familles des éducateurs spécialisés, il n'en va pas de même des cadres supérieurs qui, passant de 2,5 % à plus de 11 %, témoignent d'une forte mobilité ascendante. En effet près de la moitié d'entre eux ont d'abord appartenu au groupe des employés. Une fois de plus, les éducatrices prédominent dans cette catégorie, notamment celles qui sont actives depuis plusieurs années. Si l'on met en perspective la position finale du père et celle de sa fille ou de son fils en début ou en milieu de carrière on peut effectivement considérer que le choix du métier d'éducateur spécialisé est synonyme de déclassement. On mesure bien ici l'intérêt des tables de mobilité : l'enfant est inscrit dans une contre-mobilité et une étude longitudinale permettrait peut-être d'ailleurs de mettre à jour un "effet cliquet". L'observation sur trois générations tend d'ailleurs à singulariser encore plus de telles lignées : près des 3/4 des employés et plus de la moitié des membres de professions intermédiaires devenus cadres avaient leur propre père agriculteur ou commerçant. L'ascension sociale a donc été très rapide dans ce groupe. Les cadres et les individus appartenant aux professions intellectuelles supérieures "ancrés" dans leur milieu n'orientent que très rarement - contrairement à ce qui a pu être avancé ici ou là - leurs enfants vers le secteur de l'Education Spécialisée.

Chez les pères, les professions intermédiaires rassemblent des individus qui ont connu eux aussi une assez forte mobilité pour une grande part. Ceux qui occupaient une telle position en début de carrière l'ont peu quittée ; ils ont été rejoints par d'anciens employés ou par des ouvriers. A l'instar des cadres, notons qu'environ les 3/4 des personnes qui en fin de vie professionnelle appartiennent à ces professions intermédiaires sont fils d'agriculteurs, de commerçants ou d'artisans.

Le groupe des employés, au-delà de sa grande hétérogénéité, se révèle être fréquemment un lieu d'accueil mais aussi un sas débouchant d'ailleurs tant vers une mobilité ascendante que descendante. Nous avions noté la faible ampleur des mouvements entre grands-parents et parents : quand les premiers occupaient de telles positions d'employés, souvent les seconds, curieusement, héritaient de cette situation, pourtant a priori transitoire.

Une part significative des pères d'éducateurs et d'éducatrices - la proportion est là sensiblement égale - ont quitté ce groupe au cours de leur carrière, entamant une ascension, exceptionnellement une régression. Le flux d'arrivée n'a pas compensé, loin s'en faut, celui des départs ; ainsi aux 24 % d'employés en début de vie professionnelle ne correspondent que 14 % si l'on se fie uniquement au dernier emploi occupé. Aucune tendance ne se dégage vraiment de la mise en perspective des flux de mobilité des parents et de l'origine sociale des grands-parents : il est vrai qu'il faudrait sans doute distinguer les employés des secteurs public et privé pour voir éventuellement se dessiner un quelconque clivage.

Les ouvriers représentaient 28 % des pères d'éducateurs spécialisés en début de carrière. La plupart des départs, marqués assez régulièrement, il faut le souligner, par une mobilité ascendante "par dessus" les catégories d'employés, n'ont pas été compensés. Cependant ils sont encore, à part sensiblement égale avec les professions intermédiaires, le groupe le plus représenté chez les hommes et les femmes qui se sont orientés vers l'Education Spécialisée. Notons enfin que la mobilité interne n'a pas été non plus négligeable : avec un indicateur relevant trois positions espacées de dix à quinze ans l'une de l'autre, le tiers des ouvriers apparaît avoir occupé au moins deux emplois différents au cours de sa carrière professionnelle.

L'examen des trajectoires sociales des familles d'où sont issus les éducateurs spécialisés permet immédiatement de souligner une fréquente mobilité ascendante, sans que l'on puisse toutefois évoquer une régularité telle que, quels que soient les milieux d'origine, cette hérédité soit un dénominateur commun.

La pente se profile cependant assez nettement. Les hommes et les femmes qui s'orientent vers l'Education Spécialisée ont déjà l'expérience d'un monde social ouvert aux déplacements, aux reconversions, aux dérogations. Plus de la moitié des pères - si l'on écarte les agriculteurs - sont passés d'un groupe socioprofessionnel à un autre au cours de leur carrière. En restituant ainsi la durée, les stratégies objectives des ascendants peuvent être repérées et s'il est encore prématuré d'esquisser une typologie des voies d'accès au métier, les quelques observations globales précédentes en autorisent tout au moins une première approche.

- **Le capital scolaire des parents**

Familière ou distante, négligée ou active, la relation qu'une famille entretient à l'école n'est pas incidente : elle porte la trace d'un passé scolaire, d'un cursus plus ou moins long, plus ou moins investi ; elle renseigne aussi sur les aspirations de parents soucieux de maintenir ou d'améliorer leurs positions à travers les voies vers lesquelles elles vont tenter d'orienter leurs enfants. Les diplômes obtenus par le père et par la mère sont, en ce sens, des indicateurs acceptables d'un niveau culturel qui influe directement sur les trajectoires, sur les choix professionnels, sur les carrières de la progéniture. Si ce capital est inégalement détenu selon les catégories sociales, on cerne désormais assez bien son influence, à profil sociologique égal, sur les emplois auxquels auront accès les enfants, voire sur le niveau de leurs rémunérations au cours de leur vie active. Claude Thélot(1) ainsi a mis la lumière notamment le rôle du Certificat d'Etudes Primaires (C.E.P.) : selon qu'un père agriculteur ou ouvrier en était ou non titulaire, les chances de son fils d'entrer en sixième pouvaient être, durant les années 1950 et 1960, double ou triple. Saisir, pour une population donnée, des informations sur ce niveau d'instruction est donc primordial dès lors que l'on tente de rapporter les déterminants sociaux du choix du métier. En outre, comme le souligne François de Singly(2), ce critère culturel se substitue avantageusement, pour les femmes, aux indices d'une position sociale toujours problématique à repérer, sans compter qu'il réintroduit alors la mère dans un de ses rôles influents : son engagement dans le travail de soutien éducatif est beaucoup plus important que celui des hommes, l'impact de ses diplômes plus fort aussi notamment quand le milieu d'origine est modeste, puisqu'en cas de disparité entre les siens et ceux de son conjoint, les enfants, tendanciellement, se rapprocheront plus de son niveau scolaire à elle que de celui de son époux.

Nous avons mené notre investigation dans cette direction en demandant à l'ensemble des éducateurs spécialisés d'indiquer le diplôme le plus élevé obtenu par leur père et leur mère. Nous n'avons pas été surpris, outre mesure, par un taux de non-réponses plus

---

(1) Claude THELOT. *Tel père, tel fils ?* Paris : Dunod, 1982, p. 126 et ss.

(2) François De SINGLY. *Fortune et infortune de la femme mariée.* Paris : PUF, 1987.

important, ici, que pour la plupart des autres questions (19 % pour le diplôme du père, 17 % pour le diplôme de la mère). Il est probable qu'une part non négligeable de ces absences d'indications renvoie plutôt à des diplômes inexistants mais rien ne permet d'étayer réellement une telle hypothèse. La mémoire peut aussi faire défaut et il est remarquable, dans ce sens, que ce sont les éducateurs et les éducatrices les plus âgés qui semblent ignorer le niveau scolaire de leurs parents.

Une telle étude du capital scolaire n'est pertinente, par ailleurs, qu'à la condition de pouvoir être mise en perspective avec le niveau atteint par chacune des catégories sociales à la même période de la scolarité : repérer que les pères agriculteurs détiennent pour 20 % ou 30 % d'entre eux un C.A.P. n'est signifiant que si l'on est à même de rapporter ce taux à celui des hommes de la même classe d'âge et du même profil sociologique. Puisque nous recherchons les éventuelles singularités des familles, ce sont bien les écarts qui peuvent s'avérer riches d'enseignements.

Près des trois quarts des hommes et des femmes interrogés sont nés entre 1955 et 1970 ; les autres sont plus âgés. Une large proportion de leurs pères a donc, en 1990, entre 45 et 60 ans, très peu d'entre eux sont plus jeunes. L'étude de Jean-Pierre Terrail[1] sur "les destins scolaires de sexe" livre la proportion d'enfants nés entre 1935 et 1945 titulaires d'un diplôme supérieur au C.E.P. Cette tranche d'âge correspond approximativement aux années de naissance d'une part significative des parents des éducateurs spécialisés. La comparaison est donc possible même si l'on doit l'assortir de certaines réserves.

Avant les années 1960 et la réforme à laquelle le nom de Jean Berthoin reste attaché, trois possibilités s'offraient aux élèves en fin de scolarité primaire ; soit quitter l'école et rentrer dans la vie active, avec ou sans le Certificat d'Etudes Primaires, soit opter pour la poursuite en cycle secondaire soit, plus rarement, se tourner vers un centre d'apprentissage. Les décisions à prendre engageaient alors définitivement l'avenir et pour nombre d'enfants issus des milieux populaires "avoir son C.E.P." représentait une consécration mais

---

(1) Jean-Pierre TERRAIL. "Destins scolaires de sexe : une perspective historique et quelques arguments". *Population*, 3, 1992, p. 645-676.

aussi un point final. Les taux calculés sur la base des chiffres issus de l'enquête FQP 1985 de l'INSEE portent sur les garçons et sur les filles qui se sont orientés vers les lycées classiques ou modernes, vers les cours complémentaires et vers les centres d'apprentissage alors que la scolarité obligatoire vient d'être portée jusqu'à 14 ans (1936).

Un premier fait est à souligner : les pères, mais aussi les mères, des éducateurs spécialisés possèdent, pour la plupart, un capital scolaire inférieur à celui de l'ensemble des hommes et des femmes de leur génération. Une part de cet écart (10 % chez les pères titulaires d'un diplôme supérieur au C.E.P.) peut cependant s'expliquer par l'âge plus avancé d'une proportion somme toute assez réduite des parents. Une catégorie toutefois déroge à cette règle : les fils et filles d'ouvriers ont, en moyenne, poussé plus avant leurs études au-delà du C.E.P. que leurs homologues nés, comme eux, avant et après la Seconde Guerre Mondiale. Une telle remarque est à mettre en relation avec l'importante mobilité à venir, des hommes notamment, telle qu'on a pu la relever précédemment.

L'ensemble de ces données serait à moduler selon les âges des éducateurs spécialisés, et corrélativement, de leurs ascendants. Nous nous cantonnerons cependant ici à quelques observations de portée globale.

Quelle que soit la catégorie sociale, les pères ont un niveau scolaire plus élevé que leurs épouses. Toutefois les écarts ne sont pas considérables : 47 % des pères possèdent un diplôme supérieur au C.E.P., c'est le cas pour 37,5 % des mères. Globalement les éducateurs et les éducatrices les plus jeunes ont des parents plus diplômés ; une exception toutefois, la moitié des pères des éducateurs ont au minimum un C.A.P. et ce, quel que soit l'âge de leur fils. De façon générale d'ailleurs les éducateurs ont des pères plus diplômés que les éducatrices alors que leurs mères ont, elles, un niveau identique.

De l'examen des diplômes précis dont sont titulaires les uns et les autres ne ressort aucun écart plus important que celui mentionné plus haut d'avec la population de référence. Environ 17 % des pères ont passé avec succès le baccalauréat, près de 10 % ont de plus, entamé des études supérieures. Les mères ne sont pas en reste, et quand 23 % des hommes ont poursuivi leurs études au moins jusqu'au B.E.P.C., elles sont 22,3 % à l'avoir également fait.

Nombre de familles entretiennent donc un certain rapport de familiarité à l'école sans que pour autant leur capital scolaire soit, pour la majeure partie d'entre elles, très élevé. Reste le cas particulier des fils d'ouvriers. Les résultats de l'exploration particulière que nous avons menée ne sont pas vraiment surprenants : les plus diplômés d'entre eux seront effectivement les plus mobiles et se verront appelés - mais nous reviendrons sur ce point - à des postes de contremaîtres et de chefs d'équipe.

Reste maintenant à observer, en aval, les effets de cette fréquentation de l'école par des pères et des mères pour la plupart issus de milieux sociaux souvent relégués et disqualifiés par l'institution scolaire. Tous ont un fils ou une fille qui a opté pour le métier d'éducateur spécialisé. En concluant cette première investigation de la mobilité sociale par l'étude du champ des possibles, nous allons relever les professions des autres membres des fratries et découvrir combien les orientations peuvent, en définitive, être relativement homogènes.

- Le champ des possibles : l'orientation des fratries

Curieusement, les fratries des éducateurs spécialisés n'ont, à notre connaissance, jamais fait l'objet d'investigations approfondies ; or les métiers des frères et des soeurs, le "faisceau" de leurs trajectoires représentent de précieux indices où se rappelle la pente de la lignée.

Avant de repérer cependant ces éventuelles régularités statistiques, marque d'une hérédité sociale exerçant pleinement sa force d'attraction, il convient de s'arrêter sur deux observations qui, elles, peuvent être mises en relation avec des études antérieures : il s'agit d'une part de la taille de la fratrie et d'autre part, du rang occupé en son sein par l'éducateur spécialisé. La proposition suivante résume l'état des connaissances : l'éducateur ou l'éducatrice, régulièrement, serait l'aîné d'une famille nombreuse.

Claude Dubar[1], Michel Barrat[2] et plus tard Andrée Guiot[3]

---

(1) Claude DUBAR. op. cit.

(2) Michel BARRAT et coll. op. cit.

(3) André GUIOT. op. cit.

ont tous relevé un nombre d'enfants, par famille d'origine, supérieur de façon significative à la moyenne des groupes professionnels d'où ils sont issus. Chez les éducateurs diplômés du Nord de la France, ce chiffre était de 5,4 enfants. A la même date, au début des années 1970, cette moyenne, à Paris, approchait 3,6. Dix ans plus tard, à l'école de Caluire (Lyon) le chiffre de 3,88 est avancé par Andrée Guiot. Certes l'ensemble de ces données ne porte ni sur la même période ni sur les mêmes régions -voir la démographie spécifique de la région lilloise par exemple- mais les recherches les plus récentes, celles de Jean Buiron(1) et de Jean-Sébastien Morvan(2) notamment, concluent dans le même sens. Le premier relève une moyenne de 3,6 enfants, le second avance le chiffre de 3,7.

Notre étude confirme bien une telle tendance et, au delà, l'actualise aussi ; en effet les plus jeunes, ceux qui s'engagent actuellement dans le métier ont une fratrie au moins aussi nombreuse que ceux qui sont depuis dix ou quinze ans déjà en activité : la moyenne des premières familles est même légèrement supérieure - 3,53 - à celle des éducateurs spécialisés en exercice : 3,46(3). Nous avons noté par ailleurs qu'aucune différence ne se profile selon qu'il s'agisse de famille d'éducateur ou d'éducatrice.

Cette régularité, que Claude Dubar reliait à l'appartenance religieuse, mérite d'être soulignée : les taux de fécondité sont réputés assez faibles au sein des catégories sociales en transition, en ascension. Les probabilités d'accès, sinon à la classe dirigeante, du moins à des positions intermédiaires vont de pair avec un contrôle de la descendance afin de concentrer les stratégies de mobilité sur un ou deux enfants. Ici la limitation des naissances ne semble pas prévaloir alors que, globalement, les familles d'éducateurs spécialisés

---

(1) Jean BUIRON. op. cit. *La Vocation et les éducateurs spécialisés en formation à l'IPFSES de Reims.* Mém. DSTS : Reims : 1986.

(2) Jean-Sébastien MORVAN. *Représentations des situations de handicaps et d'inadaptations.* Paris : CTNERHI, 1988. En préambule à son étude, l'auteur présente la population interrogée. Cette moyenne de 3,7 enfants par famille porte sur un échantillon de 145 sujets.

(3) Les familles de quatre enfants et plus sont par contre légèrement plus nombreuses parmi la population comprenant un éducateur spécialisé en activité depuis dix à quinze ans en moyenne.

paraissent bien avoir engagé, pour une large part d'entre elles, des mouvements ascendants. Certes les écarts sont significatifs entre les agriculteurs - 4,31 enfants - et les professions intermédiaires - 3 enfants - mais dans l'un et l'autre cas nous sommes largement au-delà du taux moyen de chacun de ces groupes socioprofessionnels.

Le rang de l'éducateur spécialisé dans sa fratrie a également fait l'objet de commentaires, souvent un peu à l'emporte-pièce d'ailleurs, puisqu'ils ouvrent sur des considérations fragiles concernant l'importance de la structure d'échange familial dans le choix professionnel. Certes la position d'aîné peut être primordiale puisque les efforts et les espoirs inscrits dans le niveau d'aspiration familiale se reportent régulièrement au premier chef sur le garçon ou sur la fille qui occupe une telle position, mais, pour ce qui les concerne, aucune recherche n'a réellement étayé une telle observation.

Claude Dubar laisse bien entendre, sans plus de précisions, que la plupart des éducateurs de son enquête se situent parmi les aînés mais les recherches diligentées dans la région parisienne sont, sur ce point, moins affirmatives et, paradoxalement, Jean-Sébastien Morvan conclut, pour sa part, que c'est la position de benjamin qui est la plus fréquente. En fait le débat demeure singulièrement limité tant que l'on se cantonne, à l'instar de ce dernier auteur, à livrer un rang moyen. La probabilité statistique d'être l'aîné diminue quand la taille de la fratrie augmente et il faut donc mettre en rapport la taille avec le rang et construire ainsi un indice coefficienté par la dimension de la famille.

Une telle investigation aboutit à faire émerger, certes, une tendance mais sans que l'on puisse évoquer une réelle régularité. Au sein des fratries de deux et trois enfants, l'éducateur spécialisé effectivement, est plus fréquemment l'aîné, mais l'écart n'est que de 5 % à 7 % entre ce rang et celui de cadet. De plus il perd cette première position dès que les familles comprennent quatre enfants et plus. Signalons enfin l'absence d'écarts selon qu'il s'agit des fratries des éducateurs ou des éducatrices.

Michel Simonot[1], dans son étude de l'aspiration au métier

---

(1) Michel SIMONOT. *Les animateurs socio-culturels. Etude d'une aspiration à une activité sociale.* Paris : PUF, 1974.

d'animateur socio-culturel, explore les liens existants entre rang de naissance et dispersion des niveaux de diplôme dans la fratrie. Une telle investigation perd, pour les éducateurs spécialisés, tout intérêt puisque aucune dominante ne s'impose clairement.

Il n'en va pas de même dès lors que l'on s'attarde sur les catégories socioprofessionnelles des frères et soeurs. Près de 75 % d'entre eux sont actifs. Nous avons centré notre recherche sur les quelque 1 360 individus pour lesquels nous disposons d'informations sur les métiers exercés, excluant donc les écoliers - ils sont rares - les étudiants et les personnes n'exerçant pas d'activité professionnelle.

Aucune catégorie ne déroge à l'attraction des professions intermédiaires. Qu'un père soit agriculteur, cadre supérieur ou ouvrier, ses enfants se sont majoritairement orientés vers ce groupe socioprofessionnel (37 % au total des frères et soeurs des éducateurs spécialisés). Le groupe "employés" ne concurrence pas vraiment une telle domination puisque plus de 10 % séparent ces deux ensembles. Ce n'est que secondairement, voire en troisième rang, que se rappelle la catégorie d'appartenance des parents. Un tel fait vient bel et bien confirmer, d'une part, l'existence d'un faisceau de trajectoires très orienté, d'autre part, la prévalence de professions qui marque la mobilité sur trois générations que nous avions précédemment relevée.

Si l'on inclut les éducateurs spécialisés, ce sont 60 % d'entre eux qui appartiennent aux professions intermédiaires contre 17 % d'employés. Le taux le plus fort, on n'en sera pas surpris, concerne les personnes dont le père relève lui aussi de cette C.S.P., et, à l'opposé, se positionnent les fils et filles d'ouvriers et d'agriculteurs. Cependant ce sont toujours plus de 50 % de la descendance finale -éducateurs spécialisés inclus - qui se concentrent au sein de ce groupe socioprofessionnel.

Si son hétérogénéité interne n'autorise pas, dans le cadre de cette première approche tout au moins, des prolongements plus précis, une observation est cependant incontournable : aussi originales ou particulières que puissent être les motivations à exercer le métier, les voies tracées par l'histoire de la lignée dirigeaient, et dirigent encore, la personne qui s'y engage vers un exercice professionnel plutôt compris, si l'on se réfère aux P.C.S. rassemblées par ce groupe générique, entre l'instituteur et le contremaître. Les éducateurs spécialisés ne sont pas des "égarés" ayant dérogé à l'avenir tracé pour eux par leurs familles. Contrairement à ce qui a été souvent hâtivement énoncé, l'inclination de la grande majorité d'entre eux a suivi une pente déjà bien balisée.

Un phénomène de contre-mobilité mérite, enfin, d'être relevé : 53 % des enfants de cadres supérieurs exercent une profession intermédiaire, ils ne sont que 17 % à appartenir à la catégorie de leurs parents ou à avoir eu accès aux professions libérales. Nous avions noté que la plupart de ces pères/cadres avaient rejoint de telles positions au cours de leur carrière. Sans présumer d'un "effet-cliquet" toujours possible à l'avenir, leur progéniture n'a pas hérité immédiatement des efforts de leurs ascendants pour se hisser au rang des catégories dominantes ; ils retrouvent sinon la position de départ de leur père, du moins une position médiane.

Ce champ des possibles est le dernier indicateur que nous avons retenu afin de dresser le cadre au sein duquel se sont déroulées les négociations portant sur le choix du métier. Plus que les autres sans doute, il participe à l'émergence de régularités qui renvoient à la prégnance de la lignée et empêchent d'évoquer, pour l'orientation vers le métier d'éducateur spécialisé, une option strictement personnelle ou un quelconque phénomène d'autodidaxie libéré de toutes racines, de toutes contraintes.

Nous avons retenu trois générations. Nous nous sommes d'abord attardés sur les grands-parents paternels et maternels avant d'explorer les destins sociaux des parents puis des fratries. A l'extrême dispersion des profils sociologiques et des situations professionnelles tels qu'ils se dégageaient d'une approche s'arrêtant à la seule position du père en fin de carrière, répond alors cette relative homogénéité des cursus que seule pouvait restituer une attention aux phénomènes de mobilité. Une trajectoire modale se dégage, elle souffre de multiples exceptions mais rend compte de régularités indubitables.

Les parcours sociaux se distinguent avant tout par une ascension. L'amplitude des déplacements s'avère toutefois d'assez faible ampleur et les phénomènes de contre-mobilité démontrent que nul n'est à l'abri d'une récession - fut-elle passagère - puisque, dans leur grande majorité, les familles d'éducateurs spécialisés sont issues de catégories dominées. Le faisceau des trajectoires possibles et pensables pour les enfants porte la trace d'un ethos promotionnel. La mobilité est à la fois assurée dans sa direction mais cependant , là encore, limitée dans son amplitude. Les professions intermédiaires, qui, en France, ne regroupent pas plus de 20 % de la population active, sont ici, sinon plébiscitées, du moins su représentées. Assurément les lignées que nous avons étudiées concentrent nombre de traits, nombre de dispositions en adéquation avec cet accès à des positions moyennes, "intermédiaires en même temps que d'intermédiaires"(1).

La genèse de ces dispositions, de cette transmission d'un habitus, "pente reconvertie en penchant", se dessine mais l'ensemble des données, ici rapportées, ne font que délimiter un espace social. Elles ne sont à considérer que pour ce qu'elles sont : des indicateurs qui, bien que restituant la pérennité de l'influence du milieu d'origine, ne livrent pas pour autant toutes ces précisions attendues, toute cette économie des pratiques, des négociations, des aspirations où prennent forme l'option du choix du métier d'éducateur spécialisé.

B. DES STRATEGIES SCOLAIRES CONTINGENTEES.

Une certaine homogénéité se dégage des trajectoires familiales. Elles dérogent d'ores et déjà aux approches réputées avérées à la fois en "fragilisant" une approche en termes générationnels et en ramenant à sa juste proportion la part de déclassés vers le bas, fils et filles de "bonnes familles" se dédouanant d'un avenir tout tracé. Un itinéraire modal tend à rassembler nombre de déplacements : la mobilité se révèle ascendante, elle exclut cependant les trajets longs. Si les hommes et les femmes qui ont choisi l'Education Spécialisée ne sont pas en terrain de connaissance - l'endorecrutement paraît rare - par contre le champ des possibles qui s'offrait à eux s'avérait relativement délimité.

L'investigation centrée sur les grands-parents, les parents et les fratries a fait ressortir la pérennité de l'influence du milieu d'origine. Il reste maintenant, pour parachever cet examen du cadre au sein duquel va se dérouler l'orientation dans le métier, "cette rencontre des dispositions et des positions, du penchant et des postes", à examiner, toujours en amont, les cursus scolaires des éducateurs spécialisés.

---

(1) Alain DESROSIERES, Laurent THEVENOT. op. cit. p. 80.

La période durant laquelle se sont déroulées les études secondaires d'une partie des éducateurs spécialisés a été souvent riche en mutations. On sait combien d'ailleurs les travaux de Francine Muel-Dreyfus mobilisent de tels événements et s'argumentent notoirement sur ces bouleversements, sur cette nouvelle hiérarchisation des filières. Ceux et celles qui ont opté pour le métier plus tardivement, à savoir durant les années 1980, n'ont pas directement connu, pour leur part, de tels changements ; ils ont par contre assurément ressenti les effets de la dévaluation des titres et de l'élimination différée inaugurée au cours des années 1960.

Si à quinze ou vingt ans d'intervalle, nous n'avons pas noté de différences majeures dans les itinéraires sociaux des familles - ce qui nous a amené à douter de la validité pleine et entière d'une approche générationnelle - on pourrait s'attendre légitimement à ce qu'ici des singularités apparaissent et, avec elles, des distinctions entre les "âges" du métier. Que peuvent en effet avoir en commun les jeunes confrontés à cette soudaine prééminence des mathématiques et des sciences, aux effets pervers d'une apparente démocratisation, à la perte de valeur de ce "niveau bac" ou de ce "bac mou" dont ils pouvaient se targuer ; et ceux qui ont désormais pu tirer les leçons et choisir, en toute connaissance de cause, de s'orienter vers telle filière, vers tel établissement.

Après les pionniers, tenants du charisme et de l'humanisme, une "seconde génération" aurait vécu de plein fouet ce "nouvel état" du système scolaire. Déboussolée, l'orientation vers l'Education Spécialisée constituait alors pour elle un recours contre le déclassement, un "choix contre". En toute logique, depuis les années 1975 environ, les jeunes qui entrent dans le métier (la troisième génération ?) auraient des motivations toutes autres, plus "ordinaires" aussi.

Là encore ce que nous avons découvert ne va pas exactement dans le sens de ces derniers attendus, là encore les constantes paraissent prendre le pas sur les écarts : les cursus scolaires des jeunes éducateurs spécialisés sont finalement assez proches de ceux de leurs aînés. Non seulement les transformations des dernières décennies ne semblent pas avoir introduit un "jeu" considérable dans la relation entre leurs destinées et leurs origines mais les canaux empruntés, les aléas rencontrés se ressemblent étrangement.

L'étude des filières de prédilection des éducateurs spécialisés, de leurs fréquents redoublements ou de leurs échecs à l'université appelle avant tout à ce que soit dressé un "état des lieux" de l'institution scolaire depuis vingt à vingt cinq années. On ne peut en effet rendre compte des cursus, à plus forte raison quand ils apparaissent homologues, en faisant par ailleurs l'économie d'une telle analyse. Pour ce faire nous nous référerons explicitement aux travaux d'Antoine Prost(1) et de Françoise Oeuvrard(2).

L'expression de Pierre Bourdieu et de Jean-Claude Passeron "l'université, image renversée de la nation" a connu une large diffusion alors que le verrou de l'accès à la sixième saute et que les effectifs du cycle secondaire entament un gonflement considérable.

La faculté demeure certes encore l'apanage de milieux sociaux dont le fort capital culturel s'est transmis "de façon osmotique", mais, sous la pression démographique qu'accompagne, bon an mal an, un certain nombre de réformes, déjà les prémisses d'une plus large ouverture du cycle supérieur se font jour. Les structures se sont indubitablement transformées durant les premières années de la Vème République. Peu d'observateurs ont réellement perçu cette mutation : la rapidité de ces changements l'explique en partie, les "ruses de l'histoire" ne sont pas non plus étrangères à ce décalage entre une relative démocratisation et l'examen de ses effets, de ses modalités, par les analystes réputés avertis. A la lecture d'Antoine Prost, on perçoit bien cette déconvenue face aux méandres inattendus d'une école qui semble évoluer en déjouant les prévisions et en se moquant des politiques qui tendent à infléchir son cours.

Les desseins de Carcopino, ministre sous le régime de Vichy, ne visaient pas particulièrement à désenclaver tout le "primaire supérieur". Telle a pourtant été la conséquence indirecte d'une politique réactionnaire qui s'est en quelque sorte retournée contre ses initiateurs, permettant l'élargissement vers le secondaire de tout un public jusqu'alors soigneusement confiné dans des cursus s'achevant,

---

(1) Antoine PROST. *L'Enseignement s'est-il démocratisé ?* Paris : PUF, 2ème édition, 1992.

(2) Françoise OEUVRART. "Démocratisation ou élimination différée" ? *Actes de la recherche en sciences sociales*, 30, 1979, p. 87-97.

pour le plus grand nombre, à 14 ans, avec le Certificat d'Etudes Primaires. La démocratisation, ensuite, chemine bel et bien jusqu'au milieu des années 1960, et la période charnière des années 1958-1963 lève les dernières hypothèques d'une transformation profonde du système scolaire. Désormais ce ne sera plus "l'effet établissement" qui marquera la ségrégation entre les milieux sociaux mais "l'effet filière". A la très forte demande sociale d'enseignement va effectivement répondre une ouverture moins discriminante des lycées et des universités, mais une nouvelle hiérarchisation, plus insidieuse parce que moins visible, va supplanter cet ordre ancien où les lignes de partage passaient par des frontières aisément repérables, entre lycées et collèges notamment. De 1960 à 1972, le taux d'accès en sixième bondit de 43 % à 95 % ; en second cycle les effectifs triplent en presque trente ans. Pourtant, loin s'en faut, cette démocratisation n'ouvre pas à tous l'ensemble des voies d'accès au baccalauréat.

> "L'exclusion de la grande masse des enfants des classes populaires et moyennes ne s'opère plus à l'entrée en sixième, mais progressivement, insensiblement, tout au long des premières années du secondaire, au travers des formes déniées d'élimination que sont le retard (ou le redoublement) comme élimination différée, la relégation dans des filières de second ordre qui implique un effet de marquage et la stigmatisation propre à imposer la reconnaissance anticipée d'un destin scolaire et social, et enfin l'octroi de titres dévalués."(1)

Toutes les orientations, tous les placements ne sont pas également rentables, et il faut être informé et avisé pour y voir clair dans le maquis de ces nouvelles filières, de ces nouvelles options qui, régulièrement brouillent la donne et troublent ceux qui ne possèdent pas la maîtrise des bons renseignements, des opportunités à saisir, qui plus est, au bon moment. Les familles fortement dotées en capital culturel et scolaire vont rapidement passer maître dans l'art de protéger leur progéniture, de les orienter vers des voies à l'abri de cette dévalorisation des diplômes. Les filières désormais seront multiples et hiérarchisées ; à la suprématie des mathématiques et de la science va répondre une série "C", extrêmement discriminante socialement, puisqu'elle va devenir avant tout "le refuge des meilleurs". A l'autre pôle une seconde "AB" bien ambiguë va se

---

(1) Pierre BOURDIEU. *La Distinction*. op. cit. p. 173.

révéler l'antichambre de filières de second rang, menant à un bac "B" quelque peu "miroir aux alouettes" et à des bacs "G" dont la rapide perte de valeur amènera de nombreux lycéens à briguer certains D.E.U.G. (Administration Economique et Sociale par exemple), annonciateurs de maintes déconvenues tant l'accessibilité du titre s'accompagne de l'affaiblissement de son rendement.

L'architecture des sections qui prévaut depuis bientôt vingt ans aboutit donc d'abord à la bipartition "A" et "C" puis à la tripartition avec les bacs techniques. Désormais on se doit de posséder le diplôme mais il n'est plus suffisant : que la moitié des élèves de B.E.P. poursuivent par un bac technologique ou que l'université ouvre plus grandes ses portes aux jeunes de milieux populaires, et surtout aux classes moyennes, ne modifie en rien une logique qui penche bien plus, pour reprendre l'expression de Françoise Oeuvrard, vers "des formes douces de relégation", vers l'élimination différée, que vers une réelle démocratisation. La fermeture auparavant était précoce ; à partir des années 1965-1970 elle s'est déplacée sans modifier profondément cet instrument de sélection sociale que demeure l'école.

"Etant passés par le secondaire dans les années 1960, ils (les éducateurs) ont fait l'expérience de la "démocratisation" de l'enseignement dans une période où l'accumulation des constats sur la dévaluation des titres scolaires n'était pas encore faite et où, du même coup, les illusions sur les profits de l'accroissement global de la scolarisation étaient plus largement partagées qu'aujourd'hui"

écrit Francine Muel-Dreyfus.(1)

Reste à savoir si depuis 1975 la meilleure connaissance des arcanes du secondaire voire du supérieur a entraîné pour les jeunes éducateurs spécialisés, porteurs d'une aspiration promotionnelle, mais issus majoritairement de classes sociales dominées, un éventail de choix plus large, un accès à des filières plus perméables, à des passerelles moins ténues. A priori rien n'est moins sûr, même s'il faut s'attendre, tendanciellement, à des orientations un peu plus diversifiées.

---

(1) Francine MUEL-DREYFUS. *Le Métier...* op. cit. p. 160.

La remarque quelque peu amère d'Antoine Prost paraît peu sujette à caution

"on ne constate aucune démocratisation de l'enseignement entre 1978 et 1980, au niveau des classes de quatrième et de seconde, ni dans le secteur public, ni dans le secteur privé : les différences des milieux sociaux caractéristiques des diverses sections ne se sont pas atténuées, la supériorité relative du Privé sur le Public se maintient intégralement, la seule évolution qu'on puisse constater est tout le contraire de la démocratisation, c'est l'accentuation du caractère socialement élitiste des secondes C de l'enseignement public"(1).

De plus, renchérit-il dans le nouveau chapitre de la seconde édition de son ouvrage, parue en 1990,

"depuis 1980, les chiffres ne laissent apparaître aucune évolution significative"(2).

L'enquête qu'il a diligentée dans la région d'Orléans montre, pour sa part, une démocratisation qui progresse des lendemains de la guerre au milieu des années 1960 puis stagne ou recule suivant les sections.

Ainsi les filières ségrégatives demeurent, le capital d'informations sur les cursus détenu par les familles joue toujours un rôle de premier plan et le système scolaire perpétue les mêmes mécanismes discriminatoires. Passage dans le Privé, redoublement pour éviter une filière technique, choix des langues vivantes et de leur ordre d'apprentissage sont quelques unes de ces pratiques, rappelle Françoise Oeuvrard, par lesquelles les familles fortement dotées en capital culturel maintiennent les clivages sociaux, quitte à mettre en oeuvre, au fur et à mesure que ces formes de sélection sont éventées, d'autres stratégies pour demeurer dans l'entre soi.

---

(1) Antoine PROST. op. cit. p. 63.

(2) Ibid. p. 210.

S'il est vraisemblable que les éducateurs spécialisés "des années 1968" ont fait partie de cette "génération abusée" qu'évoque Francine Muel-Dreyfus, il reste à vérifier si leurs homologues plus jeunes, mais issus, nous l'avons constaté, de milieux sociaux similaires, sont parvenus à éviter les filières dévaluées inaugurées par leurs aînés. Pour instruire une telle question nous avons d'abord choisi de rendre compte des aspirations des parents, des projets qu'ils émettaient pour leur fils ou pour leur fille devenu éducateur spécialisé. Ensuite nous suivrons dans le détail ces parcours secondaires voire universitaires généralement heurtés mais dans le même temps marqués au coin par une ambition qui cherche sa voie et qui ne la découvre pas toujours au sein d'une école qui ramène chacun à sa condition.

a. Les aspirations des parents

Dans quelle mesure les aspirations explicitement déclarées des parents influencent-elles les choix professionnels, et avant cela, les orientations scolaires de leurs enfants ? La question demeure ouverte et aucun consensus ne se dégage vraiment en la matière. Contre ceux qui affirment que ces contours nettement tracés par les premiers définissent l'espace des possibles à l'intérieur duquel les seconds pourront imaginer leur avenir, Olivier Galland(1) ne fait-il pas ressortir les attitudes de certaines fractions de la jeunesse, de jeunes filles en l'occurrence, aux attentes peu conformes au destin social qu'envisagent pour eux leurs ascendants ? Nous n'apporterons pas ici une réponse définitive pour ce qui concerne les familles des éducateurs spécialisés : nous nous cantonnerons à l'examen des souhaits qu'elles émettaient pour leurs enfants, tout au moins ce qu'en rapportent les personnes que nous avons interrogées par le biais de questionnaires. Curieusement, nous avons relevé sur ce point un certain nombre de convergences entre les désirs des parents d'éducateurs spécialisés tels qu'ils s'exprimaient il y a vingt ans et plus et maintenant. Nos observations, en ce sens, complètent et actualisent ce que Claude Dubar notamment avait déjà souligné.

---

(1) Olivier GALLAND. "Représentation du devenir et reproduction sociale : le cas des lycéens d'Elboeuf". *Sociologie du travail*, 3, 1988, p. 399-417.

Sans doute y a-t-il lieu, avant tout, de distinguer les aspirations rêvées, "souhaits sans effet, sans être réel, sans objet" et les aspirations effectives "capables d'orienter réellement les pratiques parce que dotées d'une probabilité raisonnable d'être suivies d'effet"(1). Les familles peuvent évoquer telle ou telle voie, tel ou tel métier assimilable à ces paroles d'enfance coupées de toutes contingences sociales : "il sera médecin", "je le verrais bien...". Peu à peu, et "quand il le faut" les ambitions toutefois se délimitent et rappellent combien les structures cognitives sont des structures sociales incorporées. Les projets portent bel et bien la marque de la trajectoire suivie et tendent à s'ajuster aux probabilités effectives(2). L'origine sociale se loge dans ces "espérances raisonnables", leviers des stratégies scolaires des familles. Les enfants intériorisent, quant à eux, ces projets parentaux et ajustent insensiblement leurs prétentions.

Doit-on conclure, pour autant, à la parfaite adéquation des aspirations des familles et des chances réelles de leurs enfants de gagner ces positions visées, réalistes puisque fruit de la nécessité faite vertu ? Assurément pas. Faute d'informations maîtrisées, les parents peuvent se fourvoyer en exprimant des souhaits hors de portée pour leur fils ou leur fille, sans compter que, dans une période propice à la surenchère des diplômes, en quelques années tel niveau scolaire, auparavant suffisant, peut se révéler désormais inadéquat ou pas assez élevé pour accéder à une formation ou à une profession donnée. Si l'on peut avancer que les projets des parents sont empreints d'une intériorisation de l'avenir objectif, l'anticipation dont ils font preuve n'exclut pas, pour autant, les écarts et les erreurs de jugement. Tel apparaît bien avoir été d'ailleurs le cas des familles des éducateurs spécialisés.

---

(1) Pierre BOURDIEU. "Avenir de classe..." *Revue Française de sociologie*, XV (1), 1974, p. 9.

(2) L'intériorisation de cette origine sociale aboutit, souligne Claude Thélot, à des choix très différents, par les adolescents. "Les garçons qui aimeraient travailler seuls (ou en aidant les autres), en pleine nature, et dont les qualités principales sont la force, l'habilité, la vivacité seront : agriculteurs, plus rarement ouvriers, s'ils sont d'origine paysanne ou ouvrière ; parleront d'eaux et forêts ou se disperseront dans les métiers sportifs ou de transports s'ils sont issus de classe moyenne ; fils de cadre, on les verra souhaiter plus souvent être vétérinaires ou agronomes". Claude THELOT. op. cit. p. 167.

Une précaution s'impose cependant dans l'approche des aspirations recueillies : nous avons interrogé des hommes et des femmes sur les souhaits qu'émettaient, pour eux, leurs parents. On perçoit immédiatement les biais incontournables qui grèvent la portée de l'étude : non seulement il s'agit de faire appel à des souvenirs, mais on peut raisonnablement penser que la mémoire, très sélective, retient sinon peut-être invente certains métiers et en occulte d'autres. Cette remarque faite, la concordance des réponses, leur faible dispersion, laissent à penser que nous avons bel et bien collecté de précieux indices des ambitions parentales.

Chez les hommes le premier rang revient, à égalité, à "professeur" et à "agent administratif"(11.5 %). Signalons que cette dernière indication renvoie bien à l'administration, aux services publics ; d'ailleurs souvent elle se prolonge par des annotations telle que "à cause de la sécurité de l'emploi". Ensuite apparaissent "instituteur" (10 %) et, sans autre précision "enseignant"(9.8 %). Enfin, pour ne retenir que les six mentions les plus citées, le métier d'ingénieur (8 %) devance de peu celui de prêtre (6.1 %). Ces indications totalisent 57 % des réponses exprimées alors que les six modalités retenues en priorité par les femmes remportent, elles, 67 % des suffrages, signe d'une homogénéité encore plus forte. Ici la profession d'institutrice se détache nettement (21.5 %), la mention "professeur" (14 %) précède celle d'"infirmière" (11.7 %) puis apparaît, une fois encore, celle bien générique, d'"enseignant" (8.6 %). "Secrétaire" et "assistante sociale" (5.5 %) renvoient enfin à un exercice professionnel traditionnellement dévolu aux femmes.

Si l'on s'attarde sur les écarts entre les éducateurs et éducatrices encore en formation d'une part, et ceux et celles déjà en poste d'autre part ; pour les hommes, le métier de prêtre est moins cité par les plus jeunes et, à l'inverse, les mentions qui se rapportent à "agent administratif" sont plus fréquentes ; chez les femmes, le terme "enseignant" est bien moins évoqué, on lui préfère celui plus précis d'"institutrice".

Cet attrait des parents pour les professions enseignantes n'est pas, à vrai dire, une surprise. Par contre ce qui l'est bien plus, c'est le constat que de tels projets traversent les décennies(1)et se rappellent avec la même vitalité chez les familles des éducateurs spécialisés frais émoulus et chez celles dont les enfants sont entrés dans le métier il y a vingt ou vingt cinq ans.

Claude Dubar notait en 1970 que les voeux des familles ouvrières s'orientaient fréquemment vers le métier d'instituteur alors que pour celles appartenant aux classes moyennes la carrière de professeurs du secondaire prévalait sur cette première. Dix ans plus tard, Francine Muel-Dreyfus reprenait cette observation et l'analysait ainsi :

"la profession d'instituteur ou même d'enseignant du secondaire, est l'une de celles que les familles d'éducateurs envisageaient le plus souvent pour leurs enfants ; elle est en quelque sorte la position qu'ils n'ont pas pu atteindre. On peut donc penser que cette comparaison nous informe à plusieurs titres sur le phénomène général d'inflation des diplômes et l'"irréalisme" des attentes qu'il induit, en même temps qu'elle permet de rapporter à des faits objectifs la représentation qu'ont pu avoir ceux qui sont devenus "éducateurs", et non instituteurs ou professeurs, des "vrais" professions enseignantes"(2).

Un tableau comparatif des origines sociales des élèves des Ecoles Normales et des écoles d'éducateurs spécialisés venait à l'appui de ses propos. On constatait effectivement une plus forte représentation des cadres supérieurs et des professions intellectuelles et, globalement, des profils sociologiques plus élevés chez les premiers que chez les seconds.

---

(1) Il semble bien que les éducateurs belges interrogés par Jean-Marie Foucart présentent de nombreux points communs avec les éducateurs spécialisés que nous avons sollicités. Ici les projets parentaux apparaissent similaires. Jean-Marie FOUCART. *Educateur. Une profession en quête d'identité*. Bruxelles : CIACO, 1991, p. 96. Voir aussi Jean-Marie FOUCART. "l'éducateur social spécialisé : crise, utopie et position de classe". *Déviance et société*, 16, 2, 1992, p. 146.

(2) Francine MUEL-DREYFUS. op. cit. p. 162-163.

Andrée Guiot, sans livrer d'indications chiffrées, émettait des doutes sur la pérennisation de telles aspirations familiales au milieu des années 1980 :

> "L'époque actuelle n'est plus celle à laquelle Claude Dubar et Michel Barrat lançaient leur questionnaire ; une meilleure information des lycéens sur les carrières éventuelles qui s'ouvrent à eux, les difficultés d'accès aux différentes formations mises en place, que celles-ci soient ou non universitaires, mais, surtout, les aléas de la crise économique font que l'option professionnelle des élèves-éducateurs n'est certainement pas en relation aussi directe avec les attentes familiales, telle qu'elle a pu l'être pour les aînés. Ou, tout au moins, on peut admettre que ces attentes ont dû être exprimées, par les familles, et ressenties par leurs enfants, d'une manière moins prégnante qu'autrefois... Mais aucune certitude de notre part ne peut être apportée à ce sujet"(1).

Cette dernière précaution est bienvenue : en effet nous devons bel et bien constater que, par delà la date d'accès à l'exercice du métier d'éducateur spécialisé, les projets portés par les parents sont marqués par une forte continuité.

Ces aspirations pour les professions enseignantes sont-elles plus réalistes en 1990 qu'en 1970 ou qu'en 1975 ? Rien n'est moins sûr. Les origines sociales des familles d'éducateurs spécialisés n'ont pas évolué sensiblement, celles des parents des instituteurs non plus si l'on se réfère aux travaux d'Ida Berger(2) et aux récentes observations de Nicole Gauthier, Catherine Guigon et Maurice-Antoine Guillot(3). Certes les hommes continuent à avoir souvent des pères ouvriers, mais on connaît la très forte féminisation des enseignants du primaire. A

---

(1) André GUIOT. op. cit. p. 613.

(2) Ida BERGER. *Les Instituteurs d'une génération à l'autre*. Paris : PUF, 1979.

(3) Nicole GAUTHIER, Catherine GUIGON, Maurice-Antoine GUILLOT. *Les Instits - Enquête sur l'école primaire*. Paris : Le Seuil, 1986. Signalons qu'une récente étude pointe "le lent embourgeoisement des instituteurs". Alors que, globalement, 48 % d'entre eux ont un père ouvrier, artisan ou commerçant, ce pourcentage tombe à 33 % chez les moins de 30 ans. D.E.P. "connaissance des enseignants", *Education et Formations*, n° spécial, 1994.

en croire Marcel Postic(1), l'enseignement secondaire connaîtrait, pour sa part, un mouvement de relative démocratisation ; mais son enquête porte sur un échantillon très faible et appellerait donc confirmation à une autre échelle en intégrant les récentes réformes débouchant sur la création des I.U.F.M.

Les trajectoires des familles des éducateurs spécialisés sont marquées par une ascension sociale avérée mais relativement lente et soumise aux aléas du déclassement. Celles des familles d'instituteurs portent elles aussi la marque d'une telle ascension mais les positions des parents, plus anciennes, sont mieux établies, mieux ancrées, notamment au sein des professions libérales et des cadres supérieurs.

Aujourd'hui comme hier, pour une large part des éducateurs spécialisés, le métier d'instituteur se révèle difficilement accessible. La nécessité d'obtenir préalablement un D.E.U.G., maintenant une Licence, illustre cette hiérarchisation des filières, forme renouvelée de ségrégation sociale.

"Parmi les cadres, ce sont les professions libérales qui assurent à leur fils la réussite sociale la plus élevée. Dans les professions intermédiaires, les fils d'instituteurs ont les meilleures possibilités d'ascension sociale"

notent Michel Gollac et Pierre Laulhé(2). On comprend alors pourquoi de telles positions sont enviées, et leur accès filtré.

Il ne faudrait pas, toutefois, généraliser trop hâtivement, la situation où le décalage est patent entre les aspirations et les chances objectives de parvenir au métier visé. Tous les projets parentaux ne sont pas irréalistes, si tant est que celui d'instituteur le fût, ce qui n'est pas toujours le cas au vu des professions de certains pères ayant émis un tel voeu. Globalement, 8 % des métiers annoncés correspondent à celui exercé par l'un des deux parents, 18 % à celui d'un autre membre de la fratrie. On ne peut donc pas postuler a priori que les souhaits des familles n'ont jamais été ajustés aux potentialités objectives, quand bien même ce serait effectivement le cas de figure le plus fréquent.

---

(1) Marcel POSTIC. "Motivations pour le choix de la profession d'enseignant". *Revue Française de Pédagogie*. 91, 1990, p. 28.

(2) Michel GOLLAC, Pierre LAULHE. "La transmission du statut social. L'échelle et le fossé". *Economie et Statistique*, 199-200, 1987, p. 85.

Pour conclure ce préambule à l'étude des cursus scolaires des éducateurs spécialisés, soulignons enfin une observation qui, pour paraître évidente, appelle pour le moins à être mise en exergue, quitte à y revenir par la suite : les métiers cités semblent bien avoir régulièrement, de près ou de loin, des rapports avec celui d'éducateur spécialisé. Les professions d'enseignement et de santé sont fréquemment évoquées ; à travers celles de juge, d'avocat et de policier se rappellent ses missions et ses mandats ; le prêtre et la religieuse renvoient à un héritage que nous avons déjà souligné. Le métier précis d'éducateur spécialisé apparaît très peu dans les aspirations familiales ; par contre la nébuleuse des professions qui l'enserrent est omniprésente : environ 75 % des réponses s'y rapportent.

b. Une scolarité souvent difficile

L'école, disait Emile Durkheim, socialise et différencie. Instance de consécration, de translation aussi puisqu'elle délivre des parchemins qui signent plutôt une appartenance, une origine sociale ; elle se révèle la plupart du temps fortement investie par des familles soucieuses de doter leurs enfants d'un capital scolaire en adéquation avec les visées auxquelles les uns et les autres aspirent. Les destinées scolaires dépendent avant tout - mais pas uniquement - des profils sociologiques des impétrants et de leurs lignées ; d'autre part le rôle des études s'étend sur la durée et le rendement propre des diplômes varie, lui aussi, selon le milieu d'origine. Parvenir à "décrocher" un diplôme tel que le C.A.P. est pour certains une gageure, pour d'autres "aller jusqu'au bac" est un pari loin d'être gagné. Une minorité s'affaire, elle, à développer des placements sur le long terme. Ce qui importe alors, ce sont les stratégies d'orientation vers des séries sélectives donc prometteuses. Pour tous, le cursus secondaire est une étape primordiale.

A l'exception notoire des deux études du CEREQ, les informations disponibles sont, sur ce point, relativement vagues. Régulièrement elles agrègent l'ensemble des individus n'ayant pas obtenu le baccalauréat, là elles ne distinguent aucunement les séries, enfin jamais l'attention n'est portée sur les voies divergentes vers lesquelles hommes et femmes se sont respectivement dirigés. Notre première investigation a donc mobilisé les niveaux scolaires, les diplômes obtenus : une forte proportion de femmes, et surtout d'hommes ont interrompu leur cursus secondaire, d'autres l'ont prolongé jusqu'à la terminale mais ont échoué au baccalauréat. Les options retenues par ceux et celles qui peuvent se prévaloir de ce titre ne sont pas, non plus, indifférentes.

Nous nous sommes attardés enfin sur la fréquence des redoublements et sur les tendances qui peuvent se dégager d'une comparaison avec les taux de l'ensemble des élèves empruntant, depuis une ou deux décennies, les diverses filières de l'enseignement secondaire.

- **Les filières empruntées : la marque de l'origine et de la trajectoire familiale.**

Jusqu'à la rentrée scolaire de septembre 1991, et si l'on excepte quelques valses-hésitations à la fin de la décennie précédente, le baccalauréat n'a jamais été requis pour entamer la formation d'éducateur spécialisé. Depuis une quarantaine d'années le projet revient régulièrement à l'ordre du jour, les arguments des protagonistes varient peu, et finalement, ces épreuves de sélection analysées par Andrée Guiot demeurent les seules fourches Caudines d'entrée dans le métier. Le débat n'est pas incident ; il permet de rejouer, de cultiver aussi, cette singularité d'un terrain qui tend à vouer aux gémonies toutes les épreuves et examens incarnant de près ou de loin l'Education Nationale. Sont donc retenues en premier lieu des modalités de recrutement réputées "différentes" et débarrassées de tous ces artefacts que sacralise le "système scolaire". Les écoles d'éducateurs sont partie intégrante du terrain ; non seulement elles en partagent les représentations mais sans doute même y jouent-elles un rôle de premier plan puisqu'elles sont sensées garantir la valeur des novices qu'elles ont formés. Cette ouverture à des personnes qui ont interrompu leur scolarité avant la terminale, ou qui ont "le niveau bac" sans pouvoir prétendre en avoir formellement le titre, représente en quelque sorte une brèche où ceux et celles qui aspirent à emprunter des voies promotionnelles malgré un parcours heurté peuvent se glisser.

Le taux de bacheliers, cependant, a évolué depuis une vingtaine d'années. Entre 1969 et 1972, signale Claude Dubar, seuls 31,5 % des élèves-éducateurs pouvaient se prévaloir de ce diplôme. Ce taux moyen, calculé à partir des inscrits de huit centres de formation, n'excluait pas des écarts importants, entre régions notamment. Ainsi à l'I.E.I. de Lille, il n'était que de 19,3 % alors qu'à la même date, il s'élevait à 38,7 % en Ile de France. Dix ans plus tard, à l'E.F.P.P. de Paris, 65 % des étudiants étaient titulaires du baccalauréat ; à Lyon ils n'étaient que 56,3 %. En 1982, relève François Pottier, cette proportion s'élève, au plan national à 54,3 %. Depuis cette date on observe certes une élévation progressive, mais elle n'est que relative et, jusqu'en 1991, guère plus de 60 % des candidats retenus chaque année avaient passé avec succès cet examen de fin de cycle secondaire. Si l'on se réfère à l'étude de Florence Defresne et aux chiffres les plus récents publiés par le S.E.S.I.(1), la Bretagne et les Pays de Loire se singularisent par une forte proportion de bacheliers : 66,4 % chez les éducateurs spécialisés en formation, 65,1 % si on y inclut les personnels en poste, interrogés en 1990.

Un tiers des étudiants que nous avons interrogés accède au D.E.E.S. sans avoir auparavant obtenu le baccalauréat.

Les titulaires du seul B.E.P.C. sont peu nombreux : la plupart d'entre eux ont entamé un cycle court mais ont échoué aux épreuves d'un C.A.P. ou d'un B.E.P. Ceux et celles qui ne peuvent se prévaloir que de l'un de ces deux diplômes professionnels sont déjà en nombre significatif.

Soulignons d'abord qu'il s'agit plus fréquemment d'hommes que de femmes et, qu'à ce niveau d'études, les écarts tendent à se creuser entre les uns et les autres. Les femmes qui n'ont pas accédé à la seconde sont deux fois moins nombreuses chez les élèves-éducatrices que chez celles, la plupart du temps plus âgées, qui occupent un poste à part entière ; par contre la proportion d'hommes dans la même situation est étonnamment plus forte en 1990 que durant les dix à vingt années précédentes. Il faut toutefois assortir ces observations de précautions : ainsi il est possible qu'à l'aube d'une réforme exigeant des candidats le baccalauréat, des personnes en situation d'emploi mais non-diplômées aient été incitées à franchir rapidement le pas de l'entrée en formation avant que ces portes ne se ferment à elles. Cependant un constat s'impose bel et bien : les hommes sont tendanciellement moins pourvus en capital scolaire que les femmes.

---

(1) Ces taux sont respectivement de 67.5 % pour les éducatrices et de 52.3 % pour les éducateurs, soit, compte-tenu de la forte proportion des premières, un taux moyen de 62.3 %.

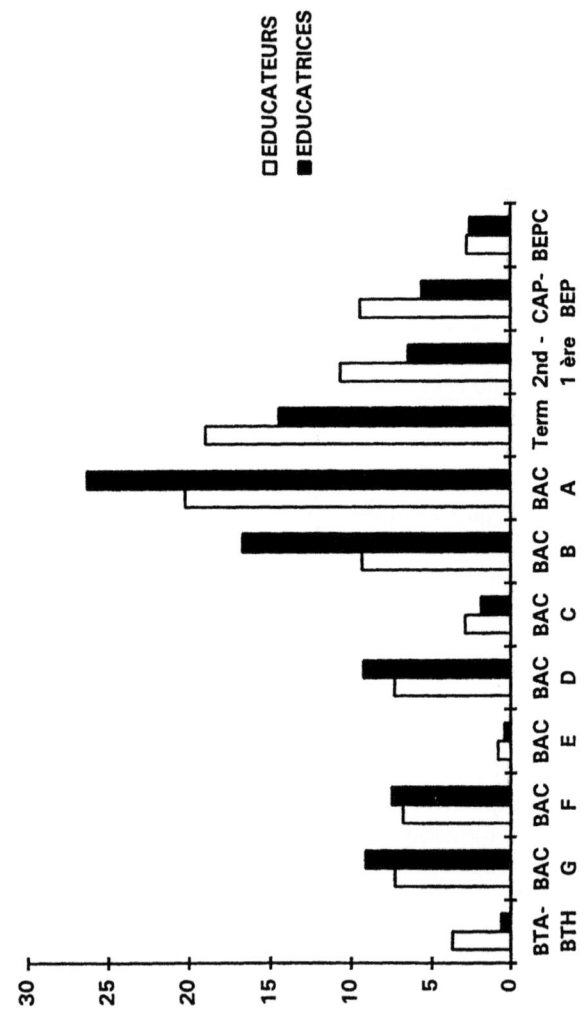

Un tel fait n'est pas vraiment sensible si l'on se cantonne aux agents en activité, par contre il est patent dès que l'on se focalise sur les élèves-éducateurs spécialisés : 45 % des hommes, ici, ne sont pas titulaires du baccalauréat, ce n'est le cas que de 23 % des femmes. La meilleure réussite scolaire de ces dernières est désormais, sur un plan général, bien repérée ; des prolongements de cette situation sont en oeuvre au sein des individus enclins à choisir le métier d'éducateur spécialisé.

L'étude de leurs origines sociales a fait apparaître que sauf à être issus de professions libérales -ils sont très peu nombreux- ou à avoir un père exerçant un métier de cadre ou une profession intellectuelle supérieure, la proportion d'éducateurs spécialisés ayant interrompu leurs études secondaires sans avoir obtenu le baccalauréat n'est pas sensiblement différente selon leur profil sociologique. Elle oscille entre 30 % (les fils et filles d'employés) et 40 % (les enfants d'ouvriers et d'agriculteurs).

Si de multiples facteurs interfèrent et interdisent une vision linéaire et quelque peu mécaniste, le choix d'une série de baccalauréat n'est pas indifférent non plus ; il engage l'avenir, il porte aussi, voire surtout, les marques d'une lignée. S'agit-il d'ailleurs réellement de choix ? Il est permis d'en douter et il conviendrait de bien s'entendre sur le thème de "stratégie". Nous y reviendrons, quitte à le développer en écho à ces divergences de cursus telles qu'elles apparaissent chez les éducateurs spécialisés. En effet cette multiplicité de voies empruntées, de diplômes possédés, ne doit pas faire illusion : les uns et les autres sont, en définitive, plus homogènes qu'une première approche peut le laisser supposer.

Au-delà des canaux dans lesquels éducateurs et éducatrices se sont engagés, il n'est pas vain de s'attarder sur les événements qui ont pu émailler cette scolarité secondaire. Ils peuvent être de plusieurs types, réorientations, relégations bon gré mal gré, emprunt de "passerelles" entre B.E.P. et baccalauréat, changements d'écoles,... Nous avons retenu ici l'un d'entre eux, dont les incidences sont majeures et qui, une fois encore, renseigne au premier chef sur le capital scolaire, sur l'empreinte des trajectoires familiales : il s'agit des redoublements, de la classe de sixième à la terminale.

- **Des parcours fréquemment heurtés**

Nous avons interrogé l'ensemble des éducateurs spécialisés sur leurs redoublements durant la scolarité secondaire. Il est probable qu'un certain nombre de biais entament partiellement la fiabilité des informations recueillies. Pour certains cette scolarité est lointaine, pour d'autres a pu se manifester une tendance sinon à occulter ces accidents de parcours, du moins à en minorer la fréquence. Cependant les enseignements de l'étude de ces événements particuliers ayant émaillé leur cursus ne détonnent pas vraiment avec les autres constats: ils permettent de mieux appréhender une scolarité qui apparaît bel et bien heurtée ou, à tout le moins, problématique.

A l'exception de l'étonnante assertion d'Andrée Guiot :

"Au centre de Lyon Caluire, la plupart des élèves-éducateurs présentent un cursus scolaire régulier et, statistiquement parlant, non significativement marqué par l'échec durant les études secondaires"(1),

l'ensemble des recherches diligentées sur les éducateurs spécialisés relève les indices d'une scolarité secondaire où nombre d'entre eux ont trébuché ; où les redoublements, les réorientations, les abandons ont été fréquents. Au vu de leurs trajectoires familiales et des profils sociologiques de leurs parents, un tel fait n'est pas vraiment surprenant. Restait à le vérifier par une étude complétant et actualisant des observations parcellaires, comme celles de Christian de Montlibert(2), ou argumentées uniquement sur des entretiens peu nombreux.

Notre investigation a permis de le confirmer mais aussi de préciser deux constats. D'une part les femmes ont mieux négocié les multiples obstacles de la scolarité secondaire que les hommes. Globalement le tiers d'entre elles n'ont pas redoublé alors que ce n'est le cas que pour 23 % des jeunes gens. Les taux de ceux et de celles déclarant n'avoir connu qu'un seul redoublement sont certes similaires, mais par contre les redoublements multiples sont bien plus fréquents chez les

---

(1) André GUIOT. *"L'éducateur de contact..."* op. cit. p. 55-56.

(2) Christian De MONTLIBERT. *Le Contrôle de la vie privée.* Fribourg : Delval, 1988, p. 98. L'auteur indique laconiquement que "75 % des candidats à l'école d'éducateurs spécialisés de Strasbourg sont en retard au moment du baccalauréat".

garçons. D'autre part les éducateurs spécialisés encore en formation en 1990 ont rencontré plus souvent de telles vicissitudes que leurs aînés. Il faudrait d'ailleurs évoquer les éducatrices puisqu'il apparaît qu'elles sont à l'origine de cet écart : si 29 % des étudiantes ont franchi sans encombre les différentes étapes du secondaire, 38 % des femmes occupant un emploi peuvent se prévaloir d'une telle réussite.

Sans doute peut-on y lire ici les indices de cette augmentation sensible des redoublements entre 1975 et 1985 à laquelle Antoine Prost faisait allusion (1) (globalement ce taux a bondi de 58 % en dix ans). On ne peut donc pas conclure à coup sûr que les éducateurs spécialisés frais émoulus aient été en plus grande difficulté que leurs homologues plus âgés. Assurément ni les uns ni les autres ne correspondent à l'archétype du "bon élève". Uniquement 30 % des éducateurs spécialisés ont échappé aux accidents de parcours. Une telle indication générique recouvre cependant des situations très diverses. La mise en relation des filières suivies, des origines sociales et des redoublements autorise des observations bien plus rigoureuses.

Les éducateurs ayant suivi un cycle court ont indiqué un taux d'absence de redoublement, 52 %, qui, pour être significatif, peut cependant étonner. Il est possible que suite à un premier échec - nous avons relevé que la plupart des personnes titulaires du seul B.E.P.C. ont tenté sans succès d'obtenir un C.A.P. ou un B.E.P. - nombre d'entre eux n'ont pas récidivé et annoncent donc en toute logique aucun redoublement. Plus encore que ceux ayant quitté l'école en seconde ou en première, les élèves ayant interrompu leurs études en terminale sans obtenir le baccalauréat ont, eux, connu, des déboires fréquents : 40 % des effectifs ont ainsi prolongé leur cycle secondaire de deux années avant de renoncer. Rappelons qu'à ce stade les hommes sont, en proportion, deux fois plus nombreux que les femmes. Pour ce qui concerne les titulaires du baccalauréat, il convient de distinguer les bacs généraux et les bacs techniques. Actuellement, au plan national, seuls les bacheliers issus de terminale C sont majoritairement à l'heure ou en avance : 73 % d'entre eux sont dans ce cas. Dans les autres séries, qu'il s'agisse des lycéens inscrits en "A", en "B" ou en "D", les bacheliers en retard d'un an, sinon de

---

(1) Antoine PROST. *Education, société et politiques*. Paris : Le Seuil, 1992, p. 157.

deux ou trois, sont en plus grand nombre. Dans chacune de ces trois séries environ la moitié des effectifs ont accumulé un tel décalage. Les éducateurs spécialisés que nous avons interrogés ont redoublé bien plus souvent encore. La réussite au bac D (8 % seulement des effectifs) a été la plus problématique de toutes : seul le quart des personnes concernées ont obtenu ce diplôme à l'heure. La proportion de garçons et de filles qui a passé avec succès un bac F (6,5 %) ou G (8 %) sans accumuler de retard est également réduite, mais au regard des taux actuels au plan français leur situation est fort honorable : moins de 20 % des effectifs de ces filières ont obtenu ce diplôme technique à 18 ans en 1989.

Alors que certaines séries rassemblent des bacheliers "à l'heure" ou "en avance" qui, issus majoritairement de milieux sociaux privilégiés, voient s'ouvrir toutes grandes les portes de l'université, d'autres tendent à perdre de leur valeur et accueillent des garçons et des filles qui sont, pour la plupart, en retard dans leurs études. Les éducateurs spécialisés occupent une position médiane. Sans pouvoir prétendre accéder à la série C (2 % uniquement des effectifs), ou même sans anicroches à la série D, ils ont opté régulièrement pour les filières A (23%) et B (14 %) plutôt que pour les bacs techniques. Ils se sont alors exposés à des échecs annonciateurs de découragement et d'abandon. Aucune filière n'apparaît avoir été d'un accès aisé et jamais plus d'un tiers des éducateurs ne sont parvenus à obtenir un diplôme secondaire sans trébucher au moins une fois.

On pouvait s'attendre, toujours en ce qui concerne les redoublements, à ce que soit reproduite la hiérarchie qui, descendant des cadres supérieurs aux ouvriers, scelle l'adéquation entre réussite scolaire et appartenance sociale. Il n'en est rien. Les enfants d'agriculteurs présentent la plus forte proportion de cursus secondaires sans aucun retard. La moitié d'entre eux étaient à l'heure lors du passage de leur diplôme secondaire ou ont abandonné leurs études sans avoir au préalable redoublé

A l'opposé, ce ne sont pas les fils et filles d'ouvriers ou d'employés qui ont le plus accumulé les échecs mais les enfants issus de professions intermédiaires (30 % de cursus sans redoublement chez les premiers contre 20 % seulement chez les seconds). Ce n'est pas la première fois que nous soulignons une telle singularité ; déjà nous avions noté leur forte présence en série G, aux côtés de jeunes gens et de jeunes filles issus a priori d'un milieu plus défavorisé. Les éducateurs spécialisés dont le père exerce - ou exerçait - soit un métier de cadre, soit une profession intellectuelle supérieure, ont connu, eux aussi, maints déboires durant leur scolarité secondaire. Uniquement 28 % d'entre eux peuvent se prévaloir d'un cursus sans anicroche. De l'ensemble des C.S.P., ils sont d'ailleurs les plus nombreux à avoir connu deux redoublements.

c. Le passage sur les bancs de l'université

Environ un bachelier sur deux s'inscrit actuellement à l'université, mais la déperdition est sensible dès la première année : elle est de 37 % en moyenne sur l'ensemble des filières supérieures, et de 41 % dans les filières sanctionnées par un D.E.U.G.(1). Finalement ce n'est que la moitié des étudiants inscrits en faculté qui obtiennent ce diplôme, non sans avoir accumulé une ou deux années de retard pour une moitié encore d'entre eux. Il ne s'agit là d'ailleurs que de moyennes qui masquent des écarts significatifs dans les réussites selon la série du bac dont les uns et les autres peuvent se prévaloir. 78 % des titulaires d'un bac C passent sans encombre la première épreuve qu'est l'obtention du D.E.U.G. C'est le cas, respectivement, pour 65 % et 62 % de ceux qui, auparavant, ont opté pour la série A et la série B. Les étudiants qui possèdent un bac technique connaissent, pour leur part, de sérieuses difficultés. Certes ils privilégient largement les études supérieures courtes mais ils y entrent désormais en concurrence de plus en plus vive avec les détenteurs de bacs généraux. Des quelques 20 % qui s'aventurent en université, le quart seulement terminent avec succès le premier cycle.

Les éducateurs spécialisés titulaires d'un bac ont rarement emprunté les filières mathématiques et scientifiques ; ils se sont orientés plutôt vers les séries A et B, plus récemment vers les bacs techniques G et F8 La part de ceux qui s'inscrivent ensuite à l'université va croissante.

François Pottier relevait, en 1983, un taux de 30,6 %, Florence Desfresne, six ans plus tard, une proportion équivalente, 30,4 %. Il est significatif alors que si les éducateurs spécialisés en poste que nous

---

(1) Pascale POULET, Géraldine SEROUSSI. "Premiers pas à l'université" . p. 341-343 in *Données Sociales*. Paris : INSEE, 1990.

avons interrogés ont, eux aussi, pour une part identique à celle qu'indique la dernière étude du CEREQ, fréquenté les bancs des facultés, les plus jeunes, ceux qui étaient en formation en 1990, se sont orientés dans un premier temps pour 43,5 % d'entre eux, vers l'enseignement supérieur.

S'il est malaisé de mesurer, à partir d'une investigation statistique, les motivations profondes de la poursuite de leurs études et les attentes réelles des uns et des autres, il est cependant possible de souligner certains traits caractéristiques.

Très peu ont opté pour la préparation d'un D.U.T. ou d'un B.T.S. (10 %). Aucune des disciplines auxquelles ils avaient par ailleurs accès ne domine largement. Lettres, Langues, Droit, Economie ont été choisi, bon an mal an, par environ 10 % également des éducateurs spécialisés. Seule la psychologie se détache, sans toutefois rassembler plus du quart des effectifs. Les succès ont été limités, le taux de réussite aux examens s'apparente en effet à celui, réputé très faible, des étudiants issus des lycées techniques : 23,5 % seulement ont obtenu un diplôme supérieur, le D.E.U.G. pour la moitié d'entre eux, une licence ou une maîtrise pour l'autre partie. Il semble bien que si le détour par l'université est de plus en plus fréquent, la possession de titre, elle, stagne sinon régresse. Jacques Ion et Jean-Paul Tricart[1] signalent que 12,1 % des hommes et 13,8 % des femmes qui se sont vus délivrer le D.E.E.S. en 1980 possèdent également un diplôme universitaire. Le taux global, cinq ans plus tard, est de 9,6 % . Pour notre part nous avons relevé respectivement une proportion de 10,2 % pour les hommes et 10,5 % pour les femmes.

Ainsi, malgré des détours de plus en plus fréquents vers l'université, abandons en cours de formation et échecs aux examens aboutissent finalement, et ce malgré une tendance générale qui va dans le sens d'une augmentation du nombre d'étudiants titulaires au moins d'un D.E.U.G., à ce que les éducateurs spécialisés tirent relativement peu de profits de leurs études après le baccalauréat, si du moins on les juge aux diplômes obtenus.

La mise en relation des séries de baccalauréat obtenus et de la prolongation ou non, par la suite, des études en cycle supérieur, a permis de relever à la fois des tendances repérées ailleurs et aussi un phénomène qui tend à aller plutôt à contre-courant.

---

(1) Jacques ION, Jean-Paul TRICART. op. cit. p. 52.

Ce sont les personnes issues des séries B et G qui, le plus souvent, s'orientent ensuite vers un tel cursus supérieur. Curieusement, ceux et celles qui ont obtenu un bac C ou D entament plus rarement de telles études, ce qui les singularise notoirement puisque, en règle générale, c'est l'inverse qui se produit. Ces orientations sont inégalement rentables : ainsi les élèves détenteurs d'un bac technique, de série G particulièrement, obtiennent très rarement un diplôme universitaire.

Une telle étude, argumentée non plus à partir des séries de baccalauréat, mais des origines sociales, a abouti en premier lieu à ce qu'à l'exception des rares individus dont les parents exercent une profession libérale aucun profil sociologique ne se dégage nettement parmi les éducateurs spécialisés ayant entamé un cycle supérieur.

Quels principes, quelles attentes ont guidé l'inscription à l'université de ces hommes et de ces femmes qui ensuite ont opté pour des études d'éducateur spécialisé ? Force est de constater que les quelques éléments évoqués ici n'apportent pas de réponse univoque, ce qui est peut-être déjà en soi un indicateur. En effet il semble bien que leur entrée en faculté se soit effectuée en ordre dispersé. Les disciplines retenues sont hétérogènes, les diplômes obtenus sont rares, et qui plus est relativement dévalorisés. Ceux et celles pour lesquels de tels cursus sont réputés périlleux - les titulaires d'un bac technique notamment - s'y sont engouffrés encore plus que les autres. Si des projets précis, si des stratégies élaborées sous-tendaient ces tentatives de prolonger leur scolarité jusqu'au D.E.U.G., voire au-delà, ni les uns ni les autres ne ressortent clairement. Nous sommes bien plus tentés de rapporter ces passages, d'une part à un fait de structure - la "massification scolaire" qui, après l'enseignement secondaire s'étend à l'enseignement supérieur, ou tout au moins à son premier cycle - et aux origines sociales d'individus pour qui l'université se révèle rapidement inadaptée, déroutante, anonyme, peu en prise avec des réalités immédiates, une inscription professionnelle rapide et à peu près circonscrite, un spectre de métiers, enfin, identifiables et accessibles. Assurément nombre d'entre eux transitent, peut-être "faute de mieux", sur les bancs des facultés. Ils cherchent à se prémunir du chômage par des études de plus en plus longues mais dans le même temps paraissent bien à la recherche de leur voie. Maints étudiants se sont inscrits successivement dans deux sinon trois disciplines, plusieurs indiquent qu'ils ont abandonné après quelques mois, d'autres enfin ne mentionnent même pas le type d'études suivies et se cantonnent à signaler "un peu de fac".

"Une partie grandissante des jeunes qui ont choisi, ou ont été orientés dans des filières dévaluées peuvent vivre une période moratoire, parfois longue de plusieurs années, avant de définir une relation satisfaisante entre leurs ambitions et un objectif professionnel crédible"

observe Olivier Galland(1). Il est probable qu'une telle remarque concorde avec ce qui serait alors, pour les futurs éducateurs spécialisés, plus de l'ordre de l'intermède que d'un positionnement réfléchi, mûri. Quand il faudra s'insérer, et donc sortir de cette phase "d'ambiguïté sociale", les enseignements reçus pèseront finalement assez peu. L'université aura plus permis une entrée progressive dans la vie adulte sans vraiment influer sur les déterminants sociaux du choix du métier.

Dans cette seconde partie de notre propos, nous nous sommes attachés à rappeler les trajectoires, les filiations dans lesquelles se sont inscrits les éducateurs spécialisés ; trajectoires professionnelles de leurs parents d'abord, trajectoires scolaires des intéressés ensuite. Ce faisant, nous avons eu comme objectif de dresser en quelque sorte "le décor", de rappeler les placements et les déplacements des uns et des autres au sein d'univers sociaux contraignants et discriminants.

Dépeindre un cadre nous a entraînés, de facto, à opérer aussi un cadrage qui n'a rien de fortuit ni d'anodin. En focalisant l'investigation précédente non pas uniquement sur la catégorie socio-professionnelle du père en fin de carrière mais sur les itinéraires, à trois générations ; sur les métiers exercés par les fratries, nous avons mis l'accent l'intérêt de prendre en compte les effets de lignée, les héritages qu'endossent ceux et celles qui, intériorisant les aspirations parentales, vont s'évertuer, non sans aléas, d'en prolonger la pente ascendante. S'agissant des filières scolaires empruntées, nous avons insisté sur la relative hétérogénéité des cursus, cantonnés cependant pour la plupart à des options, à des filières, à des disciplines dévaluées et préparant à des diplômes à faible rendement social.

---

(1) Olivier GALLAND. *Les Jeunes*. Paris : La Découverte, 1990, p. 77.

Compte tenu des profils sociologiques des familles mais aussi du capital scolaire non négligeable dont elles pouvaient se prévaloir, il convient cependant de souligner que leurs enfants ont, dans l'ensemble, poursuivi leurs études, au-delà de l'âge moyen de sortie du système scolaire de la plupart des garçons et des filles de leur milieu social. Etait-ce cela que voulait évoquer Andrée Guiot quand elle relevait que les élèves-éducateurs spécialisés dont elle avait étudié personnellement le cursus

"n'étaient pas marqués significativement par l'échec durant les études secondaires ?"(1)

C'est probable. Ce n'est en effet pas tant les échecs, les arrêts de formation qui sont à relever que la dispersion des filières empruntées, les difficultés rencontrées, indices d'un rapport relativement désarmé à l'école, d'une volonté de sortir du rang qui ne trouve pas ses marques, qui est vite déboussolée, qui est en retard quand il s'agit de saisir le "bon créneau", qui se voit, bon gré mal gré, dirigée vers des formations peu prisées, sans grands débouchés. Ceux et celles qui ont prolongé alors leurs études se sont inscrits dans ce mouvement de "juvénilisation" qu'évoque Olivier Galland ; dans cette "solution d'attente" sans grandes perspectives que représentait pour eux, l'inscription à l'université.

Le thème de la désillusion, de la déception, revient continuellement dans les propos que les éducateurs interrogés par Francine Muel-Dreyfus tiennent sur leur scolarité. Pour être moins vindicatifs et plus clairvoyants sur leur élimination différée, peut-être même sur les fondements sociaux d'un tel mécanisme, les plus jeunes, ceux que nous avons sollicités alors qu'ils entreprenaient des études et étaient déjà de fait entrés dans le métier, semblent bien, comme leurs aînés, avoir été écartés des voies prometteuses, rentables mais inaccessibles et relégués dans des filières de second ordre.

---

(1) Andrée GUIOT. "L'éducateur de contact..." op. cit. p. 55-56.

Quelles étaient les stratégies scolaires mises en oeuvre par les familles afin d'orienter leurs enfants vers ces métiers d'instituteur, de professeur, ou tout au moins de "fonctionnaire" auxquels elles aspiraient ? Comment expliquer qu'elles aient échoué ?

Nous avons déjà souligné combien ce terme de stratégie méritait d'être considéré avec prudence, et avant tout d'être défini avec précision. Nous reprenons volontiers à notre compte les développements que Gabriel Langoët et qu'Alain Léger consacrent à cette question dans leur ouvrage "Public ou Privé ? trajectoires et réussites scolaires" :

"Une stratégie est toujours doublement sociale : par les caractéristiques sociales de ses adeptes et par ses fonctions de distinction sociale (...)

- La stratégie renvoie à "l'habitus", c'est-à-dire à un ensemble de dispositions incorporées à l'action, acquises dans le milieu d'origine et qui varient donc sensiblement selon les catégories socioprofessionnelles. L'avantage d'une telle définition est de postuler clairement que les stratégies sont inégalement accessibles selon la classe sociale d'appartenance. En d'autres termes, la plupart des hommes n'ont pas vraiment le choix de leurs "stratégies" : ce n'est pas indépendamment des déterminations sociales et économiques que l'on aura une "mentalité d'assisté" ou une "mentalité de gagneur".

- Toute stratégie est une stratégie de distinction. Elle a pour objet non la consommation d'un bien mais le positionnement social. En d'autres termes, elle vise à procurer aux membres d'un groupe social un avantage ou un privilège qui, par définition, sera inaccessible à d'autres groupes sociaux. C'est dire aussi que les stratégies réellement efficaces ne peuvent être menées que par des groupes restreints qui sont, le plus souvent, les groupes dominants.

- Toute stratégie est une stratégie "d'initiés" (...). Le renouvellement périodique des stratégies est nécessaire lorsqu'elles commencent à trop se vulgariser (...). La stratégie a donc en un sens, partie liée avec la ruse qui consiste à maintenir le plus possible cachées les pièces essentielles, du dispositif stratégique afin de pérenniser son efficacité, ou à faire l'inverse de ce qui est attendu par "l'adversaire". Elle implique également une certaine connivence sociale et des mécanismes d'affinités discrètes qui, par opposition à la rumeur, supposent un accès sélectif à l'information pertinente, et limitent généralement aux groupes dominants le recours à la stratégie"(1).

Les parents des éducateurs spécialisés étaient porteurs de projets d'ascension sociale, leur inclination suivant en cela la pente de leur propre trajectoire, et ils aspiraient selon toute vraisemblance, pour nombre d'entre eux, à voir leurs enfants s'inscrire dans un tel mouvement. Leurs espérances n'étaient pas si déraisonnables : n'avaient-ils pas eux-mêmes fait l'expérience de la mobilité, d'abord en n'héritant pas souvent de la position de leurs pères ou de leurs mères, ensuite ici en gravissant des échelons hiérarchiques, là en abandonnant un métier pour un autre voire en "rentrant dans l'administration". Leur capital scolaire, pour n'être pas très élevé, n'était cependant pas négligeable ; il les poussait avant tout à entretenir un fort rapport de croyance en l'école. N'avait-elle pas été régulièrement pour eux-mêmes un instrument de promotion ?

Dans le même temps où cette école concentrait donc leurs espoirs, la maîtrise pratique de ses arcanes leur échappait. L'objectif se cantonnait à ce que leurs enfants "poussent le plus loin possible" leurs études, mais les informations concrètes leur faisaient défaut, et leur capital culturel pesait en définitive bien peu. Il est certes probable que les plus jeunes parents ont perçu la dévalorisation de filières qui, il y a encore peu, étaient prometteuses, sinon, à tout le moins, ont soupçonné sinon mesuré combien les séries de baccalauréat privilégiant les mathématiques s'y substituaient. Mais un double obstacle rendait vaines leurs velléités de voir leur fils ou leur fille emprunter ces voies royales. D'abord les chemins d'accès étaient masqués. L'orientation d'un jeune lycéen en seconde C se prépare dès les premières années du cycle secondaire. Par le biais d'options, celles des langues vivantes notamment, certaines classes accueillent des jeunes déjà issus d'un milieu social homogène et les préparent particulièrement à un accès à ce qui est finalement bien plus une filière discriminante qu'une série scientifique au même titre qu'une

---

(1) Gabriel LANGOET, Alain LEGER. *Public ou Privé ? trajectoires et réussites scolaires.* Paris : Publidix, 1991, p. 109-110.

autre serait littéraire ou économique. Ainsi est-il impérieux non seulement d'être bien au fait des subtilités de ces choix faussement innocents, mais aussi d'être capable d'anticiper, voire de faire prévaloir son point de vue dans les rares occasions d'échanges avec les enseignants.

Le second obstacle tient, lui, au fort capital scolaire que les parents se doivent de posséder pour soutenir, conseiller, épauler leurs enfants. Il faut se défier de l'image d'Epinal du jeune qui, ayant pour ainsi dire reçu ce capital scolaire en son berceau, n'a plus qu'à se reposer sur ses lauriers, sans efforts, sans contraintes, sans travail. L'héritage réside bien plus dans des dispositions à investir sans déplaisir dans les apprentissages, à consacrer de longues heures aux révisions, aux lectures, à la réécriture des notes de cours, à gérer son temps rationnellement, à afficher un individualisme et une ambition qui ne se payent pas de mots. Sur ce terrain là aussi, les familles des éducateurs spécialisés n'étaient pas en mesure de rivaliser avec celles qui guidaient leur progéniture et leur transmettaient sans même avoir à l'exprimer, peut-être même sans avoir conscience, leurs propres dispositions, leur propre rapport au temps et au travail.

Les parents des hommes et des femmes que nous avons interrogés portaient indubitablement la trace des trajectoires qu'ils avaient suivies. Les "bons métiers" vers lesquels ils espéraient orienter leurs enfants n'en n'étaient pas moins inaccessibles, leurs accès étant filtrés et les diplômes nécessaires pour y parvenir soumis régulièrement à une surenchère. Pour avoir quelques chances de succès, il aurait fallu qu'ils aient un "sens du jeu", qu'ils soient en mesure de positionner leurs fils ou leurs filles dans les bonnes filières, de veiller au grain pour saisir rapidement les opportunités, pour se risquer à la limite du hors-jeu afin d'échapper à la sectorisation scolaire ou de faire appel si besoin des décisions des professeurs. Toutes choses réservées à une minorité, jalouse de ses privilèges et rétive à l'idée de mêler ses enfants, de voir se vulgariser ses visées, ses placements d'initiés.

Au-delà de la diversité des cursus des éducateurs spécialisés, ce qui les réunit donc, c'est le caractère relativement dévalorisé des filières empruntées, des diplômes obtenus. Il serait bien imprudent alors d'évoquer l'existence de stratégies. C'est plutôt une navigation à vue qui semble avoir présidé à leurs itinéraires scolaires.

Le décor est planté ; il devrait permettre de situer ce qui, dans les chemins de traverse menant au métier, tient à un héritage où se rejoignent pente et penchant, ce qui renvoie à des aspirations familiales, rémanentes mais rapidement déphasées dans la confrontation aux méandres d'un système scolaire tout aussi rigide et sélectif, malgré les apparences, aujourd'hui qu'il y a vingt ans.

Assurément les éléments dépeints ne prétendent pas à l'exhaustivité. Ainsi avons-nous passé sous silence les pérégrinations que de nombreux éducateurs spécialisés ont connues entre la fin de leur scolarité et l'entrée dans un centre de formation(1), les diverses tentatives qu'ils ont effectuées aussi, par le biais de concours, de stages, de sélections diverses, ici pour devenir infirmier psychiatrique ou professeur de gymnastique, là pour "tenter l'Ecole Normale".

Notre objectif n'était pas d'embrasser toutes les dimensions du problème mais, avant tout, en nous cantonnant à l'analyse partielle de l'investigation par questionnaire, de faire ressortir les invariants, tant des trajectoires familiales que scolaires, des éducateurs et des éducatrices qui ont pris possession de leur poste à quinze ou vingt ans d'intervalle.

L'ensemble des propos tenus jusqu'à présent restituent un contexte, tracent des limites, rappellent un cadre. En aucune façon ils ne livrent d'éléments sur l'orientation précise vers le métier d'éducateur spécialisé. Pour ce faire l'analyse quantitative est insuffisante. Pour saisir les fondements d'une telle option, les influences des uns, les injonctions des autres il est nécessaire de porter attention aux biographies, aux paroles entendues, aux témoignages recueillis. En effet les déterminants sociaux du choix du métier s'enracinent dans la profondeur d'un héritage incorporé que peut difficilement révéler la seule enquête par questionnaire.

---

(1) On peut estimer à la moitié des effectifs la proportion d'éducateurs spécialisés qui a déjà travaillé dans le secteur de l'Education Spécialisée avant l'entrée en formation. Les données de Florence Defresne et d'Anne Dussart sont, sur ce point, concordantes.

CHAPITRE III

LA MOBILISATION FAMILIALE

L'ethos promotionnel de maintes familles d'éducateurs spécialisés semble bien s'être heurté à la recomposition continue de l'espace social. Leurs velléités à "faire devenir" leur progéniture instituteur ou professeur voire simplement à la maintenir dans la voie ascendante ont été fréquemment déroutées.

"Un bagage scolaire un peu supérieur au minimum accroît les chances d'échapper à un mauvais poste"

notent Alain Desrosières et Michel Gollac(1). Assurément les possibles ouverts à ces enfants issus de familles à la trajectoire lignagère bien tracée s'avéraient un peu plus larges que pour la majorité des garçons et des filles au profil sociologique identique. Pourtant les contingences n'ont pas tardé à se manifester, les effets de butée à rappeler la rigidité de la stratification sociale. Etre ambitieux ne suffit pas, les déconvenues guettent ceux et celles qui n'ont pas la maîtrise pratique des arcanes menant à la réussite professionnelle, qui ne perçoivent pas la relative étanchéité des frontières entre les classes sociales, qui surtout placent leurs prétentions au-delà de ce que leur capital culturel leur permet. Cantonnés au sein de filières dévalorisées puis, pour une part, poursuivant sans grandes convictions, un cursus universitaire décevant ; constatant enfin combien l'horizon d'une insertion satisfaisante recule sans cesse, nombre d'éducateurs spécialisés ont fait l'expérience du décalage entre leurs aspirations et les emplois peu attractifs qui leur étaient proposés.

---

(1) Alain DESROSIERES, Michel GOLLAC. "Trajectoires ouvrières, systèmes d'emplois et comportements sociaux". *Economie et statistique*, 141, 1982, p. 50.

Par quels biais sont-ils parvenus à un métier moins en vue certes que celui d'enseignant mais cependant assez "abrité" ? A un "milieu" où l'on est "presque fonctionnaire" voire "presque instituteur", où l'on a "des avantages que les autres n'ont pas" ?

Peu d'éléments de ce qui n'est, il est vrai, dans les deux précédents chapitres, que la description d'ensemble d'un "décor", d'un cadre, fournissent sur ce point des indications précises. Pour saisir les différentes dimensions de cette orientation, relativement improbable au départ, vers le terrain de l'Education Spécialisée, il est nécessaire de pousser plus avant l'investigation, et surtout de sortir des contraintes imposées par la nomenclature des C.S.P. voire par la seule enquête statistique. Puisqu'ici il n'y a point d'endorecrutement massif, les déterminants sociaux du choix du métier d'éducateur spécialisé ne se révèlent pas spontanément. Pour les déceler, pour les "débusquer" aussi, il convient d'ailleurs non seulement de ne pas oublier combien sont hétérogènes les espaces internes aux catégories jusqu'alors usitées, mais aussi d'être attentif à ne pas s'engouffrer dans les explications réputées avérées, qu'elles soient émises spontanément par les intéressés voire construites par des recherches antérieures.

Ce que nous pensons avoir découvert déroge, en effet, partiellement du moins, aux attendus qui tendent à s'imposer comme évidences.

Pour saisir ces déterminants nous avons opéré de la manière suivante : d'une part, et ce sera le premier développement de ce présent chapitre, nous nous sommes attachés à vérifier, à la fois par le biais de l'enquête par questionnaire, élargie alors à des dimensions plus qualitatives, et par le recueil de biographies, si cet ethos promotionnel, mais aussi les aléas et les impasses auxquels se sont heurtées les tentatives de sa réalisation effective, pouvaient être confirmés. Etienne Schweisguth[1], pour ne citer que lui, conteste cette alliance "de la pente et du penchant", "cette disposition à l'ascension sociale de la petite bourgeoisie" en soulignant notamment que, chez Pierre Bourdieu, elles sont émises "indépendamment de toute observation empirique". Nous ne songeons, bien entendu, pas à

---

[1] Etienne SCHWEISGUTH. "Les salariés moyens sont-ils des petits bourgeois ?" *Revue Française de Sociologie*, XXIV(4) 1983, p.682.

mêler notre voix à un tel débat général, mais plus prosaïquement, à observer, en prenant en quelque sorte au mot de telles objections, si pour la population précise des familles d'éducateurs spécialisés, situées en majorité dans ces "couches moyennes salariées", cette disposition est effective. L'approche que nous avons réalisée précédemment apportait d'ores et déjà sur ce point de sérieuses présomptions ; les éléments que nous allons exposer confirment bel et bien, et cette aspiration à continuer une trajectoire ascendante, et les distorsions entre les espérances et la réalité des destinées.

Par ailleurs, nous n'avons pas voulu écarter d'emblée un schéma largement reconnu ailleurs, mais considéré a priori comme inadéquat, pour ce qui concerne l'arrivée dans le métier spécifique d'éducateur spécialisé, à savoir l'influence des réseaux familiaux, incluant les parents mais aussi les collatéraux, la fratrie voire les conjoints.

A la suite des avancées de Francine Muel-Dreyfus, une image demeure très prégnante : la famille a été mise à distance par les enfants, tant les tensions ont été vives quand, aux attentes d'une insertion relativement aisée ont succédé des déconvenues et des déceptions. Les parents, "on préfère ne pas en parler" relève cet auteur, minimisant alors bien trop, à notre sens, leur intervention dans l'orientation de leur fils ou de leur fille. Ils ont pourtant, souvent fébrilement même, recherché, pour eux, des "ouvertures", ils ont fait jouer à plein leurs "relations". Ils ont pesé d'un poids bien plus significatif qu'on pourrait le penser dans les cheminements conduisant à ces positions intermédiaires qui n'étaient finalement pas pour leur déplaire, à ce métier "somme toute acceptable". En se "rabattant" sur un emploi moins prisé, certes, que celui d'instituteur par exemple, les jeunes, et avec eux leurs familles ont effectivement dû revoir leurs prétentions, ils n'en ont pas moins prolongé bel et bien le "long efficace" de l'héritage social.

C'est donc une réhabilitation de la famille élargie que nous proposons comme premier - mais non unique - déterminant social du choix du métier d'éducateur spécialisé. Cette famille, on l'a cru décontenancée, dépassée, écartée au moment du choix d'une orientation par sa progéniture. Dans les faits, selon nous elle a joué, et joue encore un rôle souvent de premier plan. On entre dans ce "milieu professionnel" par "la petite porte" ; les parents n'ont pas été les derniers à l'entrouvrir, quitte à développer alors ici des stratégies qu'ils étaient bien incapables de mettre en oeuvre au sein de l'institution scolaire.

A. UNE PRETENTION QUI CHERCHE SA VOIE

Les familles des éducateurs spécialisés se sont inscrites dans ces courants de mobilité qui ont sensiblement modifié la structure sociale depuis un demi-siècle. Originaires, pour la plupart, de catégories dominées, elles sont fréquemment parvenues à asseoir leur position nouvelle, ici en essaimant vers la sphère des employés, là en gagnant les espaces intermédiaires, plus rarement en réalisant un déplacement long les menant vers les postes de cadres supérieurs. L'attention que nous avons portée aux itinéraires des grands-parents/parents nous a permis de révéler la faible proportion d'hommes et de femmes issus, en droite ligne, des catégories dominantes. Présenter le métier d'éducateur spécialisé comme un carrefour, où se rencontrent et s'entrecroisent des trajectoires ascendantes et descendantes, est certes exact à condition de préciser aussitôt que ces dernières ont toujours été très minoritaires. L'aspiration des parents à diriger leurs enfants vers les métiers de l'enseignement, secondairement de la santé, et au-delà vers la constellation du fonctionnariat, le constat que les fratries ont massivement investi les professions intermédiaires, témoignent de l'empreinte d'un habitus, produit par l'histoire de la lignée, et conjuguant désir de promotion et ambition.

L'investigation statistique, cantonnée aux grandes C.S.P. ne permet toutefois pas d'explorer plus avant les modalités d'intériorisation de ces structures cognitives, de cette tension permanente qui nourrit le volontarisme, voire l'activisme pour s'échapper, pour s'aventurer à la conquête de positions nouvelles.

Nous nous proposons donc ici de nous attarder sur ces dispositions génératrices de la mobilisation parentale autour de l'enjeu crucial que représentait pour eux l'orientation scolaire puis professionnelle de leur descendance. Nous avons interrogé sur ces points l'ensemble des éducateurs spécialisés et complété nos informations lors des quelque trente entretiens que nous avons réalisés.

a. Disposition promotionnelle et attachement à la valeur "travail"

Pour nous en tenir, dans un premier temps, aux "ressources morales" dont les parents étaient porteurs, il convient de souligner d'emblée combien nous avons remarqué que l'intériorisation d'un ethos promotionnel se conjuguait avec l'influence significative de la valeur "travail".

Catherine Bidou(1), à l'occasion d'une enquête auprès d'enseignants, de membres des professions intellectuelles supérieures et de salariés des services médicaux et sociaux, avait déjà perçu

"la prégnance d'une morale ouvrière, héritée de ses parents où la production du travail était fortement valorisée"(1).

Nos propres recherches confirment cette observation. Les pères étaient attachés à la fois à leur entreprise et à la responsabilité personnelle engagée dans un travail bien fait, source de satisfaction et, de surcroît, meilleure des garanties pour accéder à des postes plus élevés, pour "monter en grade". Une large majorité des éducateurs interrogés reconnaît cet investissement paternel. A la question portant spécifiquement sur ce point, 80 % environ des personnes interrogées ont indiqué que le métier de leur père était, pour lui, "important" ou "très important et fortement investi". Aucun écart ne se dessine selon l'âge de l'individu sollicité, par contre les éducateurs ont été un peu moins tranchés que les éducatrices. Il est probable qu'il faut lire là les origines sociales légèrement moins élevées des premiers. A en croire leurs enfants, les pères exerçant une profession indépendante ont beaucoup mis d'eux-mêmes dans l'exercice de leur métier. L'investissement des salariés a, lui, été fonction de leur position sociale. Quand 90 % des pères exerçant en dernier lieu une profession intermédiaire considéraient leur métier comme "important" ou "très important", ils n'étaient plus que 60 % chez les ouvriers.(2)

---

(1) Catherine BIDOU. *Les Aventuriers du quotidien*. Paris : PUF, 1984. p. 31.

(2) Au cours des entretiens nous n'avons que rarement perçu une vision critique de cet attachement du père à son travail. A contrario nombre d'assertions laissaient entrevoir une certaine admiration, notamment pour l'obstination dont il avait pu faire preuve pour "se construire et s'en sortir de lui-même". Reprenant une question de Claude Durand, afin notamment de comparer les représentations des éducateurs spécialisés et celles des animateurs socio-culturels interrogés par Michel Simonot, nous avons demandé aux éducateurs et aux éducatrices "ce qui fait que, dans la vie, certains réussissent mieux que d'autres". Sans qu'aucun écart ne se profile selon l'âge des individus sollicités, 65 % d'entre eux ont évoqués des raisons se rapportant plus au mérite individuel ("aptitudes personnelles", "sens de l'adaptation", "volonté de réussir") qu'à des critères "sociaux" ("relations", instruction reçue", "milieu social d'appartenance", ...). Claude DURAND. Mobilité sociale et conscience de classe in : DARRAS. *Le Partage des bénéfices*. Paris : Minuit, 1966, p. 277. voir Michel SIMONOT. op. cit. p. 160-161 et p. 221.

Les déplacements, les promotions, les reconversions professionnelles aussi, se précisent dès lors que l'on s'attarde, dans le détail, sur des phénomènes de mobilité qui ne pouvaient être, de fait, que grossièrement perçus lors de l'approche dressant le cadre, et ne retenant qu'une nomenclature en six groupes. Ainsi avions-nous relevé, sans pouvoir en développer les tenants, des passages relativement fréquents entre les catégories "ouvriers" et "professions intermédiaires", "par dessus" la C.S.P. "employés". A l'examen, s'il s'agit là avant tout d'un "effet de nomenclature", se voit cependant exemplairement illustrée une mobilité ascendante, limitée dans son ampleur mais annonciatrice des structures cognitives dont hériteront les enfants : les passages de la position d'ouvrier qualifié à celle de chef d'équipe puis de contremaître ou d'agent de maîtrise ont été très répandus.

Les propos des éducateurs interviewés sont, eux aussi, explicites ; ils renvoient régulièrement à une disposition à s'élever dans la hiérarchie, à "s'en sortir" :

- *"Mon grand-père était artisan cordonnier ; après il est allé travailler dans une usine de chaussures. Mon père a eu un cheminement normal jusqu'à 15-16 ans, ensuite à l'école de l'Arsenal ; il est rentré par la petite porte et il a grimpé au fur et à mesure, il n'est pas allé jusqu'au bac, il a fait la scolarité en parallèle. On ne demandait pas le bac à cette époque là pour l'école de l'Arsenal. A l'heure actuelle il est électricien, chef de travaux en électronique. Il a passé des concours pour rentrer dans une école, il a eu une scolarité de trois ans et ensuite il a eu des possibilités de concours internes pour monter plus haut, plus haut, plus haut. A l'heure actuelle il a encore passé des concours ; il y a deux, trois ans il a fait des concours pour grimper, et tout ça à 45 ans"* (éducatrice, 25 ans)

- *"Mon grand-père avait une petite exploitation. Mon père a fait un certificat d'études et après il a préparé un C.A.P. de mécanique. Il a travaillé un ou deux ans dans un garage et puis il a tout arrêté, enfin il a repris des études. Il a fait un C.A.E.T., un Certificat d'Aptitude à l'Enseignement Technique pour travailler dans des lycées professionnels. Maintenant, il est professeur dans l'enseignement technique, en électro-technique... enfin entre temps il est parti comme moniteur, formateur, dans la coopération je crois. C'est comme cela que l'on a vécu 6 ans à Tahiti, 5 ans à*

Dakar. C'est quand on est revenu qu'il a fait prof". (éducatrice, 24 ans)

Le thème de la mobilité professionnelle, et géographique, revient très fréquemment. Que les déplacements soient verticaux ou transversaux tel ce mécanicien qui saisit l'opportunité d'un emploi à l'étranger pour devenir formateur puis, de retour en France, enseignant dans un lycée technique ; désir de promotion et volontarisme pour y parvenir transparaissent régulièrement. Ne faisant pas confiance au temps, ne s'abandonnant quasiment jamais à l'inertie, ces parents sont généralement parvenus, malgré un faible capital scolaire et culturel, à "se créer des ouvertures", à accéder à des positions hiérarchiques. Ainsi les familles des éducateurs spécialisés apparaissent-elles, dans leur grande majorité, relativement atypiques par suite de ces trajectoires ascendantes conjuguant origines sociales peu élevées et ambition couronnée d'un certain succès, d'une relative satisfaction aussi d'avoir mené là une carrière peu commune, d'avoir connu des réussites à attribuer avant tout à leur volonté, à leur travail.

b. Un rapport désarmé face à l'école

Les cursus scolaires des futurs éducateurs spécialisés se sont révélés, pour nombre d'entre eux, chaotiques. Maintes familles entretenaient, de par leur profil sociologique, un rapport relativement désarmé à une Ecole dont elles étaient finalement peu au fait des arcanes, des chemins de traverse, des voies d'excellence. Leur bonne volonté, leur aspiration à voir leurs enfants obtenir de "bons résultats" et à suivre en quelque sorte leur exemple, ne pesaient pas bien lourd. Confrontées à l'annonce des premiers redoublements, des échecs aux examens, il leur fallait bien constater qu'encouragements et exhortations à l'effort n'assuraient ni l'obtention de diplômes, ni l'orientation vers les filières souhaitées. Nous l'avons souligné, on doit plutôt évoquer, à leur égard, l'idée de navigation à vue que celle de stratégie.

Il y a lieu cependant de relativiser, sinon d'amender une vision quelque peu tumultueuse voire dramatique où, aux désillusions et aux reproches des uns - les parents - ont répondu désinvestissements, déceptions, amertume et tensions des autres - leurs fils ou leurs filles -. A écouter du moins les réflexions des intéressés, à relever aussi les enseignements statistiques des quelques questions portant spécifiquement sur ce thème de la scolarité, les conflits suscités par l'école n'ont pas été aussi vifs ni durables qu'on pourrait le penser, notamment à partir des assertions des éducateurs en milieu ouvert interrogés par Francine Muel-Dreyfus.

- Des parents soucieux de bien faire

Les parents des éducateurs spécialisés n'ont pas délaissé, loin s'en faut, la scolarité de leurs enfants. Il semble bien même qu'ils entretenaient pour la plupart un rapport de forte croyance en cette école investie alors d'attentes et d'espoirs bien au-delà des bénéfices patents que leurs progénitures pouvaient en retirer. Généralement ils se sont montrés attentifs, soucieux de comprendre ce que leur fils ou leur fille leur rapportaient des propos des enseignants, des conseils d'orientation émis ici ou là, des informations glanées sur les filières prometteuses, sur les débouchés assurés ou, au contraire, menacés.

Ils ont pu croire, un temps, qu'une telle vigilance, qu'un tel souci de "suivre la scolarité" de leurs enfants étaient payants. Ces derniers ne parvenaient-ils pas, pour une large part d'entre eux, à aborder des matières nouvelles, à s'inscrire au lycée, à préparer le bac ? Cet intérêt des parents est souligné par 80 % des personnes interrogées ; les écarts des opinions émises par les hommes et par les femmes étant ici minimes.

L'ouverture massive du secondaire, et consécutivement, la dévalorisation des diplômes décernés, leur a généralement échappé ; et quand leurs enfants ont dû, pour nombre d'entre eux, se rabattre vers des options, vers des filières peu prisées, les réactions sont venues à contretemps, les demandes d'explication aux enseignants alors que les décisions étaient déjà prises. Certes, sur ce point, toute généralisation est impossible. Ici et là se sont fait entendre des protestations, voire se sont développées des stratégies pour éviter, par le redoublement, par l'emprunt de voies transversales, (B.E.P. - Première d'adaptation par exemple), le déclassement, la présentation à des diplômes dévalués ; mais, globalement, les familles sont demeurées plutôt dans l'expectative, révélant ainsi cette distance culturelle qui était la leur, avec une école dont elles n'avaient pas la maîtrise pratique des placements rentables, des informations actualisées.

De là cependant à affirmer qu'elles sont demeurées décontenancées et incapables de réagir - fut-ce en soutenant leur fils ou leur fille - en recherchant pour lui ou pour elle, avec lui ou avec elle, des débouchés "convenables", "acceptables", il y a un pas, qu'à notre sens, il faut se garder de franchir.

Le témoignage suivant retraduit assez bien ce que fut cette "bonne volonté" parentale où transparaît une ambition aucunement prête à capituler devant les premières difficultés de leur enfant.

- *"Je sais que j'ai été en situation relative...en situation d'échec scolaire. J'ai été orienté sur un L.E.P....encore que ce n'était pas tant que ça un échec parce que ça m'a plu. Il n'y a jamais eu de jugement de valeur dans ma famille, il y a même eu... plutôt... bon, on prend la chose en charge, c'est comme ça. Mon parcours scolaire a été très moyen, voire chaotique. J'ai redoublé ma sixième... j'étais moyen, faible... et c'est un souvenir important, un souvenir un peu clé. Ce sont mes parents qui connaissaient un prof, laïque comme eux, qui est Conseiller Municipal. Ce sont mes parents qui ont fait pression pour que je redouble et mon père... comme les pères... un peu distant... C'est une des rares fois où mon père m'a pris sous son épaule. Mon père faisait de la photo ; avant il ne me faisait pas tellement participer, et cette fois là il s'est pris un après-midi pour qu'on aille acheter du matériel pour moi, pas n'importe quoi, et pourquoi cette pellicule et pas celle là... un peu la démarche on t'en veut pas quoi. Après j'ai fait une cinquième, une quatrième et j'ai été orienté... enfin... j'ai été orienté, je me suis orienté, mes parents m'ont aidé à m'orienter sur un L.E.P. Audiovisuel qui s'est très bien passé puisque je suis sorti numéro un, promu à reprendre le cycle long. Et en pratique j'ai repris une 1ère F2. C'était en vue d'un bac électronique que j'ai rapidement laissé tomber. J'ai très vite été dépassé, d'abord en physique, puis en maths, et puis persuadé aussi maintenant, après coup, que c'était pas forcément l'orientation que je recherchais. Quand je suis rentré en L.E.P. j'étais un élève moyen. Je pouvais aussi rentrer en "G" enfin un truc... un bac fourre-tout. Au L.E.P. c'était un peu bâtard parce qu'il y a une connotation technique, et moi, je ne suis pas réparateur, je suis plutôt exploitant... enfin... utilisateur. D'ailleurs les audio-visuels, les audios comme on disait, étaient les gratins du L.E.P. parce que ça allait de tourneurs... il y avait des tourneurs et jusqu'à des trucs de bureaux, mécanographie, je ne sais pas quoi, et les audio-visuels... c'est vrai qu'il y avait une cassure. Il y a même eu un conflit très grave avec la Direction. Elle a imposé les blouses bleues parce que le bleu c'est le travail manuel et que les audiovisuels ce sont des blouses blanches".* (éducateur, 31 ans)

Dans ce propos, l'ambition, pour un temps, est mise sous le boisseau. Au-delà d'une orientation en L.E.P., réalité prise pour un désir, s'annonce un rétablissement scolaire préfiguré déjà par une distance critique envers cette technique "que l'on exploite", envers ces élèves du technique auxquels on ne veut pas être assimilé(1) (ne dit-il pas d'ailleurs "sur" un L.E.P., et non "dans" ou "vers" ?). De fait les parents ne sont donc pas demeurés inactifs. Ici un père "fait entrer" son fils dans l'entreprise où il a lui-même fait carrière ; là, dans la cas présent, il lui "transmet sa passion" et le dirige vers une section somme toute "honorable" où, comme le précisera l'éducateur sollicité:

"on était un peu à part ; dans l'ensemble nous étions tous issus de milieux familiaux un peu comparables".

A l'image de cet éducateur, les appréciations émises par les personnes que nous avons interrogées sur la teneur des relations entre eux-mêmes et leurs parents durant leur scolarité secondaire sont, de fait, majoritairement "bonnes" ou "très bonnes". Toutefois plus du quart d'entre elles les jugent "moyennes" voire "médiocres" et dans 10 % des cas, c'est le terme "conflictuelles" qui est retenu. On aurait pu s'attendre à recueillir des jugements plus critiques, notamment de la part de ceux et celles qui, ayant fait partie de la "génération abusée" des années 1970, exprimeraient alors plutôt un souvenir émaillé de heurts et de rancoeurs. Tel n'est pas le cas. Ce sont certes des avis rétrospectifs et donc susceptibles d'être entachés de déformations, mais les hommes et les femmes qui ont achevé leur cursus secondaire durant ces années 1970 sont moins portés que les plus jeunes vers les qualificatifs "médiocres", "inexistantes", "conflictuelles".

- **"Décrocher le bac"**.

Pas vraiment irréalistes, mais plutôt demeurés à un état ancien du système scolaire, les parents des éducateurs spécialisés assignaient avant tout un objectif à leurs enfants : décrocher le bac. Certes les mieux informés, ceux qui avaient pu faire le constat que tous les titres

---

(1) Deux autres éducateurs auront cette réflexion à propos de l'enseignement technique vers lequel ils ont été orientés : "on ne se sentait pas vraiment en faire partie".

ne se valent pas, que certains baccalauréats ouvrent des perspectives là où d'autres ne débouchent que sur des voies encombrées et peu opérationnelles, ont bien tenté d'orienter leur fils ou leur fille vers des filières plus prometteuses ; mais ils se sont heurtés alors à des jeux déjà faits, à des critères draconiens, valorisant des matières où justement leur progéniture n'excellait en rien.

Au prix de fréquents redoublements, de relégations au sein de sections dévalorisées, les deux tiers d'entre eux ont cependant obtenu le titre avant de découvrir les débouchés aléatoires qu'il offrait.

- *"Comme niveau, c'était le bac évidemment, ils voulaient le bac, avec des oeillères... parce que... et après bien... et après bien... point d'interrogation... bon... Mes deux frères et ma soeur, ils n'ont pas eu de problèmes encore parce qu'à cette époque là on passait pas mal de concours, il restait pas mal de places, et ils ont eu plusieurs possibilités. Moi j'ai fait un bac A. Ce bac... je n'ai pas vraiment choisi... de la seconde à la terminale je crois que j'ai subi... bon... j'étais pas vraiment branchée, j'ai subi un peu, je n'étais pas vraiment motivée. J'en garde pas un souvenir d'ailleurs... pas très bon... c'est pour ça peut-être que j'ai voulu partir ; après je suis allée en Irlande un an au pair pour me dégager un peu de tout ça et en fin de compte je ne savais pas ce que je voulais faire".* (éducatrice, 29 ans)

- *"Eux, ce qu'ils pensaient au niveau scolarité, je ne sais pas vraiment ce que mes parents voulaient. Ils ne m'ont jamais imposé quoi que ce soit... ce qu'ils voulaient, c'est qu'on aille le plus loin possible ; et moi, à l'époque j'étais quelqu'un qui vivait, qui vivait un point c'est tout... et puis les études, les études, c'était pas mon truc. Arrivé au deuxième trimestre de ma terminale, j'ai dit, de toute façon bac ou pas bac, j'arrête. C'était série G3, commerciale... ça me branchait pas particulièrement... j'étais rentré là-dedans... mais j'étais pas tellement branché pour ça... mais j'avais pas tellement... enfin j'avais pas trouvé les aptitudes que je pouvais avoir pour autre chose. Et donc j'ai arrêté, bac ou pas... je l'ai passé, je ne l'ai pas eu. Je me suis lamentablement étalé au bac".* (éducateur, 35 ans)

La plupart des personnes interrogées disent avoir plutôt subi leur scolarité, et laissent entendre, sans vraiment plus de précisions, qu'elles aspiraient à autre chose, à une autre orientation. La classe de seconde semble avoir été un tournant ; les unes se voyant dirigées vers les sections G, faute de pouvoir prétendre à la filière B, d'autres vers un bac A, sans pour autant annoncer les alternatives qu'elles projetaient ; d'autres encore préférant, faute de pouvoir suivre la voie royale de première et terminale C, la section D à un bac B :

- *"Je n'étais pas très bonne en maths mais je ne voulais pas quitter mes amies... Aller en B, cela signifiait quitter le lycée... enfin aller à côté, avec les G".* (éducatrice, 21 ans)

Rares, finalement sont ceux et celles qui s'estiment satisfaits de leur cursus. L'école n'est pas pour autant rejetée. Ce qui s'exprime, c'est plutôt une frustration ; frustration de ne pas avoir pu choisir ce pourquoi ils se "sentaient faits", sentiment aussi de ne pas avoir pu donner alors le meilleur d'eux-mêmes, d'avoir injustement subi une relégation alors qu'ailleurs, ou à leur rythme, ils auraient été capables de réussite, et valaient, au bout du compte, bien mieux que ce qui a été prononcé à leur encontre. Les éducateurs spécialisés entretiennent ainsi un rapport assez curieux à leur scolarité secondaire. Ils n'ont pas dit leur dernier mot, et savent au besoin faire preuve de ténacité, ici pour tenter l'Examen Spécial d'Entrée à l'Université (E.S.E.U.) après un ou plusieurs échecs au baccalauréat ; là pour obtenir, coûte que coûte, ce bac, quitte à le passer en candidat libre après s'être inscrit à des cours par correspondance.

- *"J'ai pris un an d'arrêt ; j'ai voulu faire un C.N.T.E.(1) pour refaire un niveau bac, pour un E.S.E.U., un examen d'entrée à l'université. Donc j'ai arrêté un an, je vivais avec quelqu'un qui travaillait. J'avais pris un E.S.E.U. "A" et pendant un an, j'ai repris un niveau bac, je me suis pris un an. L'E.S.E.U.; ça fait plus appel à ta culture qu'à ta connaissance scolaire ; j'ai pas trouvé très très dur mais... je me suis pris les moyens. J'habitais à la campagne à l'époque ; j'ai pris neuf mois, j'ai démissionné de mon boulot jusqu'à l'E.S.E.U.".* (éducateur, 31 ans)

---

(1) Centre National de Télé-Enseignement.

"Mon père m'a dirigée, quand j'avais le choix, après la troisième c'est lui quand même... il ne m'a pas forcée mais il m'a convaincue d'aller en C. B.E.P., tout ça, c'était mal perçu. Il n'aurait pas apprécié que je prenne cette branche là. Il voulait vraiment que j'aille jusqu'en terminale... le bac. J'ai fait C et D. De seconde C je suis passée en première D et j'ai arrêté, j'en avais marre, je me posais plein de questions, je voulais travailler. Je suis partie de chez moi, ça a été sur un coup de tête en fait. J'ai arrêté pendant deux ans et je l'ai repassé par correspondance. C'était à Vanves(1), je n'ai pas dit à mes parents que j'avais repassé mon bac... quand je leur ai dit que je l'avais, j'avais une certaine fierté quand même. Ma mère ne savait pas, personne ne savait ; pour eux j'étais en situation d'échec, et je ne voulais pas, je ne voulais pas me mettre en situation d'échec. Je l'ai donc repassé par correspondance, un bac D de nouveau, un bac pas facile pourtant". (éducatrice, 28 ans)

La famille, de fait, demeure bien présente et, par un biais ou un autre, on tient à lui prouver de quoi l'on est capable. Certes des conflits sont évoqués mais ils semblent de courte durée et cantonnés, la plupart du temps, à l'un de deux parents. Quand, à la suite de déconvenues, souvent liées à des orientations décevantes, à des échecs scolaires, patents ou pressentis, on "laisse tout tomber", on "décide de ne plus remettre les pieds au bahut", "on se fâche avec sa famille" ; régulièrement, ici par l'intermédiaire d'un frère ou d'une soeur, là d'un oncle ou d'une tante, "on s'arrange quand même pour garder un contact". La distance avec la famille revient donc effectivement dans les propos de nombreux éducateurs spécialisés. Elle ne doit pas faire illusion : dès que l'on va pouvoir lui signifier que l'on est sorti des embûches, que l'on progresse, que l'on entame à son tour une trajectoire ascendante ; rapidement les relations vont se renouer.

- **La faculté : une période moratoire;**

Les deux tiers des éducateurs spécialisés, titulaires du baccalauréat, que nous avons interviewés se sont inscrits à l'université. Un seul a obtenu un diplôme supérieur - une licence d'histoire pour le cas - Certains n'y ont effectué qu'un seul passage - trois semaines - d'autres y sont demeurés près de deux ans.

---

(1) Siège du C.N.T.E.

Sur cette période "on n'a pas grand chose à dire" déclarent-ils à l'unisson. Les propos qu'ils tiennent sont de fait lapidaires, évasifs, sans grandes convictions ; à l'image semble-t-il de ce qui a été vécu plutôt comme une parenthèse, un intermède. Ce séjour à l'université est annoncé explicitement comme ayant été une solution de facilité, voire une solution d'attente, bien qu'aucune des personnes interrogées ne précise clairement quels étaient les objectifs qui étaient alors les leurs. Peu d'entre elles adressent des critiques précises à l'encontre de cet enseignement où elles n'ont pas trouvé leur place. Elles s'en prennent plutôt à elles-mêmes et mettent sur le compte d'une absence de motivations ce qui n'est vraiment ni un bon, ni un mauvais souvenir : plutôt une période moratoire.

- "J'ai fait un petit tour en fac, comme tout le monde, pour voir ce que c'était. C'était en bio quoi... en biologie... et puis, bien... c'était en 1976, année célèbre pour ses grèves, il y a eu six mois de grève, après j'ai arrêté vite". (éducatrice, 29 ans)

- "Je me suis retrouvé en université, donc à la fac de lettres. J'avais entendu dire que je pouvais faire de la sociologie et de la psychologie, mais j'aurais dû regarder de plus près parce que c'était deux heures par semaine, et encore, avec des intervenants qui n'ont été là qu'une fois de temps en temps. Cette formation s'appelait Administration, Economique et Sociale. Y avait le mot social, je pensais que ça m'aurait plu". (éducateur, 32 ans)

- "J'ai fait un truc de sciences éco ; j'ai été à la fac pour attendre... et puis j'ai fait sciences éco. Je ne savais pas trop, ma soeur était en sciences éco, j'y suis allée aussi un peu... parce que je ne savais pas trop quoi faire. L'année dernière j'ai changé, j'ai fait A.E.S. et puis comme j'ai été reçue au concours d'éduc, j'ai arrêté la fac". (éducatrice, 22 ans)

Propos lapidaires mais aussi en quelque sorte désincarnés : comme si, durant cette période, ils n'avaient pas été vraiment eux-mêmes, comme s'ils s'étaient laissé ballotter. A les entendre, le jour où ils avaient estimé que cela suffisait, la rupture était consommée : ils prenaient en charge leur destin et entraient de plain-pied dans une réalité à mille lieues de cette "bulle", de ce monde un peu hors du social et en définitive pas très sérieux.

A pousser plus avant les entretiens, on s'aperçoit rapidement qu'une telle vision, qu'une telle version, est édulcorée et tend à passer sous silence sinon des échecs douloureux, du moins un désappointement face à des modalités d'enseignement, et au-delà, à une culture fort éloignée de leurs valeurs. Réinterprétant leur éviction de l'université, annonçant avoir toujours eu la pleine maîtrise de leur décision, ils relativisent leurs difficultés et se dépeignent acteurs alors qu'ils ont été plutôt rejetés, bon gré mal gré, faute d'avoir les prédispositions et les stratégies adéquates.

Après l'enseignement secondaire, la "massification scolaire" a gagné le premier cycle de l'enseignement supérieur, reproduisant les mêmes formes de sélection par le biais des filières, des redoublements, des invites à l'abandon, notamment après les "partielles".

- *"J'ai toujours eu des problèmes avec les maths. C'est pour ça que je fais ce boulot d'éducateur, parce qu'il n'y en avait pas à la sélection. Bon... j'ai eu des mauvaises notes aux partielles ; il y avait des examens en février... alors là, en dehors des maths, ça allait ; mais je me suis mangé des cartons en maths... et puis ça devenait vraiment une allergie au système scolaire, je supportais plus. Bon... je me suis dit... il est temps de se tirer, trouver du boulot, puis prendre un peu de recul".* (éducateur, 29 ans)

- *"Le côté économique s'est avéré bien plus ardu pour mon niveau que je ne le pensais, ce qui veut dire que j'ai coulé en deuxième année, dans tout ce qui concernait les maths financières, les statistiques, les boules blanches et les boules noires : j'ai pas fait un pli là-dessus. Alors de là je me suis dit... j'ai fait mon service militaire et de là je suis rentré directement dans la profession".* (éducateur, 29 ans)

- *"J'ai fait une première année de droit... et puis je me suis retrouvée enceinte. La fac, je trouvais ça rébarbatif un petit peu. C'était impersonnelle ; et puis c'était à Angers, je me sentais toute seule".* (éducatrice, 25 ans)

- *"Après mon bac F8, je ne savais pas ce que j'avais envie de faire, je suis partie en fac de sciences à Rennes... sciences nat. J'ai fait trois semaines... rien ne me plaisait, ni les cours, ni le contexte".* (éducatrice, 30 ans)

L'université est synonyme d'éloignement. Eloignement géographique durable auquel on n'est pas forcément coutumier(1) ; éloignement à sa famille, dont on redécouvre vite les vertus ; éloignement culturel aussi que l'on a peine à retraduire, sinon par bribes, par touches, par métaphores. Quand la perspective d'obtenir des titres, elle aussi, s'éloigne ; quand l'ambition doit être provisoirement jugulée ; les uns et les autres tendent à rationaliser leur déroute, et surtout se révèlent désormais réceptifs à des opportunités retraduites comme autant de hasards ou d'occasions pour enfin faire ce pourquoi on se sentait fait depuis longtemps sans trop savoir même, quelquefois, que cela pouvait déboucher sur un métier.

c. Faire instituteur". Projet de parents, aspiration des enfants

De nombreux parents, à écouter leurs enfants devenus éducateurs spécialisés, espéraient qu'ils "fassent" instituteur, professeur ou, pour tout dire, "enseignant".

Il y a lieu de s'interroger à plusieurs titres sur de tels projets d'avenir. D'une part ces métiers si fréquemment cités, correspondent-ils réellement aux souhaits des familles ou ne portent-ils pas plutôt la trace des aspirations des enfants, amenés alors à prêter ni plus ni moins à leurs ascendants des ambitions qui étaient avant tout les leurs ? Nous avons, sur ce point, exprimé les réserves qu'il y a lieu d'émettre, mais dans le même temps, nous avons souligné le crédit que l'on peut toutefois accorder à ces déclarations.

D'autre part, quel statut doit-on reconnaître à de telles formulations? Prendre "au pied de la lettre" ces projets aboutit immanquablement à faire le constat de l'irréalisme de parents qui, visiblement peu au fait des exigences concrètes pour accéder à de tels exercices professionnels, se bercent alors d'illusions et préfigurent les déceptions de leurs enfants, incapables de parvenir à de telles positions et obligés alors "d'en rabattre". Francine Muel-Dreyfus, nous l'avons constaté, opte pour une telle analyse. Nous ne sommes pas, pour notre part, entièrement convaincus par cette approche. Nous pensons plutôt qu'il n'y a pas forcément lieu de se focaliser sur ces

---

(1) Les éducateurs spécialisés sont majoritairement originaires de communes de moins de 10 000 habitants, bien qu'une évolution se profile avec l'arrivée dans le métier d'hommes et de femmes de plus en plus fréquemment issus de villes de plus de 50 000 habitants.

noms de métiers somme toute emblématiques et qu'il est préférable de les envisager comme des symboles, comme des signes définissant cet "espace à l'intérieur duquel les enfants pourront imaginer leur avenir"(1) qu'évoquent Alain Desrosières et Michel Gollac. N'a-t-on pas noté aussi d'ailleurs la fréquence de termes tels que : "agent administratif" ou, pour les filles : "infirmière" ? A notre sens, ces citations traduisent plutôt, pour reprendre l'expression de François de Singly et de Claude Thélot(2) "une volonté de placement sans risque dans le fonctionnariat" de la part de familles soucieuses de garantir, avant tout, à leurs enfants, une stabilité, un avancement graduel mais assuré, une capitalisation évitant "les aventures en terrain privé qui risquent plus souvent de tourner mal ou court"(3).

L'ethos promotionnel des parents ne leur interdit pas un certain réalisme ; et plus que l'accès à la profession précise d'instituteur, effectivement bien aléatoire, ce qui est signifié relève bien plus d'une préférence pour la sécurité, associée alors à la sphère des emplois publics ou para-publics. De telles espérances sont non seulement raisonnables, mais n'entrent pas en contradiction avec une ambition lignagère qui peut effectivement se prolonger, puisque dans ces métiers, "une fois rentré en passant des concours internes, on peut monter en grade petit à petit". On aurait affaire alors à des familles aspirant avant tout à ancrer leur position, à l'assurer ; pressentant combien fragile peut être leur situation actuelle. Ayant eux-mêmes beaucoup peiné pour accéder ici à des postes hiérarchiques, là à des métiers "stables" et relativement abrités des risques de chômage, elles ne seraient nullement prêtes à voir leurs enfants dilapider le fruit de leurs efforts et entamer une récession(4). Perçu ainsi, on peut évoquer toutefois un projet parental quelque peu ambigu, puisque tentant de concilier deux pôles contradictoires : d'un côté la promotion, l'ambition ; de l'autre la prudence et la crainte.

---

(1) Alain DESROSIERES, Michel GOLLAC. op. cit. p. 64.

(2) François de SINGLY, Claude THELOT. *Gens du privé, gens du public. La grande différence.* Paris : Dunod, 1988. p. 195.

(3) Ibid. p. 31.

(4) Nous avons relevé de nombreuses trajectoires menant les pères de la sphère privée aux emplois publics. Nos observations concordent ici avec les constats émis par Jean-Paul LAURENS. *1 sur 500. La réussite scolaire en milieu populaire.* Toulouse : PUM, 1992, p. 99-100.

L'ensemble de ces réflexions, pour être validé, suppose déjà une première condition : que les éducateurs spécialisés avalisent, par leurs déclarations, les enseignements d'une enquête par questionnaire toujours bel et bien restrictive.

De fait, non seulement un nombre significatif d'hommes et de femmes directement interrogés ont exprimé de tels projets parentaux, mais ils les ont aussi repris à leur compte, annonçant spontanément qu'à la fin de leur scolarité secondaire, voire durant les premiers temps de leurs études supérieures, ils aspiraient à se diriger vers les carrières de l'enseignement.

- *"Au départ, quand je voulais faire le bac, j'avais envie de faire un petit peu... institutrice en maternelle. Je crois que ça m'aurait plu... et puis bien, comme j'arrivais pas... alors bien... il aurait peut-être fallu... mais à cette époque là, les études..."* (éducatrice, 30 ans)

- *"Jusqu'alors ... je me disais... l'enseignement, ça ne sera pas si mal après tout, il y aura des vacances, il y aura... et puis bien maintenant c'est fini. J'ai été collée deux fois au bac..; trois fois - je l'ai passé en candidat libre - Je pensais à passer l'E.S.E.U., le concours d'entrée à la fac, au moment où j'ai fait ma demande, je ne correspondais pas aux conditions"*. (éducatrice, 25 ans)

Certains ont tenté effectivement d'entrer en "Ecole Normale" ; ils sont rares. Pour d'autres, la majorité, il s'agissait d'une aspiration somme toute assez vague. Plusieurs enfin relient leur métier actuel à cette nébuleuse à laquelle ils ont bien le sentiment d'appartenir.

"La liaison est étroite entre les aspirations professionnelles de l'adolescent et son ascendance : sous cet aspect, elles apparaissent comme l'expression de stratégies familiales qui débordent de simples choix individuels"(1) observe Claude Thélot. Pour ce qui concerne les éducateurs spécialisés, indubitablement, les aspirations qu'ils

---

(1) Claude THELOT. "Tel père, tel Fils" ? op. cit. p. 154.

affichent renvoient à celles formulées par leurs parents. Reste à déterminer en quoi les unes et les autres ont pu infléchir les trajectoires professionnelles. De fait, il est fort probable qu'elles ont joué un rôle important dans l'arrivée dans le métier. Elles ont eu en quelque sorte valeur d'exemples. Pour employer une image marine, elles ont servi d'"amers", c'est-à-dire de repères, de lignes de mire grâce auxquels on se dirige, à partir desquels on peut faire le point de là où on est, de là où on en est.

L'empreinte de la lignée, nous l'avons annoncé, ne s'est pas cantonnée à la formulation de ces projets d'avenir. Les familles ont veillé au grain en développant de véritables stratégies, en puisant à plein dans leur capital social.

B. L'IMPLICATION DES FAMILLES

Qu'il s'agisse de "faire entrer" son fils ou sa fille dans l'entreprise où l'on travaille, et plus généralement de lui transmettre des aptitudes, des attirances, des compétences aussi, associées à un secteur d'emploi particulier, ou à un type d'exercice professionnel précis ; les canaux participant à l'endorecrutement sont depuis bien longtemps repérés et les modalités de leur transmission, quelquefois de génération en génération, éventées.

Point n'est besoin que soit institutionnalisé un tel processus de reproduction : aujourd'hui comme hier ce mécanisme de "recrutement par filiation" se révèle fort efficace, et largement utilisé pour informer son entourage des opportunités d'embauches, des postes disponibles, des stages ou des "remplacements d'été" qui permettront déjà de "mettre un pied dans la place". A l'heure actuelle, rappellent François De Singly et Claude Thélot,

"un cinquième des jeunes actifs occupés de 16-26 ans déclarent trouver un emploi grâce à leur famille, un cinquième également connaissent quelqu'un de leur famille - pour 12 % c'était leur père ou leur mère - qui travaillait dans l'établissement ou l'administra-

-tion dans lequel ils sont entrés"(1).

Certes, de moins en moins d'entreprises ou de services accordent une bonification à ceux et à celles qui peuvent se prévaloir d'un parent déjà en poste en leur sein. Les prétentions de scientificité et d'impartialité des méthodes de recrutement actuelles ne sont pas prêtes, pour autant, à dérouter et à déjouer les multiples formes de cooptations mises en oeuvre par un personnel, capable alors de faire montre d'une ingéniosité qui ne cesse pas d'étonner les mieux avertis. Après d'autres, Emmanuel Desvaux en a récemment souligné la subtilité(2). On oublie, sans doute, trop vite que ce savoir-faire, et les résultats dont on peut se prévaloir, constituent eux aussi une forme de capital.

---

(1) François De SINGLY, Claude THELOT. op. cit. p. 185. Voir aussi sur ce point Maryse MARPSAT. "Les échanges au sein de la famille". *Economie et Statistique.* 239, 1991, p. 64. Les auteurs de l'enquête "Proches et parents" de l'INED mentionnent, pour leur part, que 20 % des personnes interrogées ont reçu une aide dans le domaine de l'emploi. Elle provenait à 77 % de la famille et essentiellement de la famille restreinte. Pour les moins de 35 ans, 34 % ont reçu ce type d'aide. Catherine BONVALET, Dominique MAISON, Hervé LEBRAS, Lionel CHARLES "Proches et parents". *Population*, 1, 1993, p. 83-110. Les résultats d'une vaste recherche consacrée à l'étude des solidarités familiales entre trois générations successives sont en cours de publication. Réalisée à l'initiative de la Caisse nationale d'assurance vieillesse et diligentée par Claudine Attias-Donfut, elle a porté sur différents domaines dont l'aide à l'insertion professionnelle.

(2) Emmanuel DESVAUX. "De l'embauche à l'usine comme dévolution d'un patrimoine". P 43-56. in : *Jeux de Familles.* op. cit.. Enquêtant dans une usine de mise en bouteille d'eau minérale, Emmanuel Desvaux avant été frappé par le fait que les ouvriers, prolixes quand il s'agissait d'évoquer leur maison : bricolage, réfection, achats... ne parlaient que très peu de leur famille. "C'est à partir de cette intuition, écrit-il, je me suis dit, c'est ça l'enjeu...je suis allé voir le chef du personnel en lui disant : "je suis sûr que dans la majorité des cas, les embauches sont faites par la parenté proche". Effectivement le pointage des embauches, sur trois ans a révélé que dans un grand nombre de cas, les ouvriers ont réussi à faire embaucher les membres de leur famille." Au plus fort de la vague d'embauche précise-t-il encore, jusqu'à 50 % des nouveaux étaient des fils ou des neveux des membres du personnel". Le premier étonné fut le Directeur des ressources humaines, persuadé d'avoir recruté sur des critères objectifs, scientifiques. Nombre d'entreprises, signale enfin cet auteur, non sans un brin d'humour, sont réputées pour couver de véritables "dynasties" en leur sein, telles la SEITA, la Société des Courses, ou encore les grandes banques. Ce phénomène de népotisme encore peu exploré par les chercheurs en Sciences Sociales, serait observable jusque parmi le personnel de la direction générale du C.N.R.S., à Paris."

Comment expliquer alors, que dans le secteur rééducatif, la recherche des déterminants sociaux du choix du métier ne se soit pas d'emblée attardée sur cette implication des familles dont on connaît ailleurs l'efficacité et la permanence ? Cela tient sans doute d'abord à la relative jeunesse du métier et la quasi-impossibilité d'y repérer cette transmission directe du statut "de père en fils" qui, aisément repérable, s'avère la plus commentée. Certes Claude Dubar avance quelques éléments sur les héritages dont ont pu bénéficier, en termes de valeurs, les éducateurs spécialisés ; mais il n'en explore pas, loin s'en faut, toutes les dimensions. Il en reste plutôt à des constats - sur la "marginalité" des familles par exemple - à la fois judicieux mais peu formalisés, à des idées somme toute pertinentes mais desservies par des considérations fragiles sur le rang dans la fratrie ou sur le type d'éducation familiale notamment.

Si les familles ont bel et bien été déconcertées par les difficultés scolaires de leurs enfants, elles n'ont pas pour autant renoncé à en guider les premiers pas professionnels. Elles nourrissaient bien trop d'ambition pour ne pas aider leur garçon ou leur fille à "s'en sortir", à "décoller", voire à "se tirer du mauvais pas". L'absence de débouchés offerts par les diplômes acquis par ces derniers les ont même plutôt renforcées dans leur conviction qu'elles ne devaient compter que sur elles-mêmes, notamment en mobilisant les réseaux formels ou informels - familiaux avant tout - susceptibles de faciliter l'insertion socioprofessionnelle de leur progéniture.

Cette "constellation familiale", à l'étude, déborde d'ailleurs des seuls père et mère. Certes ils sont ici les personnages centraux mais, pour peu que l'on soit vigilant aux propos tenus, d'autres agents apparaissent : ce sont d'abord les collatéraux : ils peuvent être "intéressants" et, à ce titre, associés aux démarches d'entrée dans le métier. Ce sont aussi les frères et les soeurs et leurs conjoints respectifs. Ce sont enfin les compagnons, les compagnes. Toutes ces personnes peuvent, à des degrés divers, avoir leur mot à dire.

a. Les parents

L'exploration des différentes dimensions de l'hérédité professionnelle, la mise à jour de l'impact des parents en particulier, est une entreprise réputée délicate. L'influence familiale peut être effectivement niée et régulièrement l'on est amené à émettre des présomptions, à relever des convergences qui, pour être frappantes, n'en sont pas moins refusées, écartées, voire ignorées même, par des individus qui attribuent avant tout leur arrivée dans le métier d'éducateur spécialisé aux résultats combinés du hasard et de leur choix délibéré. Du "roman social" que livrent volontiers certains d'entre eux, ressort non seulement une diachronie chaotique, mais aussi cette velléité d'éluder l'empreinte de la lignée. "Ils ne doivent rien à personne" et le récit de leur prise de possession du poste devient épique quand il s'agit d'en retracer les détours et les arcanes.

Au-delà d'un tel déni, loin d'ailleurs, soulignons-le, d'être général à l'ensemble des éducateurs et des éducatrices que nous avons interrogés, les voies de l'influence familiale sont repérables. Elles passent, on peut s'en douter, par différents canaux qui régulièrement se combinent et s'articulent entre eux. Il s'agit d'abord de l'hérédité professionnelle, définie, à la suite de Claude Thélot, comme "le fait d'avoir reçu et acquis un savoir, une compétence et un goût pour un métier"(1). Ensuite intervient également la mobilisation du capital de relations susceptible de favoriser l'insertion du fils ou de la fille. De plus, que ces aides à la socialisation soient effectives ou non, l'impact des parents passe aussi par tous ces encouragements, ces accords manifestes, cet aval signifié par les uns et recherché par les autres.

- L'impact des professions exercées par les parents

Nous nous sommes déjà attardés sur les professions exercées par les parents des éducateurs spécialisés mais nous les avons observées à travers le prisme des C.S.P., prisme réducteur s'il en fût. Nous avions en fait sollicité de la part des personnes interrogées par le biais d'un long questionnaire, des informations détaillées sur les métiers de leur père et de leur mère. Nous aspirions en effet à repérer des dimensions qui échappent habituellement à une investigation portant sur plusieurs centaines de sujets. Nous sommes alors en mesure de relever la permanence de certaines professions qui entretiennent avec le métier d'éducateur spécialisé des relations privilégiées. Une évolution se profile aussi, et la distinction faite entre les hommes et les femmes, et surtout entre les agents déjà en activité et ceux qui sont encore en formation, permet d'en cerner les contours.

---

(1) Claude THELOT. "La mobilité sociale". p. 229 in : *La Famille, l'état des savoirs*. op. cit.

Les parents enseignants sont relativement nombreux. Un éducateur spécialisé sur dix a une mère institutrice ou professeur de l'enseignement secondaire, un éducateur spécialisé sur vingt a son père qui exerce l'un ou l'autre de ces deux métiers. Ces proportions ne sont pas négligeables. Il est remarquable qu'il s'agit de professions enseignantes assez peu prestigieuses. Plusieurs fils et filles de P.E.G.C. ont d'ailleurs noté comme premier métier de leur père "instituteur", et, signe d'une trajectoire ascendante, la totalité des professeurs de l'enseignement technique sont des hommes qui, auparavant, exerçaient dans l'industrie ou dans l'artisanat(1). La même observation vaut pour les professions médicales. La mère d'un éducateur spécialisé sur douze environ exerce, soit le métier d'infirmière, soit celui d'aide-soignante. Les médecins n'orientent pratiquement jamais leurs enfants vers le secteur rééducatif et les professions paramédicales sont également absentes. La transmission générationnelle du métier d'éducateur spécialisé enfin, pour ne pas être très importante, existe cependant bel et bien. Il y a quelques années, du fait de la jeunesse même de ce métier, il était quasi impossible d'envisager un tel endorecrutement. Actuellement les premiers indices de cette hérédité des positions apparaissent.

Plus généralement une évolution se fait jour, dès lors que l'on met en perspective les professions des parents d'éducateurs spécialisés en activité et celles des agents encore en formation. L'hérédité professionnelle s'accentue. Le quart des mères en particulier exerce désormais un métier éducatif, sanitaire ou social rappelant alors leur influence propre quand l'un ou l'autre de leurs enfants doit se déterminer et entrer dans la vie active.

Nous nous sommes entretenus avec quelques éducateurs spécialisés dont la mère exerce le métier d'institutrice ou d'infirmière, nous en avons également interrogé d'autres dont le père est enseignant. Tous évoquent une "attirance pour l'encadrement de jeunes", pour les métiers éducatifs, mais ils ne relient jamais spontanément ces aspirations, ces goûts à une socialisation entamée bien en amont de leur décision d'entrer dans le métier.

---

(1) L'épouse de 60 % des pères exerçant un métier éducatif, sanitaire ou social appartient elle-même à l'un de ces trois secteurs : l'éducation, la santé, les affaires sociales.

- *"Après ma deuxième terminale, j'étais T.U.C. dans une association. J'initiais les jeunes au solfège, j'ai fait çà pendant quinze mois mais pas l'été... comme travail d'été, là ça n'a rien à voir... j'ai repeint une école maternelle, j'ai fait de la peinture... dans l'école de ma mère... Après j'ai regardé un petit peu partout, à l'A.N.P.E., dans les journaux, les demandes habituelles et puis... moi je marche à la motivation... je me suis dit... qu'est-ce que j'aime faire ? Quand même ce qui m'intéressait vraiment, vraiment, c'était le travail d'encadrement... mais je me suis dit, faut pas quand même que je me limite comme çà puisque je n'arriverai à rien ; alors finalement je me suis dit, parce qu'avant je me limitais au travail d'enseignant, je me suis dit on peut élargir, c'est le travail d'encadrement aussi. Alors j'ai pensé aux Papillons Blancs. J'ai demandé directement à l'I.M.E. si on voulait bien me recevoir pour un entretien (...) mes parents ont pris çà très bien, c'est vrai, très bien. Ils ne connaissent pas vraiment, enfin ma mère un peu plus... ma mère avait eu un petit, justement, qui était à mi-temps entre l'I.M.E. et la maternelle ; mais ça a duré un an, un an et demi et ça remonte vraiment à quelques années avant que je rencontre mes problèmes au bac, donc vraiment c'est sans influence. Mais quand j'ai annoncé, ça a très bien passé".*
(éducatrice, 25 ans)

On ne peut pas attribuer, à notre sens, ce déni, ce refoulement des antécédents familiaux, des ressources culturelles endossées, ces silences aussi sur les multiples vecteurs d'une influence qui pourtant s'exprime bel et bien, à une quelconque volonté de "donner le change", de masquer une empreinte que l'on mesure, en fait, parfaitement bien. Nous avons plutôt constaté une conviction sans faille que, puisque ce ne sont pas des métiers identiques, puisqu'on les exerce différemment, dans d'autres cadres, avec d'autres préoccupations, puisqu'on les perçoit même quelquefois en opposition, sinon même aux antipodes de ces métiers normalisés, inféodés à une hiérarchie omnipotente, à une institution toute puissante ; tout concourt alors à signifier que "non, vraiment, ils n'ont rien à voir".

"Ils refusent presque toujours la logique sociale du cheminement familial, plus particulièrement lorsqu'il s'agit du dernier maillon : leur propre destinée" note Catherine Bidou(1). Nous ne pouvons qu'avaliser son observation: l'univers professionnel relativement clos qui a été le leur durant leur enfance et leur adolescence, les petites différences entre le métier d'instituteur et d'éducateur spécialisé par exemple, apparaissent comme autant de ruptures radicales. Pour eux, cela va de soi, ce qu'ils font est inédit.

Nous avons remarqué aussi, qu'une proportion assez significative de parents occupait un emploi d'agent de service des établissements de la fonction publique. Ainsi 9 % des mères d'éducateurs spécialisés travaillent dans une école primaire, secondaire ou dans un établissement pour handicapés. Pour n'être que 5 %, les pères ne sont pas non plus absents, la quasi-totalité sont des agents de lycées ayant exercé auparavant d'autres métiers. Plus généralement, 58 % des pères exercent une profession qui a notamment pour particularité d'entraîner des horaires de travail irréguliers. C'est le cas de la plupart des agriculteurs, commerçants et artisans mais aussi de 42 % des salariés.

Quelle influence attribuer, ici à l'occupation d'emplois périphériques, certes, mais qui appartiennent cependant à la nébuleuse éducative, là à ce rapport particulier au temps de travail, que l'éducateur spécialisé, qui, commençant quasiment toujours sa carrière en internat, retrouvera. Il convient assurément d'être prudent et de se cantonner, faute de preuve tangible, à présumer l'impact de ces deux derniers traits. Le premier en particulier est à souligner : la plupart des parents exerçant dans un établissement scolaire souhaitaient voir leur fils ou leur fille devenir enseignant. Côtoyant quotidiennement ces professionnels, un idéal d'orientation pour leurs enfants se dessinait. Le choix du métier d'éducateur spécialisé représente alors d'une certaine manière un accommodement.

- Faire jouer les relations : un capital social efficace.

Les parents soucieux de "trouver un emploi" pour leur fils ou leur fille, inquiets de constater combien ceux-ci désinvestissent peu à peu leurs études secondaires ou supérieures et risquent tôt ou tard de sombrer dans le désoeuvrement, voient s'agiter autour d'eux le spectre du chômage et l'inanité de tous les efforts qu'ils ont pu consentir jusqu'ici pour leur assurer "une bonne situation". Pessimisme excessif ? Crainte plus ou moins fondée et finalement

---

(1) Catherine BIDOU. op. cit. p. 55.

pas très rationnelle ? Sans doute, mais peu importe à leurs yeux : en préfigurant déjà les risques encourus, ils entament une dynamique qui ne va pas tarder à se concrétiser par la recherche fébrile des différentes issues susceptibles de déboucher, pour leurs enfants, sur un emploi - fut-il dans un premier temps précaire -.

Les relations qu'ils ont pu nouer au sein de leurs entreprises respectives, ou par le biais de leurs activités associatives ou militantes, les amitiés opportunément cultivées, les services rendus en attendant plus ou moins la réciprocité constituent un réseau précieux, et à ce titre, entretenu, actualisé, régulièrement sondé, pour mesurer "sur qui on peut compter". L'ethos promotionnel passe aussi par de telles structures cognitives : selon le mot de Pierre Bourdieu, "prétention" peut s'écrire également "pré-tension"(1). Le "on ne sait jamais de qui on peut avoir besoin" se rapporte avant tout à ceux et à celles qui, un jour "feraient bien ça pour nous". Ne disposant ni d'un fort capital économique, ni d'un important capital culturel et scolaire, leur reste cette forme de capital social, certes fragile, versatile, sujet à caution, mais bel et bien à l'image de leur position intermédiaire et mal assurée.

Le secteur rééducatif se prête particulièrement bien à de telles stratégies faisant intervenir des "connaissances", des "relations". Encore peu institutionnalisé, si on le compare notamment au secteur proprement éducatif, il offre des postes relativement nombreux et ne nécessitant pas toujours de prime abord des diplômes universitaires ou professionnels. Ainsi est-il possible d'y prendre pied sans avoir à se prévaloir de titres ou de certificats, et une grande partie des éducateurs spécialisés qui ensuite ont entamé une formation, occupaient auparavant un emploi au sein d'un établissement ou d'un service relevant déjà du secteur. "Le tout est d'y entrer" et les personnes un peu averties mesurent bien en quoi, si l'on parvient à y poser ses marques, à démontrer "sur le terrain" des qualités qui passeront pour signes tangibles de cette compétence, la cause sera entendue. La cooptation est reconnue par tous, voire promue au rang de processus éprouvé et somme toute aussi efficace qu'un autre. Là aussi se rappellent les singularités d'un terrain qui s'est construit en promouvant ce qui, ailleurs, au sein de l'Education Nationale par exemple, était rejeté. Les procédures d'embauche, empiriques, "intui-

---

(1) Pierre BOURDIEU. *La Distinction.* op. cit. p. 388.

-tives", participent d 'une telle logique. Elles sont autant d'opportunités pour ces stratégies que vont mettre en oeuvre des familles préoccupées par l'avenir de leurs enfants.

- *"L'année de première, en F8, il y avait un stage à faire, un stage de secrétariat, et je suis allée le faire, mon stage de secrétariat, au C.A.T. de M. donc. J'étais connue un peu là-bas, et comme mon père connaissait le Directeur du C.A.T.... donc il m'a proposé de venir passer une journée, comme ça, sur les groupes".* (éducatrice, 30 ans)

- *"J'ai travaillé un an au Centre d'E. avant la formation, j'ai connu l'I.M.E. par ma mère... disons un peu aussi... Elle travaille un peu dans le milieu médical. Par elle, j'ai passé une journée. On était plusieurs sur le poste, et je l'ai eu, et je me sentais tellement bien dans la place que j'y suis restée".* (éducatrice, 25 ans)

Pour les familles d'origine modeste qui aspirent à ce que se perpétue l'ascension qu'elles ont entamée, la valorisation des affinités, le "sens des relations" sont indispensables. Dans le même temps, les bénéficiaires répugnent à en exposer les tenants, et nous avons remarqué que sur ce point les hommes sont plus réticents que leurs homologues féminines à en dévoiler les replis.

- Encouragements et approbation

Qu'ils aient ou non participé activement à la recherche de cet emploi providentiel qui va les soulager et apaiser leurs craintes, les parents interviennent encore à un autre niveau : leur approbation est sollicitée. Elle rappelle, s'il le fallait, l'intensité des liens familiaux, l'accord implicite que ce qui touche à l'insertion professionnelle "les regarde". Les enfants, régulièrement, s'enquièrent de leur aval et sont très sensibles à leurs réactions.

Ils s'emploient à les informer, à les rassurer, à leur donner des garanties et, généralement, ils ont bien intégré les conditions que les parents mettront à cet accord, les points essentiels à partir desquels ils se détermineront. Plusieurs éducateurs spécialisés nous ont relaté les discussions, vives quelquefois, entre eux et leurs parents au sujet de leur choix. La plupart ont alors signalé ce double souci a priori contradictoire. D'une part celui que leur fils ou que leur fille occupe un poste "sûr", stable, abrité, d'autre part "parce qu'il ne fera pas cela certainement toute sa vie" qu'il puisse déjà projeter comment il va "continuer" la trajectoire de la lignée. Dans d'autres cas un tel échange n'avait pas lieu d'être. Les deux parties étaient en terrain de relative connaissance et si le métier d'éducateur spécialisé n'était pas très bien connu, du moins ses contours étaient-ils repérés et les familles estimaient que, "à tout prendre, c'était un bon début".

> - *"Le statut n'était pas très élevé, mais bon... enfin, je revenais dans le circuit, ça les rassure".* (éducatrice, 29 ans)

> - *"Mes parents l'ont très bien pris, très bien... mais là aussi, c'est pas tout à fait... quand j'ai passé concrètement le concours c'est... c'est aussi parce que le bac était demandé jusqu'à il y a pas très longtemps et que c'est ma mère qui m'a informé que, parce que connaissant x ou y, tu sais que tu peux passer le concours à l'école d'éduc. Je lui ai dit non il faut le bac... elle m'a dit non il n'y a plus besoin. Mes parents sont très heureux ils me subventionnent, ils vivent ça très très bien : l'année dernière... je bossais avant, j'avais pas un revenu énorme, je n'avais pas de fric de côté, du jour où j'ai passé le concours, mes parents m'ont assumé financièrement, et là, cette année, je suis à Brest, dans un lycée, et j'ai aussi une bourse. Je m'auto-suffis mais c'est vrai que l'année dernière, d'emblée, ils m'ont pris en charge. Je pense que l'année prochaine je ne reprendrai pas le boulot de pion... et je pense que... qu'ils m'aideront ; et j'accepte. Ils m'ont aussi hébergé l'année dernière".* (éducateur, 31 ans)

On peut compter sur ses parents à partir du moment où on leur donne des garanties, où l'on cesse des pérégrinations qui, pour eux, ne mènent à rien. Ici hébergement et soutien financier - cette personne a alors trente ans et a travaillé plusieurs années après l'obtention d'un B.E.P. Audiovisuel - se doublent d'un appel aux relations pour disposer d'informations sur les nouveaux critères d'accès à une école d'éducateurs spécialisés.

Du fait, dès lors que l'on s'arrête sur l'influence de la lignée, on découvre un réseau extrêmement dense, voire inextricable. Son efficacité tient à la conjonction de multiples interventions qui, toutes, participent à cette socialisation. La famille transmet éventuellement un héritage professionnel, elle mobilise aussi son capital de relations et ne se montre pas avare de soutien, tant l'enjeu que représente l'obtention d'un emploi est de taille.

b. La fratrie

A l'instar des emplois occupés par les parents, ceux des fratries ont déjà fait l'objet d'une première approche : en ressortait notamment le poids significatif des professions intermédiaires. Nous allons nous attacher à repérer avec plus de précisions les métiers des quelque 1360 frères et soeurs en activités que nous avons répertoriés.

Environ 370 d'entre eux, soit 28 %, appartiennent aux catégories "instituteurs et assimilés" ou aux "professions de la santé et du travail social" ; nous avons aussi calculé la proportion de familles où un ou plusieurs des enfants exercent l'un des métiers qui s'y rapportent. Nous pouvons ainsi déterminer que 40 % des éducateurs spécialisés en poste ont au moins un frère ou une soeur enseignant ou membre d'une profession médico-sociale. Ce taux est encore plus important pour ce qui concerne les éducateurs spécialisés en formation : 45 % peuvent s'en prévaloir. Pour compléter enfin cette investigation, nous avons également répertorié les conjoints de ces frères et soeurs exerçant l'un de ces métiers. Qu'il s'agisse d'éducateur spécialisé en situation d'emploi ou encore inscrit dans une école, ce taux est ici identique : un beau-frère ou une belle-soeur sur quatre relèvent des mêmes emplois.

Il convient donc de souligner la convergence, dans les familles, de ces métiers ayant entre eux des rapports plus ou moins étroits ; celui d'éducateur spécialisé étant, avec quelques autres, à la charnière des pratiques médicales, médico-sociales ou éducatives. Reste à s'interroger sur les multiples ressorts et influences d'une telle homogénéité des choix professionnels.

De fait, l'impact d'un tel frayage emprunte des voies souvent similaires à celles des parents. Le frère ou la soeur accumule une expérience professionnelle dont il va pouvoir faire bénéficier ce cadet ou cet aîné qui envisage d'entrer dans un métier plus ou moins proche de celui qu'il exerce déjà. Le capital de relations dont il dispose se révélera aussi très précieux.

L'hérédité réticulaire n'est donc pas le seul fait des parents, elle passe aussi très largement par la fratrie. Il y a lieu de relativiser le fait de n'attribuer une telle influence qu'aux aînés. Même si l'âge de l'entrée en formation tend à s'abaisser, une très large majorité des éducateurs spécialisés ont, au-delà d'un "passage" sur les bancs de l'université, occupé auparavant un ou plusieurs emplois, souvent transitoires et de courte durée. On peut estimer qu'en moyenne les uns et les autres ont travaillé durant trois ou quatre ans avant de s'inscrire en école. Certains, des hommes notamment, ont derrière eux dix à quinze ans d'expérience, au sein de l'Education Spécialisée mais aussi, voire surtout, dans des secteurs très éloignés des pratiques rééducatives. La "force de rappel" vers un métier à la croisée du sanitaire et du social peut donc parfaitement être passée par un frère ou une soeur plus jeune ayant accédé avant lui ou avant elle à ces professions intermédiaires.

Ce frère ou cette soeur constitue l'un des modèles à partir desquels on va jauger sa propre trajectoire, évaluer son cursus, se comparer. Ce qu'il vit, ce qu'il relate de sa profession, ce qu'il met en avant mais aussi tout ce qu'il n'a pas besoin de démontrer ou d'expliciter pour le diffuser à ses proches va ainsi permettre au futur éducateur spécialisé, ouvertement ou non, de mesurer les avantages et les inconvénients de tels métiers intermédiaires, de calculer les chances qu'il a, éventuellement, de parvenir, lui aussi, à de telles positions. Avant même qu'il ne se déclare, celui ou celle qui aspire à exercer ce métier ou qui, dans un premier temps, sans vraiment l'identifier précisément, "se voit bien" dans "quelque chose de proche", a donc pu réaliser toute cette négociation qui l'amènera à dévier, à quitter son emploi présent, à se "reconvertir" ; à "arrêter de galérer" diront certaines personnes interrogées.

Ainsi les autres membres d'une fratrie représentent-ils en quelque sorte d'autres "soi-même", et leurs orientations d'autres "possibles", d'autres "accessibles". Les occasions d'ailleurs ne manquent pas, puisque, nous l'avons souligné, la taille des familles est, ici, souvent imposante. L'hérédité professionnelle passe ainsi par ce frayage qui, plus efficace sans doute que toute autre médiation, aboutit à ce que, peu à peu, les cheminements s'homogénéisent et se concentrent, somme toute, dans un univers de métiers relativement similaires.

Cette influence, souvent déterminante, va encore se renforcer dès lors que le soutien de ce frère ou de cette soeur, qui a déjà pris pied dans un établissement, dans un service - ou qui du moins en connaît les spécificités - va être, plus ou moins directement, plus ou moins explicitement, sollicité. Non seulement il dispose d'informations sur les filières à suivre, sur les modalités pour entrer en école, mais surtout il est à même de fournir tous ces conseils, toutes ces menues recommandations qui feront l'efficacité de la démarche et, finalement, s'avérer déterminant. La plupart du temps les personnes que nous avons interrogées ont profité d'opportunités pour occuper la place. Ici ils ont proposé leur candidature justement au moment où une institution devait, au pied levé, procéder à un remplacement ; là où une autre recherchait, qui un chauffeur, qui un stagiaire très rapidement disponibles. Si plusieurs hommes et femmes avec lesquels nous nous sommes entretenus ont évoqué leur arrivée dans le métier comme un concours de circonstances, c'est notamment parce qu'à l'appui de leur dire ils pouvaient relater effectivement des événements de ce genre. A l'étude ce qui est alors avancé comme fortuit, ne se révèle en rien le fruit d'un quelconque hasard. Certes les relations que la grande majorité d'entre eux ont fait jouer dépassent la sphère familiale, mais, comme on peut aisément l'imaginer, les frères et les soeurs ne sont pas restés inactifs dès lors qu'ils pouvaient parrainer et se porter garant, auprès d'une direction ou de collègues de travail, de cette nouvelle recrue.

Si l'invariance des destinées, si les limites du champ des possibles passent par ces rôles dévolus à la fratrie, il est bien entendu impossible, là encore, de généraliser à l'ensemble des éducateurs spécialisés les réflexions précédentes. D'une part dans un peu plus de la moitié des familles, aucun autre membre de la fratrie n'exerce un quelconque métier éducatif, sanitaire ou social ; d'autre part, dans certains cas, les situations sont inversées, et c'est justement l'éducateur spécialisé qui va aider à l'orientation d'un aîné ou d'un cadet vers des professions paramédicales ou enseignantes.

Parmi les hommes et femmes que nous avons interviewés, il n'est pas surprenant que plusieurs aient évoqué l'influence d'un membre de leur fratrie. Qu'elles soient assistantes de service social - le cas est pourtant, on doit le souligner, relativement peu fréquent - éducatrices spécialisées ou institutrices, nous avons plutôt entendu parler de femmes. Ce n'est, à vrai dire, pas étonnant puisque la catégorie "instituteurs ou assimilés" est féminine à 60 % environ et celle regroupant les "professions intermédiaires de la santé et du travail social" l'est elle, à 75 %. Sont-elles cependant de meilleurs "agents de liaison", et s'inscrivent-elles plus rapidement dans la reproduction lignagère ? La question mérite d'être instruite.

Les éducateurs ont, en moyenne, plus de frères et de soeurs exerçant un métier du social, du sanitaire ou de l'enseignement que les éducatrices. Un autre indice de cette plus forte influence de la fratrie dans le choix du métier d'éducateur spécialisé par les hommes, est la part de familles qui ont au moins un frère ou une soeur dans l'un de ces métiers. Nous avions noté qu'environ 43 % de l'ensemble des éducateurs spécialisés peuvent se prévaloir d'une telle présence ; pour ce qui concerne spécifiquement les hommes, cette proportion s'élève à 55 %. On a ainsi affaire non seulement à un impact plus important des parents, mais aussi de la fratrie, pour l'orientation professionnelle des éducateurs que des éducatrices. On sait en outre qu'ils entrent plus tardivement dans le métier et bénéficient donc, plus que les femmes, du frayage des autres membres de la fratrie, y compris des plus jeunes qu'eux.

Nombre d'hommes se rallieraient au métier à la suite de cet aîné ou de ce cadet qui serait alors bien plus souvent une aînée ou une cadette. Tel est le cas de ce jeune homme dont nous avons déjà relaté les déboires scolaires et le soutien actif des parents dès lors qu'il décidait de "reprendre des études".

- *"J'ai une soeur qui a maintenant 32 ans : c'est l'aînée. Elle, après le bac, elle a fait directement la formation, à 18, 19 ans. Quand j'ai choisi de bifurquer, ma soeur a pris ça très bien, très très bien, très très positif. Je n'ai pas entendu "tiens ! t'y viens toi aussi !" non c'était plutôt "je suis contente pour toi". Maintenant j'ai plus, finalement, de relations par... par apparentement de formation ; plus depuis un moment alors que bon, c'est vrai, avant je n'avais pas vraiment beaucoup de relations avec cette soeur qui était l'aînée ; et je la revois beaucoup plus depuis que je suis en formation".* (éducateur, 31 ans)

Autre exemple de cette convergence parents/fratrie, la situation de cette jeune fille illustre aussi l'imbrication des influences. Après le décès de son mari, militaire de carrière, sa mère a travaillé une année dans une usine agro-alimentaire puis quatre autres années dans une base aéro-navale en tant que secrétaire. Par la suite, salariée épisodique, elle a assuré le secrétariat de la paroisse. Parallèlement elle enseignait la catéchèse dans les écoles primaires et dans l'I.M.E. où cette éducatrice, après trois semaines en faculté, se fera embaucher comme remplaçante.

- *"On est quatre filles, l'aînée à 26 ans, bac F8, elle est infirmière et son mari, lui, il est enseignant dans le privé. La deuxième a 25 ans, bac F8 aussi, elle a travaillé comme secrétaire dans une école d'éducateurs et maintenant elle est assistante dentaire à Paris. Après c'est moi, bac F8 aussi et puis la dernière a 20 ans. Elle fait un bac professionnel en bureautique. En fait j'ai fait un bac F8 comme mes soeurs, pour faire plutôt comme mes soeurs, j'avais pas trop d'idées ; alors...* ". (éducatrice, 26 ans)

Restreindre cependant les déterminants du choix du métier d'éducateur spécialisé aux influences des parents et de la fratrie serait faire l'impasse sur le rôle d'autres membres de la famille : les collatéraux. Oncles, tantes, cousins, cousines reviennent régulièrement dans les propos des personnes interviewées.

c. Les collatéraux

Le réseau des solidarités familiales, qui passe notamment par le soutien actif à l'insertion professionnelle, s'étend bien au-delà des aides, des échanges entre générations ou entre frères et soeurs. Les travaux d'Agnès Pitrou(1) rappellent combien cette parentèle, qui, de fait, participe à maintes transactions déborde du cercle strictement familial et peut englober aussi les collatéralités.

Certes les relations sont, selon les cas, plus ou moins distendues, quelquefois même inexistantes, et aucune généralisation n'est possible ; toutefois le pronostic souvent prononcé de désagrégation, d'effritement de tout cet ensemble de "liens de parenté vécue" semble bien avoir été un peu expéditif.

Nous n'avions pas, nous-mêmes, au départ soupçonné l'existence de telles relations, que l'on peut qualifier de transversales, et en restions sans doute trop à la famille nucléaire. Contre toute attente, plusieurs des personnes interviewées ont évoqué spontanément l'influence significative, voire déterminante à leurs yeux, ici d'oncles ou de tantes, là de cousins ou de cousines avec lesquels des liens étaient maintenus et qui, à leur niveau, avaient ainsi participé directement ou indirectement à leur choix du métier. Les allusions de Jean-Pierre Terrail(2) ou de Claude Fossé-Poliak(3) sur l'impact probable de collatéraux se voient donc ici confirmées, même si de telles solidarités se révèlent être bien moins fréquentes qu'entre ascendants directs ou membres d'une même fratrie.

---

(1) Agnès PITROU. *Vivre sans famille ?* Toulouse : Privat, 1978 et 2ème édition revue et complétée, parue sous le titre : *Les Solidarités familiales*. Toulouse : Privat, 1992.

(2) Jean-Pierre TERRAIL. "De quelques histoires de transfuges". *Les cahiers du LASA*, 2, 1986, p. 46.

(3) Claude FOSSE-POLIAK. "L'accès dérogatoire à l'enseignement supérieur". *Revue Française de Sociologie*, XXXII(4), 1991, p. 554.

Les propos suivants se rapportent-ils à un mode d'entrée dans le métier finalement rarissime ? Cela reste à démontrer ; et puisque nous avons relevé la progression de l'endorecrutement, il est probable que cette forme particulière de socialisation professionnelle dont on connaît l'efficacité gagne du terrain et que l'on assistera donc dans les années à venir à la confirmation d'un phénomène qui n'est déjà plus marginal.

- *"Après le bac A, j'ai commencé tout de suite des remplacements dans un I.M.E. En fait je crois que ma voie était tracée. J'ai commencé avant le bac, j'ai fait des colos, des centres aérés et puis je me suis dit, bon, je commence dans la profession en tant que stagiaire pour après éventuellement passer la sélection. C'est un contexte, je ne peux pas expliquer... bon je crois qu'il y a tout un contexte, j'ai une famille assez étendue dans la profession, je pense que ça vient de là. J'ai deux oncles qui sont directeurs d'établissement, deux tantes qui sont aussi éducatrices et j'ai d'autres cousins qui sont en formation actuellement. Je pense que j'ai été attirée, plus jeune, de par le fait que mes oncles avaient des Maisons d'enfants. C'est vrai, j'ai pas mal véhiculé, j'ai eu l'occasion d'aller sur les groupes avec ma tante. Je pense que j'avais une image de la profession, sans qu'elle soit précise ; je pense que j'ai un peu plus appréhendé... c'est pas tellement explicable mais enfin bon... c'était une attirance avec les enfants, c'est vrai que c'est un milieu spécialisé... Bon mon oncle tenait quand même une maison d'arriérés profonds ; je savais vraiment où j'allais, je crois que j'étais attirée. Quand j'allais chez eux, aux petites et grandes vacances, j'étais en train de fouiner, je posais pas mal de questions, un peu comme si... de façon succincte quoi".* (éducatrice, 31 ans)

Si tous les éducateurs spécialisés ne peuvent, bien entendu, pas se prévaloir d'un tel réseau familial, il n'en demeure pas moins que des influences plus diffuses tendent, elles aussi, à orienter le choix du métier. Ainsi cette jeune femme, invitée à exposer les raisons de son orientation, évoque-t-elle deux collatérales :

- *"De par la taille de la famille de mon père, et des relations dans la famille, j'ai toujours eu beaucoup de cousins et de cousines autour de moi. Certains étaient plus âgés et j'ai pu voir... j'ai une cousine qui donc... qui faisait l'école d'auxiliaire puéricultrice.*

C'était sur Rennes et donc comme elle habitait loin, elle était chez nous tous les week-ends, et ensuite une autre qui faisait l'école d'éducatrices de jeunes enfants à Nantes... et donc, tant qu'elle était à Nantes, elle venait chez nous très souvent et après, elle est allée travailler à Paris, mais elle venait chez nous souvent aussi. Beaucoup de cousins et cousines venaient très facilement chez nous". (éducatrice, 33 ans)

Potentiel de soutien possible, capital de relations qui en appellent d'autres, réseau souterrain de solidarités qui n'ont pas toujours perdu de leur dynamisme ; les collatéraux peuvent offrir des modèles d'insertion, des occasions d'agrandir le champ des possibles, des opportunités de soutien actif aussi pour favoriser l'arrivée dans le métier. Quelquefois déterminant, leur impact, plus souvent, se combine, se conjugue à d'autres ; voire, au-delà, renseigne sur la vitalité des liens de parenté.

d. Les conjoints

Le choix d'un conjoint est une affaire sérieuse et il représente pour chacun des deux partenaires un enjeu très important. Leur destin social dépend de cette union et, plus particulièrement, leur avenir professionnel portera indubitablement la marque d'une telle alliance. Les couples - faut-il le rappeler - ne se forment pas au hasard, et l'alchimie amoureuse transmue en bons sentiments des intérêts bien compris, même s'ils n'ont pas toujours besoin de se payer de mots, de palabres ou d'âpres négociations. Grâce aux travaux de François De Singly(1) notamment, on évalue bien l'ensemble des pertes et profits que l'un et l'autre des conjoints peuvent espérer acquérir ou devoir concéder. Sur le plan professionnel, le mariage, globalement, est une bonne affaire pour les hommes ; c'est probablement pour cela d'ailleurs qu'ils sont bien plus enclins à transformer l'essai de l'union libre, et plus réticents au divorce que leurs épouses. Les femmes peuvent, de leur côté, en attendre une mobilité ascendante, et si elles doivent régulièrement s'effacer, ici pour permettre à leur partenaire de postuler, avant elle, à une formation professionnelle, là pour prendre en charge l'éducation des enfants qu'un mari trop occupé délaisse quelque peu, elles n'en jouent pas moins un rôle clé, notamment en s'intéressant de très près à la manière dont leur progéniture assurera et prolongera la trajectoire lignagère.

---

(1) François de SINGLY. *Fortune et infortune de la femme mariée.* op. cit.

Comment les déterminants du choix du métier d'éducateur spécialisé se logent-ils dans ces stratégies matrimoniales, dans ce placement, à long terme généralement, que chacun réalise, sans en attendre nécessairement des bénéfices identiques ?

"Le destin social d'un groupe, rappelle Michel Bozon, se lit aussi dans son destin matrimonial"(1)

En relevant d'abord à grands traits la situation des éducateurs spécialisés, et notamment leur très forte homogamie, puis en s'intéressant particulièrement aux incidences du mariage sur l'orientation professionnelle, nous nous proposons ici de rapporter quelques éléments démontrant l'influence quelquefois déterminante du conjoint et l'habileté qu'il peut développer en la matière. Il faudrait d'ailleurs plutôt employer ici le féminin puisque, curieusement, les femmes, une fois encore, apparaissent jouer souvent un rôle de premier plan et cultiver à merveille l'art de convaincre leurs compagnons de changer de voie, en leur rappelant au passage les responsabilités qui leur échoient.

Les trois quarts des hommes et environ 60 % des femmes que nous avons interrogés, par le biais d'un questionnaire, vivent en couple. Les premiers, plus âgés en moyenne, sont aussi plus fréquemment portés vers une union, qui plus est, scellée par le mariage. Rien ici ne déroge vraiment aux attendus. Chez les hommes, ce sont les plus jeunes qui sont célibataires et le faible taux de divorcés témoigne plutôt de leur empressement bien repéré à prendre très vite une autre compagne, dès lors qu'ils ont quitté, bon gré mal gré, la précédente. Les femmes sont, elles, beaucoup plus souvent célibataires, voire persistent à demeurer seules après une séparation. Deux phénomènes semblent se conjuguer ici. D'abord elles sont plus jeunes, et dès lors que l'on inclut, comme nous l'avons fait, les éducatrices en formation, une telle observation n'a rien d'étonnant. Un autre facteur est cependant à souligner : près de 30 % des femmes de plus de 35 ans ; 35 % si on ne retient que celles âgées de 40 ans et plus, vivent seules. La moitié d'entre elles se déclarent alors célibataires ; les autres, divorcées ou séparées, ne signalent, en tout état de cause, ni nouveau partenaire, ni beaux-parents. Doit-on évoquer à l'instar de François de Singly et de Claude Thélot

---

(1) Michel BOZON. "Le choix du conjoint". p. 28 in : *La famille, l'état des savoirs.* op. cit.

"la vocation sans voiles des femmes exerçant un métier sanitaire ou social" ? (1)

Ces deux auteurs relèvent "qu'à 40-49 ans une femme professeur sur sept et une infirmière sur quatre vivent seules". A se baser sur notre investigation, ce serait le cas d'une éducatrice sur trois. Doit-on plutôt rapporter cette situation aux effets pervers de la dot scolaire et du maintien d'une activité professionnelle, coûte que coûte ? De fait les deux explications sont possibles et sans doute se conjuguent-elles pour aboutir à ce célibat qui n'est pas sans rappeler les figures de la solitude féminine encore associées aux professions sociales et à leur héritage religieux.

Le tiers des couples déclare vivre en union libre. Nous avons recherché les éventuels écarts, en termes d'homogamie professionnelle selon qu'ils sont mariés ou non. Ils sont très ténus et accréditent les réflexions de Pierre-Alain Audirac :

"Le hasard n'intervient guère plus dans la formation des couples hors-mariage que dans celle des couples mariés"(2),

les contraintes ne sont, de fait, pas réellement desserrées par cette union qui porte fort mal son nom.

De l'étude de cette homogamie ressort avant tout la régularité des unions au sein des professions intermédiaires.

Les hommes ne peuvent quasiment jamais prétendre épouser une femme exerçant un métier supérieur au leur mais, par contre, parviennent à asseoir leur position puisque moins de 20 % choisissent une compagne employée ou ouvrière. Les femmes, elles, étendent plus leur choix vers les catégories inférieures et un peu plus rarement vers les cadres et les professions libérales. Si 10 % d'entre elles, par ailleurs, optent pour un époux commerçant, artisan ou agriculteur, plus de la moitié se cantonnent cependant à leur groupe socioprofessionnel, épousent ainsi leur condition et confirment là

---

(1) François de SINGLY, Claude THELOT. *Gens du privé, gens du public. La grande différence.* op. cit. p. 116-117.

(2) Pierre-Alain AUDIRAC. "Cohabitation et mariage : qui vit avec qui ?" *Economie et Statistique*, 145, 1982, p. 57.

une tendance déjà observée par Thibault Lambert(1) il y a une quinzaine d'années.

L'homogamie professionnelle apparaît donc extrêmement forte. Le tiers environ des hommes et des femmes qui font vie commune avec un partenaire exerçant une profession intermédiaire ont pour conjoint un éducateur ou une éducatrice. Les enseignants sont aussi fortement sollicités et les éducateurs notamment, non seulement se limitent à leur catégorie socioprofessionnelle, mais épousent avant tout une institutrice, une professeur, une infirmière ou une éducatrice. Ces quatre métiers regroupent plus de la moitié de leurs conjointes. Il peut paraître étonnant que très peu d'entre eux élisent une partenaire assistante de service social. Ils ont pourtant maintes occasions de les côtoyer et fréquentent souvent les mêmes centres de formation. Cette observation, à la réflexion, rappelle combien la catégorie générique "travailleurs sociaux" mérite d'être considérée avec circonspection. Les assistantes de service social ont un profil sociologique différent. Contrairement aux affirmations de Jacques Ion et de Jean-Paul Tricart(2), l'homogénéisation des origines sociales de cette nébuleuse ne les affecte que très peu, les données que présente Florence Defresne, d'ailleurs, le confirment bien et amendent ce que pouvait laisser entendre une lecture trop rapide des résultats de l'enquête diligentée par François Pottier. Elles peuvent prétendre non seulement à élargir leur choix au-delà des catégories professionnelles proches, mais surtout à épouser un cadre supérieur. Leur dot scolaire ici, se compte non seulement en années d'études après le baccalauréat, mais aussi se mesure au prestige d'une profession qui a tout intérêt - y compris en termes de bénéfices sur le marché matrimonial - à cultiver ses différences et à se prévaloir d'une singularité. Les éducateurs spécialisés ne les intéressent donc pas.

Les éducatrices, elles, à la fois concentrent leur choix sur des partenaires exerçant exactement le même métier - 35 % des femmes qui épousent un homme membre d'une profession intermédiaire, optent pour un éducateur spécialisé, 44 % si l'on étend à la C.S.P. "4332" du même nom -, et ne dédaignent pas non plus les techniciens, les chefs d'équipe, les contremaîtres et les fonctionnaires de catégorie B.

---

(1) Thibault LAMBERT. *Les Educateurs spécialisés*. op. cit. p. 28.

(2) Jacques ION, Jean-Paul TRICART. *Les Travailleurs sociaux*. op. cit.

Au total l'homogamie professionnelle des éducateurs et des éducatrices est sensiblement identique ; 20 % d'entre eux ont pour conjoint une personne ayant la même qualification et occupant le même emploi, le quart si l'on englobe les moniteurs-éducateurs et les éducateurs techniques spécialisés.

Catégorie intermédiaire, le métier d'éducateur spécialisé est aussi un milieu où l'on reste entre soi. Se profilent alors les singularités d'un groupe qui, pour l'instant du moins, ne peut prétendre à pousser, par mari ou épouse interposé, plus avant son ascension sociale.

"Aimer, c'est toujours un peu aimer en autrui une autre réalisation de son propre destin social".

Cette autre réalisation, ici, ressemble bien à un double.

Explorer l'influence des conjoints dans le choix du métier d'éducateur spécialisé c'est à la fois pouvoir, sans risque de se tromper, annoncer que leur impact est loin d'être négligeable, et simultanément se heurter à de nombreux écueils pour en démontrer effectivement les ressorts. Au sentiment de ne rien devoir à quiconque, de maîtriser pleinement ses choix professionnels, se rajoute ici la volonté de conserver pour soi ce qui relève de la sphère privée, voire de ne pas divulguer tout ce que l'on doit à l'autre, surtout quand cet autre est une femme. En effet, nous l'avons déjà laissé entendre, il semble bien que les institutrices, éducatrices ou infirmières qui avaient au départ pour conjoint un ouvrier ou un employé ne soient pas demeurées inactives dans son accession à un poste de stagiaire ou de remplaçant d'abord, puis dans son entrée en formation(1).

Sans pourtant prétendre à aucun moment obtenir un échantillon représentatif, nous avons interviewé, de fait, des éducateurs qui, très souvent avaient pour compagne une éducatrice, une infirmière ou une

---

(1) Cette réflexion ne vaut pas uniquement pour les éducateurs spécialisés. Le rôle de l'épouse apparaît encore plus marquant pour ce qui concerne les éducateurs techniques spécialisés. Souvent institutrice d'origine modeste, fille d'agriculteur, par exemple, assez régulièrement elle encourage son époux ouvrier qualifié ou artisan à quitter son emploi, à se faire embaucher dans un établissement spécialisé où elle a déjà ses "entrées" puis à entamer une formation.

enseignante. La plupart l'avaient rencontrée avant d'entamer eux-mêmes leur formation. Tel n'est pas le cas des éducatrices interrogées : la moitié étaient célibataires, les autres étaient mariées à un cadre supérieur ou un employé dont l'influence ne ressort pas vraiment, ce qui ne veut en aucun cas signifier qu'elle ait été inexistante. Une seule avait pour partenaire un éducateur. Après avoir vécu plusieurs années avec un ouvrier, ce compagnon effectuait des remplacements dans un I.M.E. et n'avait donc pas encore un poste fixe.

- *"Quelquefois il est même obligé de retourner travailler dans un garage, c'était pas possible que l'on aille en même temps tous les deux en formation d'éduc. Il est là en attente, il ne vit pas ça très bien, mais, bon, on ne pouvait pas y aller tous les deux".*
(éducatrice, 30 ans)

Le rôle d'impulsion professionnelle, et au-delà, culturelle, des conjointes apparaît déterminant dans plusieurs biographies d'éducateurs que nous avons recueillies. Son examen oblige d'ailleurs à engager une vision diachronique, ignorée par la plupart des investigations, puisqu'incluant les ex-épouses ou les compagnes avec lesquelles désormais ces hommes ne font plus vie commune mais qui pourtant ont laissé une forte empreinte.

Cet éducateur, dont nous avons déjà rapporté les propos en écho à l'influence de ses parents et de sa soeur, évoque ainsi l'impact de la femme dont il a divorcé depuis déjà plusieurs années.

- *"J'ai vécu avec quelqu'un, je me suis marié avec quelqu'un qui était stagiaire A.S. C'est pas banal de ma part, elle était stagiaire où milite ma mère, donc je l'ai rencontrée dans ce cadre là et j'ai fréquenté des travailleurs sociaux, tôt, parce que moi j'avais 18 ans à l'époque ; et le hasard de cette vie en couple, avec un travailleur social qui m'a fait rencontrer d'autres travailleurs sociaux, des éducs... Et souvent, comme un leitmotiv, moi je galèrais un peu dans mon boulot ou autre, venait "tiens je te verrais bien, tiens mais pourquoi tu ne passes pas le concours d'éduc, moi, toi je te verrais bien"... Et puis en 81, j'ai dû vouloir... j'ai voulu faire une formation d'éduc. A l'époque il fallait faire un stage de six mois, j'ai pas trouvé à l'époque".*

A la fin de l'entretien, spontanément, sans relance de notre part sur ce thème, il rajoute :

- *"Je continue à penser que le couple, ça pèse lourd dans une orientation, dans une trajectoire. J'ai vécu avec quelqu'un qui m'a constamment envoyé des coups de pied aux fesses pour que je bouge ; constamment, constamment. Pour moi c'est un truc qui pèse très très lourd. J'étais... donc j'avais un B.E.P., je galèrais, j'étais à l'A.N.P.E. longtemps, je n'avais pas de travail, et puis j'ai vécu avec quelqu'un qui avait... bon qui était A.S. C'est un milieu... c'est un milieu que peut-être mes parents fréquentaient mais qui n'était pas forcément le mien, en tout cas économiquement et... c'est vrai que le jour où nous nous sommes séparés... j'ai quand même vécu huit ans en couple, bien, tu te dis oui, la vérité est là... quelque chose de cet ordre là".* (éducateur, 31 ans)

L'éducateur, dont nous allons rapporter quelques propos, partage plusieurs points communs avec le précédent. Par contre il vit maritalement. Sa compagne, infirmière, est divorcée. Tous deux élèvent un enfant de ce premier mariage.

- *"Après avoir galéré, je me suis dit, c'est pas possible. J'ai commencé à réfléchir. Quand on est jeune ça va, mais arrivé à un certain âge... bon je ne suis pas marié, je vis en concubinage, j'ai un gamin de cinq ans justement et je voulais me stabiliser par rapport à ça aussi, et puis j'ai réfléchi sur des tas de choses, j'ai fait un bilan aussi, ... C'est par rapport à toutes les réflexions que j'ai faites que je suis arrivé à cette conclusion là de... de devenir éducateur, mais c'est pas, ... c'est pas venu seulement de moi. Moi j'ai... moi j'ai eu des flashs à certaines époques, parce qu'à l'époque où je travaillais, je bossais le matin mais l'après-midi j'étais entièrement libre, et le mercredi après-midi, le samedi et le dimanche, je me retrouvais dans mon quartier avec des gamins, et je voyais des gamins qui n'étaient pas désoeuvrés mais... enfin... qui ne savaient pas organiser leurs jeux et donc... J'ai commencé, enfin... je me suis mêlé un peu à eux, et j'ai voulu leur organiser leurs jeux... enfin les aider quoi, tout en jouant avec eux. Et bien le premier flash, il est venu de là, parce qu'il y avait dans cette rue là une collègue de travail à ma femme, qui travaille avec elle à l'hôpital, qui lui a demandé qu'est ce que je faisais comme métier, et bien ma femme lui a répondu, bien il est manutentionnaire. "Bien c'est bizarre je pensais qu'il était éduc"... ça...ça a été la première... disons la première interprétation que j'ai eu sur ce milieu (...). Ma femme est diplômée depuis vingt ans, elle est plus âgée que moi, elle a onze ans de plus que moi ; c'est elle qui m'a sensibilisé... Sa sensibilisation, elle est surtout venue... le fait que... un jour elle m'a fait une réflexion en me disant "j'aime bien discuter avec toi de ces choses là, t'y connais rien mais tu comprends très bien"... et on a des discussions des fois (...) Les études, elle était favorable sur le plan brut... mais on y a quand même réfléchi pas mal vu... financièrement, on a une maison sur le dos, on s'est demandé comment tout ça allait pouvoir se passer, et puis ça a été plus une question de réglage matériel qu'autre chose... A partir du moment où je lui ai dit que je voulais rentrer là-dedans, elle m'a poussé à fond, elle m'a soutenu au maximum, elle m'a poussé à fond. Quand j'ai passé le concours pour rentrer en école, entre les journées de sélection et les résultats, si on nous voyait tous les deux, on pouvait se demander lequel qui passait le concours".* (éducateur, 35 ans)

Le hasard est régulièrement évoqué, mais dans le même temps, se profilent non seulement l'influence des conjointes mais aussi celle de leurs amis ou collègues. Autant que l'épouse, ce sont eux, ce sont elles plutôt qui "auraient bien vu" cet éducateur en puissance en faire son métier. Ont-elles tenu réellement ces propos ? Quel crédit accorder à ces déclarations d'éducateurs où l'ineffable le dispute à la rationalisation, où l'on résume en quelques mots chargés de sens "envoyer des coups de pied", "pousser pour que je bouge", "pousser à fond" les mille et un détours de cette dynamique de couple où, l'un tire l'autre vers le haut, en alternant les encouragements et les menaces sourdes - l'assertion "je ne suis pas marié, je suis en concubinage" était prononcée sur un ton qui laissait bien entendre le prix que l'autre mettait à la consécration de leur union -. On rejoint là les réflexions de Françoise Battagliola(1) sur la cohabitation prénuptiale conçue comme un délai de grâce mis à profit par les conjoints pour "homogénéiser" leurs positions sociales et sanctionné in fine par le mariage.

---

(1) Françoise BATTAGLIOLA. *La Fin du mariage ? jeunes couples des années 80.* Paris : Syros, 1988.

Il est vraisemblable qu'effectivement la socialisation se réalise, non seulement par l'intermédiaire de la compagne mais aussi par le réseau d'amitiés dont elle entend bien se servir, y compris en parlant en son nom, en n'en retenant que ce qui mérite d'être rapporté.

D'autres encore feront allusion, qui, ici, à une épouse enseignante, et que l'on suit au fil de ses nominations, en s'inscrivant à chaque fois à l'A.N.P.E. locale, jusqu'au jour où, "contre toute attente" une agence l'adresse vers un établissement pour handicapés profonds ; qui, là, à une autre, animatrice socio-culturelle et "point de départ d'une nouvelle vie".

Nous avons précédemment relevé l'influence particulière des parents et de la fratrie dans le choix du métier d'éducateur par les hommes. Nous sommes amenés ici à souligner aussi le rôle qu'a joué leur compagne. La majorité des éducateurs optent pour une telle orientation après avoir occupé un ou plusieurs emplois, plus ou moins précaires, d'ouvrier voire d'employé. Qu'il s'agisse là d'un déclassement ou de la reproduction de la trajectoire lignagère, le fait est, qu'à un moment donné, ils dérogent à un tel cheminement, franchissent le pas et prennent pied sur le terrain de l'Education Spécialisée. Ils y posent alors d'autant plus rapidement leurs marques que les hommes, ici, sont relativement peu nombreux et recherchés. Nous constatons que les conjointes ont régulièrement été cet aiguillon décisif, en poussant leurs partenaires à ne pas en rester là, à reprendre une formation, à quitter ces emplois sans avenir à leurs yeux. Nous ne pouvons que souligner aussi combien nos observations rejoignent là celles que livre Claude Fossé-Poliak(1) dans son ouvrage consacré aux autodidactes. S'intéressant aux personnes qui entament un cursus universitaire, souvent tardivement et sans avoir au préalable obtenu le baccalauréat, elle a relevé cette même impulsion culturelle exercée par des "amies, compagnes ou épouses" auprès de leurs partenaires. Dans la plupart des cas, les femmes étaient plus diplômées que leurs conjoints et, régulièrement, ces derniers exerçaient, auparavant, un métier relevant du secteur sanitaire ou social.

---

(1) Claude FOSSE-POLIAK. *La Vocation d'autodidacte*. Paris : L'Harmattan, 1992.

Ainsi non seulement le métier d'éducateur spécialisé est fortement féminisé, mais les hommes qui continuent à s'y inscrire le font fréquemment "sous l'influence" de femmes bien résolues à ce que leurs compagnons occupent un emploi stable et les rejoignent dans cette position intermédiaire qui était déjà la leur. Ce constat ouvre bien des perspectives, notamment en ce qui concerne le rôle déterminant de ces épouses sur lequel, depuis plusieurs années déjà Louis-André Vallet(1) invite à s'attarder.

L'ensemble de ces réflexions laisse un peu dans l'ombre l'impact des hommes sur le choix, par leurs compagnes, du métier d'éducatrice. Nous l'avons relevé, à une exception près - qui d'ailleurs confirme la prépondérance de la femme, puisque c'est elle qui, avant son conjoint, entame une formation - ceux qui ont été évoqués par les éducatrices que nous avons interviewées n'exerçaient pas dans le secteur rééducatif. Il est fort probable que ces époux magasinier, chef de travaux ou préparateur en pharmacie aient joué un certain rôle mais nous ne pouvons que souligner qu'il ne nous est pas apparu déterminant quant à l'option professionnelle prise par leurs épouses même si, ensuite, ils n'ont ménagé ni leur soutien ni leurs encouragements. De fait tout laisse à penser que la majorité des éducatrices ont déjà fait le choix d'un tel métier avant de recruter celui qui sera leur compagnon.

Le choix du métier d'éducateur spécialisé était plutôt réputé s'effectuer en dehors des contraintes familiales, voire contre les aspirations de ces parents dont, décidément, on ne pouvait rien attendre.

A notre sens, il y a lieu de relativiser sérieusement une telle approche, et ce, non seulement pour les hommes et les femmes qui arrivent aujourd'hui dans le métier, mais aussi pour ceux et celles qui l'exercent depuis de nombreuses années. Les parents - les mères sur-

---

(1) Louis-André VALLET. "Activité professionnelle de la femme mariée et détermination de la position sociale de la famille". *Revue Française de Sociologie*, XXVII(4) 1986, p. 655-696.

tout -, les frères et les soeurs, les collatéraux et, pour ce qui concerne les hommes, leurs épouses, paraissent avoir notoirement influencé l'orientation vers le terrain de l'Education Spécialisée de ces agents, un temps décontenancés par une scolarité chaotique ou par des emplois qui ne tenaient pas leurs promesses. La famille est souvent parvenue à développer des stratégies, à saisir des opportunités, à faire montre d'une grande solidarité pour éviter le déclassement de l'un ou de l'autre de ses membres.

Pour saisir les multiples dimensions de cette mobilisation, les outils traditionnels dont dispose la sociologie se révèlent vite inopérants. Les C.S.P. figent les positions et éludent les trajectoires ; de plus, elles masquent les disparités internes aux catégories et sont incapables de faire ressortir toutes ces négociations où les femmes sont loin d'être absentes. Ce n'est pas pour autant qu'il ne faut immédiatement recourir qu'à une investigation par entretiens biographiques. La construction d'instruments d'observation ad hoc, et en étroite interaction avec les questions que l'on pose, peuvent aussi apporter de précieuses informations. Ici l'alliance de l'un et de l'autre nous a permis d'explorer quelques unes des dimensions de l'impact de la famille.

Nous ne souhaitons cependant pas en rester là, et ce, pour plusieurs motifs.

D'abord, l'action incitative et les initiatives concrètes de cette famille sont loin de rendre compte des multiples déterminants sociaux du choix du métier d'éducateur spécialisé. Même si, sans que l'on n'ait en aucune manière constitué un échantillon particulier, la plupart des personnes interviewées ont évoqué une telle influence, rien n'autorise pour autant à conclure que, dans tous les cas, elle ait été déterminante et qu'aucun autre facteur ne soit entré aussi en ligne de compte. De l'approche statistique notamment, ressortent maints cas de figures où la trajectoire ascendante de la lignée n'apparaît pas, où les membres de la fratrie n'exercent pas des métiers réputés proches de celui d'éducateur spécialisé ; et l'on pourrait ainsi multiplier les exemples de situations où l'intervention directe de la famille ne peut être ni observée, ni même sérieusement postulée.

Ensuite, il semble bien qu'au-delà de l'impact des initiatives explicites, concrètes des parents et de la parentèle, d'autres influences, plus profondes encore, plus tenaces aussi, soient à l'origine de l'aspiration à faire ce métier. A ce titre d'ailleurs on peut plutôt considérer la famille comme médiatrice car, à travers elle, s'exprime tout un ensemble de convictions, de valeurs dont elle est le dépositaire et qu'elle transmet sans même s'en rendre compte expressément à ses enfants, notamment à celui ou à celle qui va faire carrière dans l'Education Spécialisée.

C. LE TRANSFERT DE MILITANCE

La famille est un puissant vecteur d'orientation professionnelle. Nous en avons observé les multiples facettes et relevé combien elles peuvent se superposer, se combiner, faire en quelque sorte cause commune pour diriger l'un de ses membres vers le métier d'éducateur spécialisé. Qu'il s'agisse de prolonger la mobilité esquissée par les parents, de tirer profit du frayage de la fratrie ou, par ricochet, de répondre aux attentes, sinon aux injonctions d'une épouse ou, plus rarement, d'un époux, le choix de se consacrer ainsi aux autres - qu'ils soient handicapés ou inadaptés - apparaît bel et bien s'effectuer "sous contrainte". Cependant, nous l'avons souligné, toute généralisation est impossible. Au sein de maintes familles, l'éducateur spécialisé inaugure une telle position, sinon fait même le premier l'expérience de l'occupation d'un poste au sein de la nébuleuse des emplois intermédiaires éducatifs ou médico-sociaux. De plus, il serait bien simpliste d'accepter tout de go que la mise à jour, ici des voies d'accès au métier, là de l'impact de la profession exercée par un collatéral, suffisent à rendre raison de l'aspiration à prendre pied sur le terrain de l'Education Spécialisée.

La recherche des motivations, qui poussent les uns et les autres à s'engager, passe aussi par le dévoilement des structures cognitives héritées, des ressources culturelles, morales, transmises par les ascendants et réinvesties par l'éducateur ou par l'éducatrice. La genèse de cet ensemble de dispositions incorporées, alliance de convictions et de sensibilité oblative renvoie encore à la lignée, mais il ne s'agit plus alors d'une quelconque transmission des positions acquises mais plutôt, ou par surcroît, des traits relativement atypiques d'une large part des familles, du capital culturel particulier qu'elles ont légué à leurs enfants.

"Qui ne saurait citer l'histoire de l'éducateur qui, dans sa jeunesse, à la sortie de la messe du dimanche, suivait le prêtre dans ses activités sociales ?"

relève Jean-Noël Chopart avant de suggérer que

"cet héritage trop proche et trop lourd ne peut qu'être banni des mémoires"(1).

Au risque de sembler emprunter là des chemins galvaudés et ne correspondant plus du tout à ce qu'ont pu recevoir les jeunes éducateurs spécialisés, nous avons délibérément choisi d'explorer de tels versants explicatifs. En effet, nos connaissances empiriques, les relations que nous avions collectées, lors de la phase exploratoire de notre investigation, nous laissaient entrevoir une certaine persistance en 1990, comme en 1980 ou en 1970 d'itinéraires où à une forte pratique religieuse, à un investissement important, par les parents, des réseaux associatifs, a répondu un engagement précoce des futurs éducateurs spécialisés au sein de mouvements de jeunesse et, plus généralement, dans de multiples formes de sociabilité organisée, antichambre de leur prise de poste.

Avancer l'impact prépondérant de ces expériences initiatiques qui survivent dans l'habitus et se réactivent dans la pratique du métier suppose d'abord que l'on ne soit pas embarrassé par le fait religieux - "une illusion bien fondée" comme le rappelait Emile Durkheim - que l'on se défie des clichés tenaces et des représentations approximatives. La thématique de la vocation doit ainsi être considérée avec précaution et l'assimilation, par exemple, de l'éducateur à un "nouveau prêtre" si elle n'est pas à rejeter doit pour le moins être précisée.

La pratique religieuse des familles a été, nous le constaterons, singulièrement forte mais il y a lieu surtout d'en relever les modalités, de souligner combien les parents ont été partie prenante des transformations de l'Eglise, au cours des années 1950 notamment. Dans le même ordre d'idées, leur engagement militant au sein de mouvements d'éducation populaire, d'obédiences diverses, est autant à rapporter aux stratégies d'accès à des positions nouvelles, en se servant du tremplin associatif, qu'aux convictions humanistes qui les animaient.

---

(1) Jean-Noël CHOPART. "Intégralisme et catholicisme social aux origines morales du travail social". *Les cahiers de la recherche sur le Travail Social*, 12, 1987, p. 64.

La "lecture", que nous proposons de ces ancrages familiaux et de leur influence, ne s'abandonne donc pas aux visions naïves. En investissant ici dans une foi socialement engagée, là dans un "militantisme moral", les parents des éducateurs spécialisés étaient bien à la recherche de positions nouvelles confortant leur aspiration promotionnelle. Ce que leurs enfants ont reçu est indissociablement un ensemble de valeurs, de ressources morales et des formes particulières de capitaux fort efficaces pour s'arracher aux destins tracés, pour entamer à leur tour des stratégies guidées par l'ambition. Ces ressources que nous nous proposons d'inventorier, les enfants ne les ont pas dilapidées. Au contraire ils les ont réinvesties et il n'est pas déraisonnable d'avancer, qu'aujourd'hui comme hier, une large part des éducateurs spécialisés doivent leur entrée dans le métier à l'activisme associatif et, au-delà, à la bonne volonté culturelle de leurs parents.

a. La pratique religieuse des parents

Les familles des éducateurs interrogés il y a une vingtaine d'années par Claude Dubar se révélaient fréquemment catholiques et pratiquantes. Il y avait lieu de se demander - et l'auteur lui-même n'éludait pas une telle question - si ce trait particulier n'était pas propre à une région, le Nord de la France, où dominait encore un fort enracinement de la religion, y compris au sein de la classe ouvrière. Les réponses, à vrai dire, ont manqué, puisque, après lui, les recherches n'ont pas été poussées plus avant, ou bien ont pris d'autres directions.

Nous nous sommes attachés, pour notre part, à relever l'intensité de la pratique, tant à travers l'enquête par questionnaire qu'à partir des entretiens biographiques.

Les renseignements statistiques dont nous disposons confirment bel et bien ce que les personnes interviewées ont livré sur ce sujet : les familles des éducateurs spécialisés se singularisent non seulement par une forte croyance, mais surtout par une pratique religieuse peu commune.

Près de 45 % de leurs parents sont pratiquants. Est-il nécessaire de préciser qu'au regard des quelque 13 % de la population française qui se rendent à la messe au moins une fois par mois(1), un tel taux est remarquable. Des écarts sont cependant à souligner selon le sexe, l'âge et la catégorie socioprofessionnelle.

Les éducatrices sont plus souvent issues de familles pratiquantes - ou même simplement croyantes - que leurs homologues masculins. Les différences toutefois ne sont pas très importantes : quand 46 % des parents des éducatrices sont déclarés pratiquants, c'est le cas de 43 % des parents d'éducateurs. Les écarts se creusent pour se qui concerne les familles croyantes mais non-pratiquantes mais elles ne deviennent réellement significatives que pour ce qui concerne les familles non-croyantes : elles sont 19 % chez les premières, 28 % chez les seconds.

Le tassement de la pratique est notoire chez les ascendants des éducateurs spécialisés les plus jeunes. Demeurant croyants, ils abandonnent fréquemment la dimension ritualiste. Si plus de la moitié des hommes et des femmes en activité signalent l'attachement de leurs parents à la liturgie, ils ne sont plus que 40 % chez les éducateurs spécialisés encore en formation en 1990. Par contre l'écart n'excède pas 5 % entre les familles non-croyantes à dix ou quinze ans d'intervalle.

L'examen du plus ou moins grand respect des règles canoniques selon les profils sociologiques confirme ce que l'on connaît de ces différences de pratique religieuse au plan national. Toutefois, ici, aucune catégorie sociale ne fait exception : qu'il s'agisse des agriculteurs, des professions intermédiaires ou des ouvriers, toutes se singularisent par un taux de messalisants largement supérieur aux proportions que livrent Guy Michelat(2) ou Zohor Djider et Maryse Marpsat.

Environ 41 % des exploitants agricoles sont, au plan national, pratiquants réguliers ou occasionnels. Ainsi demeurent-ils plus attachés aux rites que les autres groupes sociaux. Chez les parents d'éducateurs spécialisés ce taux est de 74 %. Les ouvriers français

---

(1) Zohor DJIDER, Maryse MARPSAT. "La vie religieuse : chiffres et enquêtes" in : *Données sociales*. Paris : INSEE, 1990, p. 376-379.

(2) Guy MICHELAT. "L'identité catholique des Français. II ; Appartenance et socialisation". *Revue Française de Sociologie*, XXIII(4), 1990, p. 609-633.

ne sont plus désormais que 16 % à se rendre à la messe. Ce taux, pour les familles des éducateurs spécialisés est de plus du double, 37 % exactement. De même pour les employés ; 20 % d'entre eux sont pratiquants, ceux qui ont un enfant éducateur ou éducatrice le sont à 47 %.

L'emprise religieuse est donc très marquée dans l'ascendance des hommes et des femmes qui optent pour un tel métier. On peut, sans risque de se fourvoyer, évoquer une socialisation initiale amenant le futur éducateur spécialisé à intégrer imperceptiblement des postures, des schèmes de pensée voire tout un vocabulaire et, très probablement des idéaux, qu'il retrouvera dans un terrain où ces mêmes empreintes charismatiques ont laissé des traces durables, dans les murs mais surtout dans les représentations, dans les valeurs fondatrices(1).

Une objection peut cependant immédiatement surgir dès lors que l'on met ainsi l'accent sur de telles pratiques religieuses des familles et sur leurs prolongements dans l'habitus de leurs enfants : les régions où se sont déroulées les investigations qui alimentent notre propos - la Bretagne et les Pays de Loire - se singularisent par une forte catholicité qui hypothéquerait toute généralisation aux autres régions françaises. Les observations liées à la fidélité aux règles canoniques ne pourraient donc être étendues tant l'Ouest du pays est, sur ce point, très spécifique.

De fait, globalement, ces quelque neuf départements ont été effectivement des "terres de prêtre" et la dimension ritualiste est plus qu'ailleurs encore respectée par une proportion assez significative de la population. Toutefois il faut prendre garde de verser dans les clichés aussi simplistes que réducteurs. Les études, portant sur l'assistance à la messe notamment, font ressortir combien les

---

(1) A l'occasion d'une étude des discours tenus par les éducateurs, Claude De Jonckheere n'a pas manqué de relever l'usage très fréquent de termes évocateurs, tels le cheminement, l'accompagnement, le partage, ... qui renvoient à un humanisme nourri d'images pieuses. Ses conclusions, par trop psychologisantes, ne sont pourtant pas à négliger. En pointant ce qu'il nomme "la présence d'une mauvaise conscience", "d'une sorte de honte et de regret à exercer ce métier se nourrissant du malheur de ses semblables" il rejoint une autre observation, hélas elle aussi trop fragmentaire, de Pierre Chazaud, évoquant "la conduite d'expiation et d'innocentement des bénévoles et des militants". Claude de JONCKHEERE. *Images de l'éducateur*. Genève : Editions de l'I.E.S., 1987. Pierre CHAZAUD. "Le bénévolat, une conduite d'expiation et d'innocentement". *Pour*, 59, 1978, p. 79-84.

contrastes régionaux tendent à s'estomper, combien ici comme ailleurs la chute des vocations est sensible, la sécularisation très rapide et le champ religieux en pleine redéfinition. Les taux de pratique que nous avons relevés au sein des familles d'éducateurs spécialisés n'ont rien de commun avec ce que représente la proportion de messalisants de l'Ouest de la France.

Il serait par ailleurs bien imprudent de retenir l'image univoque de deux régions homogènes quant à leur héritage religieux. A la Bretagne et la Vendée des bocages, "l'Ouest Blanc", s'opposent "l'Ouest Rouge" de la vallée de la Loire, des grandes villes, des Côtes d'Armor et d'une partie du Finistère.

Enfin ces deux régions occidentales ne constituent que l'un des pôles périphériques du territoire national où la pratique religieuse est élevée. Le Pays Basque, le sud-est du Massif Central, les Alpes, l'Alsace et la Franche Comté présentent eux aussi des taux relativement similaires ; la forte implantation en leur sein, d'établissements relevant de l'Education Spécialisée n'a, par ailleurs, rien de fortuit.

A notre sens, ce lien entre religiosité des parents et choix du métier des enfants ne relève pas d'une quelconque spécificité régionale même si, effectivement, son intensité peut varier d'un lieu à un autre, mais aussi dans le temps et selon qu'il s'agit d'un homme ou d'une femme(1).

Une autre dimension de l'héritage religieux incorporé mérite d'être soulignée ; peut-être plus que les prolongements de la seule fidélité des parents aux rites, elle a laissé de profondes traces chez une partie des éducateurs spécialisés. Au fil des interviews, nous avons remarqué que de nombreux parents se sont montrés des paroissiens très actifs. Plusieurs éducatrices, notamment, ont ainsi évoqué les activités de leur mère, en particulier en matière de catéchèse. De tels engagements sont riches de sens: ils traduisent un habitus religieux à la fois singulier et très prégnant, qui n'a pas été sans influence dans le choix,

---

(1) "Tout se passe, écrit Guy Michelat, comme si la transmission de l'héritage religieux était culturellement considérée comme plus importante pour les filles que pour les garçons". Guy MICHELAT op. cit. p. 616.

par les enfants, d'un métier où ont cours des valeurs finalement très proches. Il convient donc de s'y arrêter afin d'analyser les tenants d'un activisme qui n'a rien d'anodin. Pour ce faire on se doit de rappeler les changements et les redéfinitions qui affectent le catholicisme depuis quelques décennies.

Des mutations traversent actuellement l'Eglise. La sotériologie chrétienne est abandonnée, une nouvelle forme de croyance tend à émerger et les anciennes conceptions manichéennes s'effacent peu à peu.

De quoi s'agit-il ? Sans approfondir outre mesure les différents versants de ce renouvellement de la théodicée, rappelons combien est forte la crise actuelle, le recul de la pratique n'étant qu'un de ses indicateurs. Au fil des évolutions et des ruptures, on assiste à une substitution de sociodicée, entendue à la suite de Yves Lambert(1), comme l'expression et la légitimation des intérêts d'une classe particulière. Désormais l'économie du salut est en voie de redéfinition, elle abandonne le providentialisme et relègue la culpabilisation pécheresse et la crainte du châtiment divin. Tendanciellement tout un ordonnancement qui poussait chacun à se convaincre de sa juste place, de son juste rang, d'une hiérarchie des positions sociales, immuable puisque transcendante, s'estompe. Dans le même temps les gardiens de telles représentations : les prêtres issus de l'institution totale et dépersonnalisante qu'était le séminaire, disparaissent. Leur prestige, leur statut social, tenaient entre autres à leur niveau scolaire élevé, et nul ne songeait à contester leur autorité. Actuellement toutes ces bases vacillent et surtout on assiste à la transformation du catholicisme en humanisme. De nouveaux venus, des laïcs, prennent le relais, tendent à s'imposer et avec eux, des conceptions en adéquation avec leurs propres aspirations. Une liturgie rénovée fait son apparition : elle est en profonde affinité avec la religiosité des fractions des classes moyennes qui prennent en charge, ici la catéchèse, là l'animation de telle ou telle cérémonie que le clergé doit abandonner faute d'effectif.

Ces militants qui relayent la prêtrise défaillante, sont intéressés et ne manquent pas d'insuffler par la même occasion des réinterprétations proprement sociales du message divin, notamment en donnant droit de cité à une lecture biblique légitimant la mobilité et la réussite.

---

(1) Yves LAMBERT. *Dieu change en Bretagne*. Paris : CERF, 1985.

De nombreux éducateurs spécialisés sont issus de ces fractions de classe, investissant des espaces où se redéfinissent la croyance et la pratique. Leurs familles, à travers ces formes particulières de sociabilité, ont affirmé leur prétention, ont gagné en visibilité et ont accompagné les redéfinitions en cours. Fidèles à leur passé, et, dans le même temps, utilisant ces réseaux séculiers à leurs fins propres, ces parents prosélytes ont transmis à leur progéniture des structures mentales qui ne tarderont pas à se réactiver dès lors que ces dernières devront choisir un métier "qui leur correspond". Leur militantisme au sein de l'Eglise n'est d'ailleurs, semble-t-il, qu'une des composantes, sans doute minoritaire, de leur activisme ; qu'une des facettes d'un engagement qui va aussi emprunter d'autres canaux : l'aggiornamento et son tissu d'associations plus ou moins formalisées et, au-delà, d'autres formes de sociabilité organisée dont ils retireront grand profit.

b. L'engagement associatif des familles

Le champ religieux a représenté assurément un terrain de prédilection pour nombre de familles d'éducateurs spécialisés. Leurs engagements ont souvent été profonds même si, finalement, seule une faible proportion d'entre elles a directement relayé les clercs d'église et impulsé, par le biais de la catéchèse notamment, cette nouvelle théodicée en accord avec leurs aspirations. Au-delà de ces prises de position, par la médiation des mouvements confessionnels, un trait fédère ceux et celles qui, plus tard, orienteront leur progéniture vers un métier lui aussi marqué par une tradition moralisante : une majorité de parents ont recherché, par les réseaux liés à l'Eglise, mais aussi par d'autres filières, les associations dites d'éducation populaire par exemple, une promotion sociale(1). Soucieux de s'arracher à leur milieu, de quitter et de se distinguer de leur classe d'origine, ils vont souvent parvenir à leurs fins en prenant appui sur des pratiques militantes fortement sélectives. Ces formes de sociabilité organisée seront tout à la fois un creuset, un catalyseur et un tremplin. Quitte à inventer de nouveaux cadres, à susciter des initiatives humanitaires ou consuméristes, à cumuler les responsabilités, ces militants vont retirer de nombreux bénéfices de leur volontarisme affirmé et de leur apparent désintéressement.

---

(1) Nos observations rejoignent là encore les constats de Jean-Paul Laurens. S'intéressant aux familles populaires dont les enfants ont réalisé un cursus scolaire marqué par la réussite, il note "leur fréquente implication dans la vie religieuse paroissiale" et "leur militantisme au sein de ces même paroisses". Jean-Paul LAURENS. op. cit. p. 191 et p. 194.

Ils vont d'abord, peu à peu, "prendre leurs distances", acquérir une certaine visibilité, puis accumuler diverses formes de capital social, les "relations" en étant sans doute un aspect majeur. Enfin ils ne vont pas dédaigner les mandats électifs, au fil de toutes ces adhésions, cooptations, désignations qui travaillent un réseau associatif où, pas plus qu'ailleurs, l'improvisation n'a cours.

"La spontanéité apparente et souvent invoquée de la création des associations ne doit aucunement interdire d'analyser la logique sociale de leur émergence et de leur expansion, les enjeux qu'elles représentent et les stratégies qu'elles conduisent à élaborer"

rappelle Jacques Palard(1). Dans le cas des familles d'éducateurs spécialisés une telle attention est d'autant plus nécessaire que nous percevons là une des clés de leur aspiration à voir leurs enfants s'orienter vers des emplois accordés à la fois à leur ambition et à leurs propres engagements.

Ces parents ont, de fait, ménagé des transitions ; ils ont saisi tout le bénéfice qu'il pouvait y avoir à faire partie, à constituer, même, ce réseau. Ils ont aussi perçu l'intérêt à ce que son accès soit et demeure filtré et contrôlé. Enfin, ils en ont tiré grand profit, pour eux-mêmes mais aussi pour leurs ascendances. Leur engagement, toutefois, a été progressif. Le monde associatif a ses lois, non écrites mais connues de tous ceux qui, par ce canal, sont à la recherche de promotion. Les étapes se succèdent mais il faut "jouer le jeu", "ne pas en faire trop" sauf à risquer d'être sanctionné. Les mouvements proches de l'Eglise ont souvent constitué la première médiation, la première affiliation inaugurant une "carrière" riche en rebondissements. Cependant, d'autres entreprises, proches de l'institution "école" ont pu également servir de cadre initial : le militantisme laïc est lui aussi riche de sens et de promesses. Par la suite, régulièrement, les pratiques se sont étendues, diversifiées en quittant progressivement le giron de l'Eglise ou des mouvements proches de la Ligue de l'Enseignement. A la simple affiliation a succédé un militantisme gagnant des créneaux ayant en commun d'être des pôles de rassemblement des fractions de classe en ascension, ou aspirant à l'être. Pour conclure, les uns et les

---

(1) Jacques PALARD. "La vie associative et l'Etat". *Sociologie du travail*, 3, 1981, p. 324.

autres, dans une proportion, nous le constaterons, non négligeable, seront appelés à assumer des responsabilités voire à accéder, grâce à de tels marchepieds, à des mandats électifs, y compris au plan municipal.

En restituant d'abord les données issues de l'enquête par questionnaire puis en relevant, sur la base des entretiens biographiques, combien ces pratiques singularisent les familles des hommes et des femmes que nous avons interrogés, nous nous proposons de mettre à jour la signification pour ainsi dire "instrumentale" de toutes ces affiliations, de toutes ces adhésions.

- **Un activisme résolu.**

Une large majorité des éducateurs spécialisés a vu leurs parents adhérer à une association au moins. Fait notoire, près de la moitié d'entre eux signalent que cette affiliation ne s'est pas cantonnée au simple versement d'une cotisation ou à participer épisodiquement aux activités ou aux manifestations mises en oeuvre par des membres plus actifs qu'eux. Au sein de 36 % des familles les responsabilités prises ont même été très importantes, puisque l'un ou l'autre des parents, parfois tous deux, détenaient un ou plusieurs mandats électifs.

Nous avons distingué les engagements de l'ascendance des éducateurs et des éducatrices et nous nous sommes attachés également à vérifier si une évolution se dessinait au fil des années. De fait, pour ce qui concerne les familles de ces dernières aucune différence ne se profile à dix ou quinze ans d'intervalle ; par contre les parents des éducateurs semblent bien se caractériser par un engagement de plus en plus important. Le quart des hommes en activité avaient un père ou une mère assumant une responsabilité associative, c'est le cas de 44 % des parents des éducateurs en formation en 1991(1). Un tel taux est assez remarquable. Il va, qui plus est, à l'encontre d'idées reçues banalisant l'entrée dans le métier et récusant, pour la "nouvelle génération", le poids d'un héritage incorporé. Nous n'avons pas, à ce stade de notre investigation, recherché lequel des deux parents se révélait militant ou élu, ni dans quelle proportion les deux conjoints poussaient leurs engagements jusqu'à briguer des postes d'administrateurs, préférant réserver une telle exploration au versant plus qualitatif de notre étude.

---

(1) Rappelons l'absence d'écart majeur entre les profils sociologiques des hommes en poste depuis dix à quinze ans et ceux qui entrent actuellement dans le métier.

Par contre nous avons relié pratique religieuse et associationnisme. Les hommes et les femmes fidèles aux dimensions ritualistes sont, pour 44 % d'entre eux, élus d'au moins une association. Toutefois une proportion significative de non-croyants, 38 %, assument eux aussi de telles responsabilités. Une relation existe donc entre l'intégration religieuse et l'engagement bénévole, mais d'autres réseaux attirent également athées et agnostiques.

Nous nous sommes attardés, enfin, sur le recrutement social de ces adhérents parvenus à la tête d'associations. Les cadres et les professions intermédiaires sont réputés se distinguer particulièrement. La multiplicité des affiliations et des responsabilités est fonction du capital culturel détenu, bien que l'on relève depuis quelques années la prépondérance de certaines fractions de classes - dont l'archétype est le corps enseignant - alors que les classes supérieures tendent à se dessaisir peu à peu des positions qu'elles détenaient auparavant.

Si nos observations recoupent les constats effectués notamment par François Héran(1), notons cependant, dans notre étude, une exception de taille à un tel raisonnement pyramidal : ce sont, au sein des familles, dont l'un des enfants s'est orienté vers l'Education Spécialisée, les agriculteurs qui, en proportion, détiennent le plus de mandats électifs (48 %), supplantant même à ce rang les cadres supérieurs (47 %) - ils sont, rappelons-le, peu nombreux -, et les professions intermédiaires, pourtant elles aussi fortement activistes (43 %). Si 20 % seulement des ouvriers sont élus associatifs, ce taux est toutefois largement supérieur à une moyenne nationale qui oscille, selon leur degré de qualification, entre 6 % et 10 %.

Cette approche statistique permet donc une première appréhension d'un phénomène qui, loin d'être marginal, rassemble un très fort contingent de familles d'éducateurs spécialisés. Convaincu de détenir là un déterminant majeur de l'arrivée dans le métier, nous avons prolongé nos recherches par le biais des entretiens biographiques. Les données quantitatives livrent un ordre de grandeur mais ne renseignent en aucun cas sur le type d'associations investies, sur les

---

(1) François HERAN. "Un monde sélectif : les associations". *Economie et Statistique*, 208, 1988, p. 17-31 ; "Au coeur du réseau associatif : les multi-adhérents", ibid, p. 33-44.

modalités des stratégies mises en oeuvre. Les termes usités, qui plus est, sont sujets à interprétation : la distinction entre l'adhésion et la militance est discutable et, selon qu'il s'agit de groupements sportifs, culturels, humanitaires, syndicaux ou politiques, les intérêts associés à la détention de mandats ne prennent pas la même signification.

- **Les à-côtés de L'Eglise et de l'Ecole**

Les premières expériences de participation associative des parents d'éducateurs spécialisés se sont fréquemment déroulées au sein des organisations héritières de l'Association Catholique de la Jeunesse Française (A.C.J.F.) ou de la ligue fondée par Jean Macé(1). En s'affiliant ici à la Jeunesse Ouvrière Catholique (J.O.C.) ou la Jeunesse Agricole Catholique (J.A.C.), là à une Amicale Laïque ou à l'un de ses satellites, ces familles ont franchi un pas, ont marqué vis-à-vis d'elles-mêmes et des autres, leur volonté de prendre ainsi de la hauteur, de quitter leur position en s'octroyant la parole et, avec elle, les marques du groupe social en voie de constitution auquel elles souhaitaient appartenir.

"Certaines fractions des couches moyennes, rappelle Bruno Duriez(2), ont cherché à acquérir dans le religieux des positions qui leur étaient inaccessibles ailleurs. Certaines ont ensuite abandonné le religieux après avoir atteint des positions dans des champs devenus plus prestigieux, politiques ou économiques".

Il faudrait prolonger son propos et dépasser l'aggiornamento. Par le biais des associations de parents d'élèves et des occasions offertes

---

(1) La genèse de ces réseaux est déjà riche d'enseignement, et les travaux de Geneviève Poujol restituent fort bien les enjeux, les finalités et les non-dits de ces mouvements, qui, à la fois, contestent et renouvellent l'Eglise ou l'école. Dès le siècle dernier, l'un et l'autre ont avant tout servi à se qu'un groupe social nouveau apparaisse, inventant de nouvelles pratiques, de nouvelles valeurs, représentant ce ciment nécessaire à l'apparition de nouveaux cadres sociaux, à l'affirmation de nouvelles aspirations. Geneviève POUJOL. *L'Education populaire : histoires et pouvoirs*. Paris : Editions Ouvrières, 1981.

(2) Bruno DURIEZ. "Clercs ou prophètes : les couches moyennes salariées de la religion à la politique" in *Les couches moyennes salariées. Une mosaïque sociologique*. op. cit. p. 130.

alors de côtoyer d'autres horizons, d'autres milieux(1) - y compris au sein de l'Ecole Publique - ces agents non seulement se sont dévoués à de "grandes causes" mais aussi, même surtout, ont cherché à se distinguer. Sans doute qu'une part d'entre eux étaient eux mêmes issus de familles façonnées par un certain catholicisme social ou par une croyance assez naïve dans les chances offertes par l'école à ceux qui savent les saisir. Le fait est que leur insertion dans des réseaux confessionnels ou dans des oeuvres péri-scolaires va leur fournir la base d'autres investissements, va inaugurer cette bonne volonté culturelle et cet opportunisme qui se poursuivra ensuite vers un militantisme de plus en plus affirmé.

Les éducateurs spécialisés que nous avons interrogés ont, pour la plupart, confirmé l'appartenance de leurs parents, dans le passé, à des associations marquées par le christianisme ou périphériques de l'institution scolaire. Cependant on ne doit pas trop hâtivement en tirer des conclusions. En effet la simple affiliation n'a pas de véritable signification. Adhérer à une Association de Parents de l'Ecole Libre (A.P.E.L.) ou à ce qui est resté pour eux la "Fédération Cornec", côtoyer la J.A.C. ou les patronages ne signe pas pour autant une propension à l'activisme. Près de la moitié des français sont membres d'une association régie par la Loi de 1901, et même si, effectivement, la défense de convictions générales, qu'elles soient religieuses, humanitaires ou politiques, ne mobilise que des minorités(2), ce qui caractérise les familles que les uns et les autres ont évoquées ; plus que cette adhésion, c'est leur participation très active à tous ces réseaux de sociabilité.

---

(1) Plusieurs éducateurs spécialisés nous ont relaté la rencontre élective, au sein de ces associations, de leurs parents et d'instituteurs, de professeurs du secondaire. Sur les adhérents aux associations de parents d'élèves voir Jean-Paul CAILLE. "Les parents d"élèves du collège". *Note d'information DEP*, 48, 1992, p. 3.

(2) Voir sur ce point François HERAN. "Un monde sélectif..." op. cit. et Laurence HAEUSLER. "Le monde associatif de 1978 à 1986" in *Données sociales*. INSEE, 1990, p. 369-370.

- **Le militantisme.**

"L'efflorescence des formes collectives", pour reprendre le mot de Maryvonne Bodiguel(1), s'est accentuée à partir des années 1950-1960. Après avoir marqué une pose d'un demi-siècle, elle s'est renouvelée alors, plus dans ses modalités que dans sa signification profonde. L'Education populaire, l'animation socio-culturelle notamment ont connu un regain de vitalité et, quelle que soit leur obédience, des associations ont émergé ou se sont affirmées. Des individus ressentant vivement le changement, aspirant fortement à l'ascension ont participé à cette redéfinition des cadres sociaux avec d'autant plus de facilité que leur habitus religieux antérieur - que l'on peut considérer comme un noviciat - ou que leur croyance en l'école étaient forts. Leurs velléités à sortir de leur condition, de leur rang et, conséquemment leur prise de position au sein du tissu associatif, s'apparentent à une carrière, sinon à une véritable stratégie. Il y a lieu, en ce sens, de distinguer associationnisme et militantisme. Le public, touché par les mouvements auxquels semble bien avoir adhéré une forte proportion des familles d'éducateurs spécialisés, est très étroit, surtout dès lors qu'on y prend une part active. François Héran note

"qu'il s'agit des fractions des classes moyennes qui, sans disposer d'un capital culturel considérable, lui doivent néanmoins l'essentiel de leur position dans le monde social et cherchent donc à l'entretenir ou à le compléter"(2).

Il n'est pas incident qu'il relève combien les associations de parents d'élèves et les associations humanitaires sont "les point nodaux" qui ouvrent vers d'autres filières, vers d'autres perspectives.

Maints parents ont consacré beaucoup de temps et d'énergie aux activités qu'ils ont promues. L'efficacité de leur entreprise et de ses desseins sous-jacents étaient à ce prix. Multi-adhérents appelés à cumuler les appartenances, ils se sont évertués à gagner le cercle des responsables, des animateurs, des initiés. Ils y ont côtoyé avant tout des personnes de leur condition, qui partageaient non seulement les mêmes convictions affichées mais aussi les mêmes aspirations promotionnelles.

---

(1) Maryvonne BODIGUEL. "Au milieu du XXème siècle : une nouvelle génération d'associations" in : Maurice AGULHON, Maryvonne BODIGUEL. *Les Associations au village.* Le Paradou : Actes Sud, 1991, p. 61.

(2) François HERAN. "Un monde sélectif..." op. cit. p. 27.

"Plus on est intégré au réseau associatif, plus on tend à se retrouver entre soi (...) Le paradoxe est que cette tendance à la clôture s'affirme particulièrement dans les mouvements qui se fixent des objectifs universalistes"(1).

A notre sens, au coeur de ce réseau, se sont rassemblés, reconnus et cooptés notamment, un grand nombre d'agents qui orienteront plus tard un de leurs enfants vers le métier d'éducateur spécialisé. S'appuyant sur des représentations charismatiques, humanistes, sur une illusion aussi, puisqu'à l'image des éducateurs populaires du siècle dernier qui prônaient "le rassemblement des classes", ces militants, par ailleurs, veillaient discrètement à surtout se constituer, se choisir et s'élire.

L'encadrement de mouvements scouts, l'affiliation à une Amicale Laïque et simultanément l'adhésion fréquente à un syndicat ou un parti politique de gauche, l'animation d'associations ayant pris peu ou prou leurs distances avec les fédérations nationales qui les contrôlaient à l'origine regroupent la majeure partie des activités dont les personnes interviewées nous ont fait part. Seules quelques unes - peu nombreuses - ont relaté l'accaparement de leur père par un club sportif. Il s'agissait alors de l'entraînement de jeunes footballeurs.

- *"Mon père a été employé très tôt chez Renault ; il y est toujours mais à côté de sa carrière professionnelle il a d'autres activités à côté... parce qu'il a fait ça pour aider donc sa mère qui était toute seule avec ses trois enfants, et donc... par contre à côté il est administrateur à la Caisse d'Allocations Familiales. Il est... il a fait aussi partie de la F.O.L.(2) et il est président du Foyer de jeunes et... plusieurs trucs autour. Au plan syndical il a souvent été aussi je crois".* (éducatrice, 30 ans)

La mère de cette jeune fille est institutrice. Annonçant le métier relativement subalterne de son père, elle précise immédiatement "qu'à côté" il milite au sein de nombreuses associations et qu'il préside une, sinon plusieurs d'entre elles. Ainsi elle met sur le même plan les

---

(1) François HERAN. "Au coeur..." op. cit. p. 44.

(2) Fédération des Oeuvres Laïques.

deux carrières de ce père cumulant apparemment plusieurs mandats, l'une compensant en quelque sorte l'autre. Nous avons précédemment évoqué la scolarité de cette éducatrice et le fait que, grâce aux relations de ses parents, elle était parvenue à obtenir un poste de stagiaire dans un établissement spécialisé. Elle confirmera aussi que c'est par le biais de ses engagements associatifs que son père a connu le directeur auquel il fera appel pour l'embauche de sa fille.

L'extrait d'entretien suivant renvoie à un éducateur dont nous avons déjà aussi relaté le cursus, l'impact d'un père photographe amateur et d'une ex-épouse assistante de service social. Etonnante conjonction d'influences, sa mère milite au sein d'un mouvement, là encore d'obédience laïque et y assume des responsabilités importantes.

- "Ma mère n'a pas travaillé, elle n'a pas de formation, elle a arrêté l'école très tôt, très très tôt, à 14 ans. Par contre... par contre, par contre elle a... à partir de 68 elle a milité aux Eclaireurs de France... et très très rapidement il y eu un mouvement qui a engendré, qui a fait qu'elle a été responsable fédérale, enfin régionale puis nationale et donc jusqu'à... il y a 2, 3 ans, elle était...jusqu'à il y a 2 ans... était responsable nationale, donc elle a eu une activité pseudo-professionnelle très très prenante... bien plus prenante en temps que mon père par exemple (...). Le climat c'était école publique... militant école publique, parents d'élèves F.C.P.E... enfin Cornec à l'époque... mouvance communiste. Mon père militait comme ma mère aux Eclaireurs... mais dans une moindre mesure et il avait des activités d'ordre associatif ou autres extérieures... parents d'élèves, animation photo au Foyer d'Education Populaire ; (...) ce militantisme a pris une place énorme dans la famille. C'était fou, ma mère passait deux week-ends par mois à Paris... enfin bon c'était... ça faisait quand même qu'on était dans une mouvance dite sociale mais il n'y a jamais eu "tiens ça serait bien que tu fasses ceci ou cela". (éducateur, 31 ans).

Ici encore, explicitement, la carrière associative s'apparente à un métier. Notons aussi combien transparaît l'intérêt porté par le locuteur au statut social de ses parents. Il présente l'investissement bénévole de l'un comme un rétablissement lui permettant d'être sur un pied d'égalité avec l'autre, plus diplômé et mieux assuré dans sa position. L'expression "par contre" rappelle la précédente : "à côté", dans cette insistance à considérer l'engagement comme "une pseudo-profession".

D'autres éducateurs et éducatrices évoqueront qui le poste de trésorier d'un père féru de folklore et de culture populaire, qui celui d'une mère passionnée par la restauration de "vieux gréements". Au total un peu plus de la moitié des personnes interrogées signaleront la participation active de l'un au moins de leurs parents - les mères étant très présentes - à des initiatives militantes. Le scoutisme vient d'être cité dans son versant laïque. Dans le propos suivant il s'agit d'un mouvement similaire, mais d'obédience catholique cette fois.

- *"Mon père a fait du foot en corpo ; il était dirigeant et il a arrêté tout parce qu'il fallait bien faire un tri. Il fait du vélo aussi, mais pas en tant que dirigeant ni rien, il participe... bon, s'il y a besoin... pour les courses cyclistes, ... pour l'encadrement, des choses comme ça... mais c'est tout... et autrement il fait du scoutisme... Il s'occupe du groupe de parents puisqu'il y a des groupes de parents qui sont là pour donner des coups de main quand il y a besoin, pour une fête ou quelque chose, pour des ramassages de papier... enfin pour tout ce qui est... amener les enfants en week-end... dès qu'il y a besoin il y a une équipe pour ça... C'est lui qui est chargé de l'équipe là... et au niveau du département, s'il y a besoin de coups de main aussi c'est lui. A côté il est militant syndical... enfin pas élu... militant sans carte... militant actif sans carte, et puis... plus dans un parti quand même (...) A la maison c'était presque sept jours sur sept... quand il y a tout le monde qui en fait... ma mère est secrétaire régionale du centre de formation... on a un centre régional d'animation et de formation technique... On a des bénévoles qui interviennent sur des stages... elle est secrétaire bénévole mais... donc ça prend pas mal de temps quand même, surtout pour taper les comptes rendus pour distribuer aux stagiaires et tout ça (...). A la maison il y a toujours du monde... tout le monde venait à la maison, on finissait le samedi à cinq heures et jusqu'à sept heures... tous les copains... et puis il y a toujours besoin d'adultes dans le mouvement. Dans le village il y a dix ou douze couples qui suivent très activement, il y a une très bonne entente entre eux... oui... c'est quand même la joyeuse équipe".* (éducatrice, 24 ans)

Une telle socialisation initiale aboutit ici à ce que cette éducatrice se trouve être, d'une certaine manière, en pays de connaissance, avant même d'entamer pour son compte, nous le relèverons par la suite, une carrière associative très dense, antichambre de son arrivée dans le métier.

Les militants qu'ont été nombre de parents d'éducateurs spécialisés se sont passionnés, et n'ont ménagé ni leur temps ni leur peine au service de leur entreprise. L'efficacité de leur stratégie appelait à ce qu'ils s'y adonnent ainsi, sans avoir, probablement, pleinement conscience des fondements d'un tel activisme. Ces familles aspiraient à la promotion sociale mais ne disposaient ni d'un capital scolaire, ni d'un capital économique important. Pour entamer une ascension, les mouvements associatifs se sont révélés des instruments privilégiés, des espaces de formation efficaces pour compenser un capital culturel qui faisait défaut.

Les éducateurs spécialisés sont souvent issus de lignées ayant recherché des ouvertures et saisi les occasions offertes par ces regroupements, au départ proches de la religion ou de l'Education populaire. Durant les années 1960, et jusqu'en 1980 environ, l'expression "boom associatif" a été largement diffusée. On ne doit pas, pour autant, s'en remettre à de telles représentations : cette extension doit être ramenée à de très modestes proportions et les discours entendus renseignent plus sur la capacité mobilisatrice - et sur la place particulière des médias dans ce phénomène, plus limité qu'il n'y paraît - que sur l'importance réelle de ce "boom". En milieu rural comme en milieu urbain, des fractions de classe se sont rassemblées, se sont constituées, ont aussi théâtralisé leur appartenance. La sélectivité du recrutement au sein de ces associations a été très forte. Par définition l'aspiration à être transfuge, Jean-Pierre Terrail(1), évoquant le militantisme de familles ouvrières, le rappelle judicieusement, nécessite un contrôle, un filtre, l'assurance que les élus seront peu nombreux.

Ainsi le réseau associatif a-t-il ses règles, sa hiérarchie particulière, jalonnée d'étapes à franchir, d'actes d'allégeance à respecter.

---

(1) Jean- Pierre TERRAIL. "De quelques histoires de transfuges". op. cit.

"On ne vient pas dans une association, écrit Michel Bozon, on n'y prend une responsabilité que contacté, choisi, présenté"(1).

Occuper un poste de président ou de trésorier sont des privilèges. Un français sur quinze environ fait partie d'un conseil d'administration(2). Les individus dont on nous a relaté les activités sont alors d'autant plus atypiques qu'ils semblent avoir, à un moment donné, cumulé plusieurs mandats. François Héran(3) souligne combien le diplôme est un facteur discriminant, les élus disposant généralement d'un tel capital. Or ce n'est pas le cas de la majorité des parents d'éducateurs spécialisés. On peut alors raisonnablement avancer que, parallèlement à leur velléité d'ascension professionnelle, ils ont consacré beaucoup d'énergie pour parvenir à de tels postes. Ils en ont attendu en retour des bénéfices ; qui souvent d'ailleurs ne se sont pas fait attendre.

Dès 1972, Albert Meister notait que

"l'associationnisme a permis la promotion sociale (et souvent) - mais indirectement - la promotion professionnelle d'innombrables militants"(4)

En effet les uns et les autres y ont accumulé un capital de relations très précieux. Absorbante en temps, cette participation a été productrice de capital social. Le réseau des connaissances s'est étendu et, tacitement, l'entraide, le soutien actif dans les initiatives, se sont développés. Les associations militantes - et ce sont particulièrement celles-là qui ont été investies - se sont révélées d'autant plus intéressantes qu'elles sont celles qui permettaient le plus l'accumulation de cette forme de

---

(1) Michel BOZON. *Vie quotidienne et rapports sociaux dans une petite ville de province*. LYON: PUL, 1984, p. 56.

(2) François HERAN. "Au coeur..." op. cit. p. 40.

(3) François HERAN. Ibid. p. 35.

(4) Albert MEISTER. *Vers une sociologie des associations*. Paris : Editions Ouvrières, 1972, p. 30.

"ressources actuelles ou potentielles qui sont liées à la possession d'un réseau durable de relations plus ou moins institutionnalisées, d'interconnaissance et d'interrecon-naissance ; ou, en d'autres termes, à l'appartenance à un groupe, comme ensemble d'agents qui ne sont pas seulement dotés de propriétés communes (susceptibles d'être perçues par l'observateur, par les autres ou par eux-mêmes) mais sont aussi unis par des liaisons permanentes et utiles"(1)

Depuis une dizaine d'années, on assisterait à un certain tarissement de ces formes de sociabilité organisée. Les causes en sont multiples mais l'une d'entre elles semble bien n'avoir pas donné lieu à réelle investigation.

"Alors que l'intensité de la participation ne cesse de décliner avec l'âge, le stock de relations se maintient et tend même à s'accroître, comme s'il n'était plus nécessaire d'entretenir avec la même intensité un capital déjà suffisamment consolidé"(2)

A notre sens, pour de nombreux militants, l'objectif implicitement assigné à leurs actions a pu être atteint. Les relations étaient nouées, l'appartenance confirmée et il s'avérait possible d'en tirer profit - pour soi mais aussi pour sa progéniture - sans avoir à faire oeuvre du même activisme qu'auparavant. Les personnes que nous avons interrogées parlaient souvent au passé des engagements de leurs parents ; par contre, nous l'avons déjà vérifié, les avantages retirés du capital social accumulé par de tels placements sont apparus fréquemment au grand jour dès lors qu'il s'est agi d'éviter le déclassement de leurs enfants. Les uns et les autres n'ont pas hésité à faire appel aux connaissances pour "faciliter l'entrée" d'un fils ou d'une fille dans une institution spécialisée, souvent dirigée de surcroît par un ancien militant associatif.

---

(1) Pierre BOURDIEU. "Le capital social" . *Actes de la recherche en sciences sociales*, 31, 1980, p. 2-3.

(2) François HERAN. "Au coeur..." op. cit. p. 41.

Une autre dimension n'est pas, non plus, à négliger. Les familles ont offert des modèles de conduite dans lesquels se sont inscrits, pour ainsi dire "naturellement" les futurs éducateurs spécialisés. Ces modèles comportaient deux versants, deux niveaux : d'une part un ensemble de valeurs humanistes réactivées au sein des mouvements consuméristes, culturels, syndicaux, universalistes, d'autre part une propension à allier l'ambition et l'usage d'investissements socialement rentables.

Nombre de parents ont inauguré cette initiation en dirigeant leurs enfants - futurs éducateurs spécialisés - vers des mouvements de jeunesse où, à leur tour, ils vont tendre, peu à peu, à "prendre des responsabilités".

c. La participation à des mouvements de jeunesse.

L'inscription des éducateurs spécialisés, durant leur enfance, parfois leur adolescence, à des mouvements de jeunesse, est réputée avérée, sans pour autant que la plupart des auteurs qui la relèvent n'apportent de précisions sur la fréquence d'une telle participation. Seul Christian de Montlibert livre une évaluation tangible, sur la base d'une enquête auprès de candidats à la sélection d'entrée dans une école d'éducateurs de l'Est de la France.

"38 % ont été membres de mouvements de jeunesse et 52,6 % d'entre eux y sont devenus des responsables... C'est donc, conclut-il, une instance importante dans le développement de la vocation "d'aide aux autres""(1)

Il rejoint là les observations, fondées sur des interviews, de Claude Dubar(2) et celles, plus récentes, d' Anne Dussart(3), cette dernière

---

(1) L'auteur poursuit : "cette participation aux mouvements de jeunesse qui semble avoir été souvent une cause immédiate de difficultés scolaires s'avère rentabilisée en permettant de se reclasser plus facilement dans le secteur de l'action sociale". Si nous le suivons volontiers sur ce dernier point nous ne pensons pas que l'on puisse ainsi relier directement adhésion au scoutisme et scolarité chaotique. Christian de MONTLIBERT. *Le Contrôle de la vie privée*. op. cit. p. 84.

(2) Claude DUBAR. "Origine..." op. cit.

(3) Anne DUSSART. op. cit. p. 153.

généralisant à "une part non négligeable des éducateurs" ce que le premier tend plutôt à ne réserver qu'à ceux issus des "couches moyennes". Francine Muel-Dreyfus, quant à elle, ne néglige pas non plus cette adhésion à des "mouvements de jeunesse traditionnels, comme les scouts ou les éclaireurs" mais la relie à la position de porte-parole qu'occupera cette "fraction de classe d'âge" particulière qui, plus tard, s'affiliera à des organisations politiques après avoir, entre temps, assumé, durant sa scolarité secondaire, des responsabilités de délégué, de chef de classe. L'univocité de la grille de lecture qu'elle propose l'entraîne, nous le constaterons, à amalgamer des phénomènes qui répondent sans doute à des logiques assez différentes.

En nous appuyant sur nos différentes enquêtes, nous nous proposons de mieux appréhender ce qui a sans doute été le point de départ formel de l'attrait pour le métier, l'une des voies aussi de l'influence familiale, puisque la pratique de ces activités de loisirs se déroulait sous l'oeil bienveillant des parents et souvent prolongeait leurs propres initiatives militantes.

Educateurs et éducatrices ont adhéré à ces mouvements de jeunesse exactement dans les mêmes proportions : 40 % d'entre eux signalent leur participation effective au scoutisme, confessionnel ou laïc. Toutefois, si l'on s'attarde sur l'évolution de ces affiliations au cours des dix ou quinze dernières années, des écarts ne tardent pas à apparaître. L'un ne surprendra pas vraiment : parmi les éducateurs spécialisés, les plus jeunes, n'ont pas autant fréquenté de telles organisations que leurs aînés. Un peu plus du tiers des hommes et des femmes qui entrent actuellement dans le métier ont été scouts ou éclaireurs ; c'est le cas de 46 % de leurs homologues en activité depuis une dizaine d'années en moyenne(1). L'autre différence est plus remarquable : ce sont les éducatrices qui auparavant étaient les plus assidues ; désormais c'est plutôt l'inverse ; ce sont les hommes qui se font les épigones de Baden-Powell.

---

(1) L'ensemble de ces proportions est d'autant plus remarquable que les mouvements de jeunesse n'ont jamais drainé une part importante des enfants et des adolescents, sans compter que leur déclin a été brutal entre 1963 et 1975. En 1990-1991, 3 % seulement des jeunes des Côtes d'Armor participaient au mouvement scout. "Un état des lieux" p. 5-19. In *Crépuscule des religions chez les jeunes* : sous la direction d'Yves LAMBERT et de Guy MICHELAT. op. cit. p. 14-15 et Philippe LANEYRIE. "Les Scouts de France entre pratique religieuse et pratiques Sociales" In Crépuscule... ibid. p. 222. Signalons aussi la remontée récente des effectifs, passant selon Henri Tincq, de 70 000 membres en 1975 à 110 000 en 1993. Henri TINCQ. "Les jeunes du côté de la foi". *Le Monde*, 1-06-1993 p. 1 et p. 7.

L'obédience de ces mouvements n'est pas anodine. Il semble bien que ce soit le scoutisme catholique qui ait remporté les suffrages les plus nombreux. Les familles pratiquantes y ont inscrit, pour 54 % d'entre elles, leurs enfants, alors que celles qui ne suivaient pas régulièrement le rituel religieux étaient à peine plus nombreuses - 28 % - que les familles athées - 26 % - à y orienter leur progéniture.

De la même manière, le fait d'assumer des responsabilités associatives représente un facteur non négligeable dans l'adhésion des enfants : 45 % environ des fils et filles de militants sont passés par "la loi" et "les promesses" scoutes, contre 32 % des éducateurs spécialisés issus de familles étrangères à ces formes de sociabilité organisée. Signalons enfin l'absence de relation, contrairement à ce qu'avançait Claude Dubar, entre le profil sociologique des parents - évalué ici à partir du dernier métier exercé par le père - et cette inscription dans les mouvements de jeunesse. Tout juste peut-on souligner la plus faible participation des enfants d'agriculteurs, liée sans doute en partie à l'absence de telles opportunités dans de nombreuses communes rurales. Au-delà de leurs appartenances sociales respectives, l'aspiration à l'ascension, malgré un capital scolaire relativement faible, rassemble les ascendants des éducateurs spécialisés dans un même mouvement, dans une même recherche d'ouverture tous azimuts ; la vigilance à orienter, à infléchir, à contrôler ces temps sociaux, que sont les loisirs de leurs enfants, en étant un des aspects, mineur sans doute, mais cependant révélateur.

En effet, inscrire son fils ou sa fille dans une activité conjuguant apprentissage de valeurs et relative homogénéité sociale des adhérents, participe de visées cohérentes, même si plus ou moins conscientes. Certes on ne doit pas exclure des facteurs tels que l'imitation ou la délégation de gardiennage à relativement bon compte, mais en retenant l'option du scoutisme, les familles, de fait, sélectionnent les relations de camaraderie, les réseaux d'amitié de leurs enfants. L'opposition "activité/rue" euphémise cette vigilance, cette crainte des "mauvaises influences" auxquelles on préfère substituer ou l'encouragement à l'isolement ou un activisme cantonné à des loisirs organisés pour et par des individus choisis.

L'humanisme que présente ces mouvements, là encore quelle que soit leur appartenance, ne doit pas faire illusion. S'il s'accorde aux convictions des familles et permet la transmission de mécanismes d'appréhension du réel tout en suscitant des pôles d'intérêt, tout en générant des "attirances", des goûts ou des passions, il sert bel et bien de ralliement à cet "entre soi" que relevait François Heran pour ce qui concerne les associations à vocation universaliste. Le scoutisme, ainsi, représente un indice de cette inflexion que les parents entendent donner précocement au cursus de leur enfant.

Point n'est besoin ici d'insister sur les apprentissages dont ces mouvements sont les vecteurs et sur les rapports étroits qu'ils entretiennent avec le métier d'éducateur spécialisé. Repérons simplement que dans certains cas, comme l'illustrent les deux extraits d'entretiens suivants, la simple adhésion à des activités s'est progressivement transformée en des formes de participation assidue, en des prises de responsabilité importantes ; l'arrivée sur le terrain de l'Education Spécialisée apparaissant finalement être une issue naturellement accordée à tout ce qui a été incorporé au fil des expériences de jeunesse.

- *"A côté de mon travail, j'avais des préoccupations extérieures, j'avais trouvé mon équilibre grâce à des activités dans lesquelles je m'étais impliqué à l'extérieur. J'ai fait du scoutisme, huit ans de scoutisme, scout de France, catho... pour moi ça a été quelque chose que j'ai bien vécu et qui a été vraiment très riche... malgré tout... tout ce que ça a de... C'est pas banal, j'ai fait du scoutisme jusqu'à 18 ans. La première année où j'étais ouvrier, j'encadrais encore des gamins... j'encadrais des gamins et j'ai été obligé d'arrêter par rapport à mon boulot... J'étais dans une troupe... relativement... je ne sais pas... pas l'image du scout, du scout avec son uniforme et tout... c'était une troupe assez... je ne dirais pas originale mais qui m'intéressait parce que... donc tous les ans, c'était des camps d'été, tout le temps, depuis mes 12-13 ans... J'ai baigné là-dedans complètement... On peut dire que je suis tombé dedans".* (éducateur, 27 ans)

L'extrait suivant prolonge les propos, restitués dans le chapitre précédent, de cette éducatrice dont les parents étaient eux-mêmes fortement impliqués dans le scoutisme.

- *"Le scoutisme, il y a un cousin à ma mère qui en avait fait, ma mère elle s'y est mise aussi. Elle est allée, dans la commune où on habitait, voir les voisins ; on a démarré, on était trois ou quatre familles. Je fais de l'encadrement depuis deux ans, jusqu'à dix-neuf ans donc, y compris l'été mais on n'était pas tellement dans la mouvance... On avait souvent des problèmes dans les rassemblements départementaux et je trouvais ça assez dur. C'est sûr qu'il y a la religion... il y a quand même dans une limite où il y a le côté religieux... quand même... au moins les principes disons... peut-être pas la pratique vraiment à fond mais les principes. Si les gamins ne veulent pas aller à la messe, bien on va faire un petit truc entre nous, un bilan de la journée qui sera un peu plus... au lieu que ce soit le bilan papier-tableau, on va essayer de trouver quelque chose qui s'en rapproche... qui soit un peu plus le côté religieux (...) J'ai été scout de neuf ans à l'année dernière, j'ai arrêté cette année. En fait quand je suis arrivée à Brest en B.T.S. Action Co', la première chose que j'ai faite, c'est de contacter le groupe scout pour continuer et là, bon, bien, j'ai commencé occasionnellement avec les scouts à aller dans d'autres associations. C'était surtout les maisons de retraite. On est beaucoup intervenu, comme ce sont les enfants qui choisissent les activités et il y en avait un qui était très branché là-dessus, qui voulait faire de l'animation en maison de retraite, alors on en a fait beaucoup sur presque tous les foyers de Brest. Je me suis retrouvée responsable des 12-14 ans et j'étais bien embêtée parce que moi c'est pas le béret et compagnie, et là, les gamins c'était tous les dimanches à la messe, et tout ça".* (éducatrice, 24 ans)

Les personnes interrogées ont toutes eu tendance à mêler inextricablement les faits et les interprétations. Sur ce point précis qu'est l'engagement dans les mouvements de jeunesse, invariablement les uns et les autres ont cherché à se dédouaner d'une forte influence religieuse et des stéréotypes attachés au scoutisme.

La moitié environ des éducateurs spécialisés interviewés ont évoqué leur adhésion à de tels mouvements. Ce sont essentiellement les femmes qui ont indiqué avoir prolongé ces activités en prenant en charge l'encadrement de plus jeunes. La quasi totalité, par contre, a par la suite, au sein d'associations diverses, participé à l'animation de clubs à vocation sportive, culturelle... Parallèlement beaucoup sont devenus moniteurs de colonies de vacances. S'ils sont unanimes à reconnaître spontanément une filiation entre toutes ces premières expériences et le métier qu'ils exercent, leur vision est cependant singulièrement partielle. Elle leur permet de revendiquer l'entière maîtrise de leur destin, de justifier par l'ineffable de l'attirance envers les enfants leur orientation professionnelle, éludant combien toutes ces questions doivent avant tout à l'héritage et aux stratégies familiales; stratégies entendues, nous l'avons déjà noté, sans que nécessairement existe aux yeux de leurs initiateurs, une finalité explicite, claire et consciente.

d. Les mandats de délégués de classe.

Les éducateurs spécialisés ont souvent connu une scolarité secondaire ponctuée de redoublements, de réorientations, de désillusions aussi, tant ils se révélaient incapables de réaliser les attentes de leurs parents. Cependant, nous l'avons souligné, il convient d'éviter des idées à l'emporte-pièce sur la signification de tels échecs. Mis en relation aux profils sociologiques de leurs familles, leurs cursus, tout chaotique qu'ils aient été, se démarqueraient plutôt des itinéraires modaux par une réussite relative leur permettant d'accéder à des diplômes, fussent-ils dévalorisés, que la majorité des jeunes de leur origine sociale n'ont pas obtenus.

Francine Muel-Dreyfus est quasiment le seul auteur à avoir relevé un fait pourtant peu anodin : au-delà de ces atermoiements, de ces parcours heurtés, une forte proportion d'éducateurs spécialisés ont accédé au rang de délégué de classe. Son analyse, en phase avec cette approche générationnelle qui parcourt l'ensemble de son ouvrage, ne manque pas de pertinence et, pour être partielle, nous paraît toutefois très féconde.

"Ceux qui deviendront éducateurs spécialisés ont très souvent occupé, écrit-elle, une position de porte-parole de la "classe" d'âge en ayant une responsabilité dans la vie sociale du lycée - chef de classe ou représentant des élèves dans diverses instances-" (1).

De tels mandats, de telles prises de position sont, selon elle, à relier à un sentiment de génération très vivement ressenti par certaines fractions de classes qui se feront alors les ardents propagandistes des incompréhensions structurelles, des irrémédiables conflits entre une jeunesse qui doit ne compter que sur elle-même et des adultes bornés, dépassés et, pour tout dire, "vieux".

---

(1) Francine MUEL-DREYFUS. op. cit. p. 117.

Nombreux sont en effet, parmi les éducateurs spécialisés entrés dans le métier au cours des années 1970, ceux et celles qui seront au premier rang des manifestations lycéennes, contre les "Lois Debré" et "Haby" notamment. Les mêmes se porteront volontiers candidats aux postes de délégués quand se mettra progressivement en place la représentation des élèves au sein des établissements du second degré.

Leur désarroi et son prolongement dans des velléités de bousculer l'ordre de la classe, tel que les décrit Francine Muel-Dreyfus sont assurément judicieux. Ressentant peut-être plus fortement que d'autres les injustices d'un système qui les disqualifie et les rejette, éprouvant durement ce décalage entre leurs espérances et les difficultés présentes, ceux qui avaient, avec leurs parents, énormément misé sur l'école étaient d'autant plus vindicatifs pour en dénoncer la supercherie qu'ils en avaient espéré beaucoup. Nombre d'éducateurs spécialisés partageront un même sentiment d'amertume et d'injustice vis-à-vis d'une école dont décidément il n'y a rien à attendre.

Effectivement la "classe d'âge" va pouvoir être ainsi vécue et la construction de cette entité va servir de ralliement à des fractions de classes sociales rêvant tout haut sinon, comme leurs aînés, de "grands soirs", du moins d'un système plus égalitaire. De nombreux travaux ont souligné la rencontre de ces discours entre utopie et conservatisme avec toute une littérature, au besoin redécouverte, qui accréditera leur protestation, la légitimera et lui donnera du sens.

Toutes les pages que Francine Muel-Dreyfus consacre aux thématiques qui traverseront "les années 1968" et qui seront relayées par une forte proportion de jeunes appelés ensuite à "se destiner à faire éducateur" rendent effectivement compte de l'originalité des formes de mobilisation propres à ces fractions de classes interrompues dans leur trajectoire, désappointées par des promesses non tenues. La mystification pédagogique qu'évoque Bernard Charlot[1] ou même l'illusion psychanalytique que dénoncent, en toute connaissance de cause, Jean-Pierre Bigeault et Gilbert Terrier[2], imprégneront durablement les représentations de ces agents prêts à investir un terrain : l'Education Spécialisée, particulièrement perméable, lui aussi, à de tels discours.

---

(1) Bernard CHARLOT. *La Mystification pédagogique*. Paris : Payot, 1976.

(2) Jean-Pierre BIGEAULT, Gilbert TERRIER. *L'Illusion psychanalytique en éducation.* Paris : PUF, 1978.

Pourtant cette approche, qui fonde l'essentiel de ce chapitre "distance à la famille" nous paraît insuffisante. Pour son auteur il y a lieu d'inscrire dans une même logique, dans un même continuum, l'engagement dans les mouvements scouts, le militantisme lycéen puis, progressivement, l'adhésion à des partis politiques

"manière d'incarner ce "sentiment de génération" qui impose à une génération structuralement - c'est-à-dire historiquement - produite d'inventer des structures sociales de regroupement et d'échanges spécifiques"(1).

Notre investigation tend à relativiser une telle vision, et, au-delà, sans la contredire radicalement, met à jour l'existence d'un autre phénomène, plus profond peut-être, plus durable assurément puisqu'il rend compte de cette aspiration à représenter, à être délégué, qui, on va le constater, est aussi forte en 1990 qu'en 1970.

Nous percevons en fait, une ambiguïté dans cette "prise de poste" en tant que chef de classe. Porte-parole, l'adolescent qui briguait avec succès un tel mandat se manifestait, se faisait remarquer. Il relayait, de facto, l'administration de son établissement scolaire et se mettait en quelque sorte "au-dessus" de la mêlée. Ne cherchait-il pas alors plus ou moins consciemment, par ce canal, à marquer sa différence, à rappeler son aspiration à s'élever en saisissant cette opportunité, d'être intermédiaire ? Ne résistait-il pas au déclassement en compensant sa relégation et ses insuccès, en refusant l'étendue de ses verdicts, en signalant qu'il savait être autre chose que ses mauvaises notes ? Très peu de travaux ont porté sur les particularités des lycéens qui se sont proposés comme délégués et l'on manque de données autorisant des comparaisons voire tout simplement l'énoncé d'hypothèses discutables et vérifiables. Nos observations ne débouchent donc pas sur des positions définitives mais ouvrent cependant quelques perspectives.

Nous avons interrogé l'ensemble des éducateurs spécialisés par le biais des questionnaires, sur leur accès au poste de délégué de classe. Lors des entretiens, nous nous sommes attachés, par ailleurs, à obtenir des précisions sur la fréquence de cet accès ainsi que sur leur

---

(1) Francine MUEL-DREYFUS. op. cit. p. 177.

participation à des mouvements revendicatifs - ou autres - au sein de ces lycées où ils ont effectué leur scolarité secondaire.

Soulignons avant tout la persistance de cette aspiration à représenter la classe, et l'exacte correspondance, quels que soient l'âge ou l'ancienneté dans le métier, de la proportion d'éducateurs spécialisés ayant rempli un tel mandat. Contrairement à l'engagement dans les mouvements de jeunesse, par exemple, les plus jeunes semblent avoir été tout aussi motivés que leurs aînés puisque 46 % peuvent se prévaloir d'un accès à cette position. L'occupation de cet espace initiatique qu'à pu être ce rôle de chef de classe n'est donc pas spécifique aux "éducateurs des années 1968" ; l'approche générationnelle est sinon contredite du moins incomplète si on l'argumente sur un tel indice. Les hommes ont été plus portés à cet accès au poste de délégué. La moitié d'entre eux en font mention alors que ce n'est le cas que de 43 % des éducatrices. Nous avons recherché en vain une quelconque corrélation entre la participation à des mouvements scouts et le fait d'avoir été chef de classe. De la même manière, aucune constante ne se dégage vraiment des profils sociologiques de ces délégués. Par contre un lien peut être relevé dès lors que l'on s'attarde sur les échecs scolaires des uns et des autres. Les éducateurs qui ont accédé à de telles positions ont connu des redoublements plus nombreux que ceux qui n'ont pas été élus. Quand plus du tiers des non-délégués ont passé sans encombre de la sixième à la terminale, ce n'est le cas que de 24 % des délégués. De la même manière, 16 % des non délégués ont redoublé deux classes, près de 26 % des délégués ont connu la répétition d'un tel événement.

Les éducateurs spécialisés interviewés ont souvent été prolixes sur leurs engagements lycéens. Les propos tenus tendent à avaliser l'observation en termes de résistance au déclassement et d'accommodement. Il semble d'abord que la plupart d'entre eux aient "fait carrière" en briguant avec succès plusieurs années de suite un tel statut. De plus ils évoquent volontiers toutes les activités qui leur ont "permis de tenir", de "supporter", de "trouver de l'intérêt ailleurs". Pour les uns et pour les autres, ce rôle de délégué a été l'occasion de participer à des décisions, de donner leur point de vue, d'être reconnus. Plusieurs éducateurs reviendront sur les relations qu'ils ont alors pu nouer, y compris en dehors du lycée, avec des enseignants. Les termes "authentique", "vrai" ou "personnel" sont fréquemment utilisés pour qualifier ces échanges. Il est probable qu'avec le temps, la mémoire là aussi, sélectionne, édulcore, participe du roman. Les anecdotes sont toujours disponibles et les récits des actions menées, des cadres contournés, des complicités avec des professeurs deviennent volontiers épiques, mais il n'en demeure pas moins que leur engagement a été bien réel.

Nombre d'entre eux ont pris une part active à l'animation de foyers éducatifs intégrés aux lycées et aux collèges, et plus généralement semblent avoir saisi toutes les occasions de se démarquer, d'être porte-parole, d'être "repéré" comme diront deux éducateurs interviewés. Des comités de jumelage inter-classes aux Coordinations Lycéennes, de l'organisation de soirées festives aux "actions école", en passant par les "réseaux de réflexion des délégués de classe" ou par les "Comités Balavoine", la liste est longue de toutes les opportunités saisies. Elle s'apparente à un "inventaire à la Prévert" et témoigne de cette recherche de profits symboliques, de gages donnés aussi de bonne volonté. Leur activisme ne fait pas de doute. Brouiller les classements, inverser l'ordre des positions, se prévaloir de réussite, d'initiatives, de jeu égal avec les adultes apparaît en filigrane à leur aspiration à ne pas se fondre, à résister à la relégation, à rebondir. Ainsi les futurs éducateurs ont-ils converti positivement leur intégration scolaire difficile en aptitude à l'encadrement d'autrui.

En représentant le groupe des élèves, le chef de classe le faisait exister, et cette construction sur laquelle s'attarde Francine Muel-Dreyfus est effectivement révélatrice d'une aspiration à inventer, à constituer, à authentifier cette classe d'âge. Le statut du délégué n'est, pour autant, pas réglé. Le porte-parole s'autorisait du groupe pour mener à ses fins propres des actions dont il entendait bien tirer des bénéfices spécifiques. Nous l'avons signalé, on manque de données et de réflexions sur les enjeux de cet accès au poste de responsable de classe. Il n'est cependant pas incident que près d'un éducateur spécialisé sur deux s'y soit engagé. Réputé être le fruit de circonstances, nous percevons dans cette désignation, dans cette auto-consécration aussi, la recherche fébrile d'ouvertures, où se rappelle une fois encore leur lignée.

La hiérarchie sous-tendue par la réussite scolaire les mettait en porte-à-faux, elle était difficilement supportable. Etre délégué, être celui qui parle "au nom de" n'était en rien désintéressé. Cela leur permettait de réfuter les jugements portés à leur encontre, de démontrer qu'ils étaient "autre chose". Pour eux-mêmes et pour les autres ils apportaient la preuve d'aptitudes qu'ils sauraient bien un jour mettre en valeur. En ce sens, on peut raisonnablement y percevoir une de ces premières transformations symboliques par lesquelles des individus en sont venus à se construire, et à construire leur devenir, dans le sens du métier d'éducateur.

A elle seule, cette prise de position, durant leur scolarité secondaire, n'est bien entendu pas un déterminant majeur dans le choix du métier. Elle s'inscrit plutôt comme un point d'ancrage révélateur d'attitudes, de postures qui portent la trace d'un héritage rémanent, dont il est possible de souligner l'influence, y compris en des lieux et à des moments où on ne l'attend pas, telle ici cette désignation en tant que chef de classe.

e. L'encadrement d'activités de loisirs : une première transition.

Les éducateurs spécialisés ont prolongé l'activisme de leurs familles par de multiples investissements. La logique qui préside à leur intense expérience militante est similaire à celle qui poussait leurs ascendants vers ces espaces intermédiaires pourvoyeurs de capital social. Nous ne nous y attarderons donc pas excessivement, préférant souligner uniquement les particularités de leur inclination à animer des activités de loisirs.

Les mouvements de jeunesse où leurs parents les avaient inscrits les ont très tôt familiarisés avec des formes de sociabilité empreintes d'idéaux alliant humanisme et charisme ; puis, au cours de leur scolarité, avec d'autres qui plus tard entreront eux aussi dans le métier, ils ont eux-mêmes saisi maintes opportunités pour s'ériger en porte-parole, pour marquer leur différence et rappeler leur singularité. Très peu se sont arrêtés là, puisque, sous une forme ou sous une autre, ils ont souvent entamé des tâches d'encadrement, comme bénévoles d'abord, au sein de foyers, de maisons de jeunes ou de patronages de toutes obédiences puis contre indemnisation, parfois salaire, notamment en animant des centres de vacances. De tels engagements représentent l'interface entre les activités qu'ils ont régulièrement pratiquées et l'arrivée progressive dans une sphère plus professionnalisée, même si hantée par des références morales finalement très proches.

Certains, nous l'avons constaté, sont demeurés fidèles au scoutisme. Peu à peu ils ont pris une part active à l'organisation de loisirs pour les jeunes. "Pionnier" ou "routier" ils ont ainsi pu, jusqu'à l'âge de 18-20 ans, assumer la responsabilité d'un groupe et s'adonner à cette tâche durant tout le temps dont ils disposaient en dehors de leurs études. La majeure partie des personnes que nous avons interrogées n'ont toutefois pas poussé aussi loin leur engagement dans les mouvements de jeunesse. Par contre, elles ont régulièrement pris en main les destinées de diverses associations où elles avaient éventuellement fait leurs premières armes très jeunes. Fréquemment les éducatrices ont évoqué l'encadrement de clubs sportifs : (gymnastique, judo) ou artistique (danse...) les éducateurs marquant leur attirance pour des occupations plus "culturelles" (cinéma, radio...) ou pour des activités au sein de mouvements humanitaires, régionalistes et politiques.

- *"J'étais assez branché, comme on peut dire maintenant, par toutes les activités socio-culturelles ; je fréquentais le foyer de jeunes dans lequel j'ai eu un peu de responsabilités déjà assez jeune quand même. A dix-sept ans, avec un copain on est parti dans les Pays de l'Est, on a fait des conférences dans la région quand on est revenu... Bon ça, c'était en 1969, c'était une période assez de crise un peu, c'était un an après les événements. Quand mes parents ont déménagé, on est allé habiter en ville, il y avait les cinémas, et tout le mouvement des M.J.C. qui... Le mouvement des M.J.C. c'est assez lointain mais c'est quand même dans les années 1968 et tout ça, il y a eu pas mal de choses qui se sont passées, au niveau des M.J.C. J'étais assez motivé par le contact. Et donc, à la M.J.C., il y avait des colos et c'est par là que j'ai commencé à m'intéresser à tout ça".* (éducateur, 35 ans)

Des personnages reviennent dans leurs propos. Ils semblent avoir été des initiateurs dont ils conservent intact le souvenir. Ce sont des prêtres, animateurs d'aumônerie de lycée(1) ou amis de la famille, elle-même façonnée par la J.O.C. ou la J.A.C., des enseignants impliqués dans les foyers socio-éducatifs ou dans les patronages

---

(1) Evoquant la crise de l'Eglise, Renaud Dulong cite un certain nombre de mouvements engagés et évoque de "nouvelles figures charismatiques" que plusieurs éducateurs spécialisés nous ont mentionnées. Nous avons ainsi relevé les "communautés de base", les rassemblements de Taizé, les "camps Emmaüs", que les uns et les autres déclarent avoir connu et fréquenté par l'intermédiaire de ces prêtres. Renaud DULONG. "Crise de l'Eglise et crise de l'Etat". *Economie et Humanisme*, 244, 1978, p. 62-76. Sur la fréquentation de ces "lieux extraordinaires" qui peut aller de pair avec le rétablissement d'une certaine filiation chrétienne. Voir Danielle HERVIEU-LEGER. "L'expérience des nouveaux pratiquants" in "Hauts lieux", *Autrement*, 115, 1992, p. 100.

laïcs, des responsables de maisons de jeunes, anciens militants devenus professionnels. Ils leur ont fait "se découvrir", les ont "sensibilisés" disent-ils, à devenir eux-mêmes encadrants, ils les ont encouragés à faire partie de "l'équipe des moniteurs".

- *"J'ai été à la... Je faisais l'aumônerie le vendredi soir, tout ça... J'ai fait un peu de J.O.C., mais enfin... pas longtemps... ça ne me plaisait pas trop, et puis par l'U.F.O.V.A.L.(1), un truc comme ça... j'ai fait un centre aéré, un petit camp et puis un jour ils m'ont appelée pour travailler avec eux... c'est comme cela que j'ai fait animatrice, j'ai passé mon B.A.F.A(2) avec eux... enfin le stage de base".* (éducatrice, 24 ans)

- *"Depuis l'âge de six, sept ans, je fais des colos... En tant que colon jusqu'à seize ans et puis de dix-sept à vingt-deux ans, j'ai été animatrice tous les étés. C'est surtout par les colos que j'ai fait mes premières expériences d'animation. Je me sentais vraiment bien, je m'investissais vraiment beaucoup, et en terminale je me suis dit, c'est pas possible que j'abandonne cette ambiance... et puis c'est en discutant avec l'équipe d'encadrement : ils m'ont dit ce qu'il fallait faire".* (éducatrice, 25 ans)

De tels discours permettent, de fait, de situer la genèse de leur aspiration à être éducateur, en occultant l'impact de leur famille. Pourtant c'est souvent avec sa bénédiction que la plupart ont franchi le pas, et, au fil des interviews, nous avons constaté qu'elle n'avait pas ménagé ses encouragements pour que fils ou fille s'engage comme moniteur. Il est probable que les parents avaient des arrière-pensées, plus d'ailleurs sur l'éventail de métiers qui, après tout, pourrait convenir à leur progéniture que sur une profession précise. De plus, il y avait là l'assurance de les savoir en de bonnes mains, à l'abri de "mauvaises fréquentations", sans oublier l'intérêt de les voir s'assumer enfin seuls financièrement.

---

(1) Union Française des Oeuvres de Vacances des Amicales Laïques.

(2) Brevet d'Aptitude aux Fonctions d'Animation. Ce certificat correspond à l'ancien diplôme de moniteur de colonie de vacances.

- "J'ai fait deux camps à l'étranger, à 17-18 ans. Avant je n'avais jamais fait de colo, je partais tout le temps avec mes parents, et puis j'ai donc fait deux colos en tant que monitrice. C'est là que j'ai rencontré des instits et des éducateurs. Ma mère savait que je me dirigerais vers un métier qui serait tourné vers les enfants. Au début je pensais plutôt instit, et puis... c'est après, en faisant des colos, en passant mon diplôme que... On avait deux handicapés qui venaient. J'ai trouvé ça intéressant d'avoir des handicapés avec nous et puis... à parler avec des instits et des éducateurs et tout ça... je me suis dit que... que ça pourrait être... que ça pourrait me plaire de faire ce métier". (éducatrice, 23 ans)

Plus de 80 % des personnes que nous avons interrogées par le biais des questionnaires font mention d'activités associatives comme bénévoles. Parmi elles, ceux et celles qui ont participé auparavant à des mouvements de jeunesse se distinguent particulièrement. Près de 90 % sont sinon titulaires d'un certificat attestant de leur formation à l'encadrement de colonies de vacances, du moins indiquent avoir entamé le cycle préparatoire ou pouvoir se prévaloir d'une expérience régulière en C.L.S.H.(1) ou dans l'animation de camps d'enfants régis par divers statuts. Ils citent alors les grandes fédérations qui oeuvrent dans ce secteur (U.F.C.V.(2), C.E.M.E.A(3), Léo Lagrange, Francs et Franches Camarades,...). Certains, avant même leur entrée en école d'éducateur en sont devenus des formateurs dévoués et mentionnent y avoir côtoyé des instituteurs et des "permanents" dont les réseaux de relation s'étendaient au terrain de l'Education Spécialisée. Nous avons constaté enfin qu'une proportion non négligeable de jeunes s'orientant vers le métier, ont eu, auparavant l'occasion de participer à l'encadrement d'adultes - plus rarement d'adolescents - déficients intellectuels ou handicapés physiques. Il se développe depuis quelques années de nombreuses formes de loisirs faisant appel à une main d'oeuvre temporaire mais suffisamment motivée pour prendre en charge, durant la période estivale essentiellement, des personnes dépendantes. Ces opportunités sont autant d'occasions de découvrir

---

(1) Centre de Loisirs sans Hébergement.

(2) Union Française des Centres de Vacances.

(3) Centre d'Entraînement aux Méthodes d'Education Active.

des formes de travail vers lesquelles on se "sentira" attiré. L'ineffable de la rencontre masquant, là encore, l'impact de la socialisation initiale.

L'extrait d'entretien suivant restitue les propos d'un éducateur dont nous avons déjà relaté l'engagement dans le scoutisme jusqu'à l'âge de 18 ans. "je suis tombé dedans" disait-il. Quand il interrompt cette activité, il ne met pas pour autant un point final à son activisme associatif.

- "Quand j'ai arrêté le scoutisme, j'ai fait pas mal de choses... de la radio locale, pas mal de centres de vacances aussi... En fait, depuis mes 16 ans, j'étais à la J.O.C., en étant à l'école de l'arsenal justement... ça s'est créé, recréé... Il y a une équipe J.O.C. qui s'est mise en place juste au moment où j'y étais et puis ça m'intéressait bien parce qu'on... on se réunissait, on refaisait quand même pas mal de choses... Après j'ai continué... je me suis retrouvé à l'U.S.A.M.(1), moniteur-voile. J'étais moniteur-voile parce que, par les scouts je faisais déjà de la voile et je me suis retrouvé là... Cela demandait une implication ; j'ai donc eu la possibilité de me faire détacher sur mon boulot. Après, toujours à partir de ma boite, j'ai fait animateur de centres de vacances ; j'ai pu entamer une formation de directeur. Et puis il s'est trouvé qu'une fois on a eu des handicapés et puis voilà... comment dire... c'est tout un... J'ai toujours été dans le milieu associatif, tout le temps, tout le temps... J'y trouve aussi quelque part... j'y trouve mon compte quelque part. Maintenant je ne suis plus du tout catho... je ne suis plus du tout pratiquant... je ne dirais pas que je le rejette... mais bon... ça va..." (éducateur, 27 ans)

Si la majeure partie des familles d'éducateurs sont parvenues à s'arracher à leur milieu d'origine, souvent modeste, elles ne disposaient ni d'un fort capital économique, ni d'un capital scolaire suffisant pour assurer à leurs enfants la poursuite de l'ascension sociale qu'elles avaient entamée, au prix d'une bonne volonté culturelle et d'un ascétisme très prégnant.

---

(1) Union Sportive des Arsenaux Maritimes.

D'autres ressources se sont révélées disponibles et ont été judicieusement mises à profit.

"Les référents idéologiques, rappelle Anne Muxel, font l'objet d'une bonne transmission entre les générations. Ce sont dans les domaines de la religion et de la politique que la transmission se fait le mieux entre parents et enfants"(1).

La mobilisation des ressources morales, notamment, s'est avérée fort rentable dès lors qu'elle débouchait sur des opportunités d'élargir leur horizon, de prendre de la hauteur. Façonnées par un certain catholicisme social ou par un humanisme débarrassé de l'influence religieuse, ces familles se sont investies, sans compter, dans le travail de redéfinition, ici de l'Eglise, là d'une Education populaire aux mythes encore tenaces. Dans un cas comme dans l'autre, il s'agissait bien de s'affranchir du passé ou plutôt de refuser les contraintes d'une justice immanente, d'un ordre bien trop figé. Le volontarisme dont elles ont fait preuve est remarquable : les réseaux associatifs, plus ou moins liés à l'aggiornamento ou à la Ligue de l'Enseignement, ont été le lieu de départ de stratégies tous azimuts et finalement leur militantisme leur a bel et bien permis l'accumulation d'un capital social extrêmement précieux.

Cet activisme leur a donné aussi accès à des positions nouvelles. Porte-parole de groupes en voie de constitution, élus engagés dans la défense d'idéaux en adéquation avec leurs aspirations, leur volonté d'entreprendre, de sortir du rang s'est avérée généralement rentable.

Par le biais de cette "familiarisation des systèmes de valeurs implicitement intériorisés dès la prime enfance"(2) qu'évoque Annick Percheron, les futurs éducateurs spécialisés ont ainsi reçu un héritage fait d'inclinations et de dispositions à suivre les voies tracées, à emprunter les mêmes canaux, à valoriser, eux aussi, un capital de dévouement au service de causes universalistes.

---

(1) Anne MUXEL "Le moratoire politique des années de jeunesse". p. 212 in : *Age et Politique*/sous la direction d'Annick Percheron et de René Rémond. Paris : Economica, 1991.

(2) Annick PERCHERON. "La transmission des systèmes de valeurs". p. 187 in : *La famille, l'état des savoirs*. op. cit.

"Le militantisme fonctionne parfois comme une sorte de formation professionnelle équivalent à celle acquise par les études"(1)

notent Monique Dagnaud et Dominique Mehl. Dans le cas des personnes que nous avons interrogées, la genèse de cet ensemble de goûts, de volonté de s'adonner à des occupations teintées de morale, s'enracine dans la force de rappel de la lignée.

Après leurs parents, ils se feront prosélytes, assurés de leur mission et se révéleront particulièrement aptes à valoriser ce capital social, ces formes particulières aussi de capital culturel acquises grâce à des investissements apparemment désintéressés.

Des événements déclenchants sont invoqués pour expliquer l'arrivée dans le métier ; ils mêlent hasard des occasions offertes et ineffable de l'appel ("je me sentais fait pour"). Nous reviendrons sur ces "miraculeuses rencontres"(2) quand, en dernier lieu, nous aborderons les coïncidences opportunes et les tenants proprement sociaux de la vocation. Toutefois, auparavant, nous nous proposons de souligner un versant des déterminants sociaux de l'orientation vers l'Education Spécialisée qui, à notre connaissance, n'a jamais donné lieu à exploration.

Amené à répertorier, aux fins de classement et de catégorisation, les métiers exercés par les parents, nous avons remarqué la régularité de professions liées à l'encadrement et à l'ordre. Nous n'avons pas voulu y percevoir seulement une coïncidence, tout en nous défiant des analogies sommaires ou des parallèles renvoyant aux théories du contrôle social et à ses impasses.

---

(1) Monique DAGNAUD, Dominique MEHL. "Elite, sous-élite, contre-élite". p. 61 in : *Les couches moyennes salariées...* op. cit.

(2) L'expression est de Claude FOSSE-POLIAK. *La Vocation...* op. cit. p. 180.

D. L'ORDRE EN FILIGRANE ?

"Dans la galerie des ancêtres, l'éducateur retrouve des devanciers impressionnants : des pères spirituels (de Saint-Jean Eudes à Don Bosco), des oncles et des mères adoptives (religieuses dans des "Bon Pasteur"). Il est vrai qu'il y a un piton où rien n'est accroché : c'est la place du parâtre, dont le souvenir est gênant : il était gardien dans les anciennes colonies pénitentiaires de l'avant-guerre"(1).

Un substrat répressif traverse toute l'histoire de la rééducation et des initiatives du siècle dernier jusqu'à leurs prolongements contemporains, des colonies agricoles aux "bagnes d'enfants" des années 1930, il n'est pas une forme d'encadrement où ne perdure cette volonté de mise au pas, bâtie sur un modèle coercitif. L'Education Spécialisée hérite ainsi d'institutions chargées de souvenirs peu glorieux et de figures repoussoirs.

Une telle histoire est, sans trop de peine désormais, reléguée au rang d'un passé douloureux mais à jamais révolu. L'I.M.P. de Mettray a son musée et les grandes associations du secteur ne suscitent plus grand traumatisme en ouvrant leurs archives. Certes les discours accusateurs relayant les théories du contrôle social n'ont pas manqué, il y a une quinzaine d'années, de vilipender ici ou là un établissement rappelant, tel l'Espelidou(2), certains jours sombres, et aujourd'hui encore, de loin en loin sont dénoncées quelques pratiques scandaleuses immédiatement exorcisées ; mais ce ne sont là désormais qu'épiphénomènes. La manière forte n'a plus sa place et l'on oublierait presque combien le métier d'éducateur spécialisé participe, du moins dans certains versants, à "une mission instrumentale définie en termes d'ordre public de protection"(3) tant la logomachie psychologisante et la prééminence de représentations techniciennes en dissimulent les ressorts. Les discours ne doivent cependant pas faire illusion et on ne peut qu'avaliser ici la remarque

---

(1) Etienne JOVIGNOT cité par Pierre NEGRE. op. cit. p. 34.

(2) Charles François GUERRIN. *Morte pour une messe à l'Espélidou.* Nice : Alain Lefeuvre, 1978.

(3) Antoinette CHAUVENET. op. cit. p. 43.

de Francine Muel-Dreyfus rappelant que le métier d'éducateur spécialisé "participe de la remise en ordre", y compris quand le choix d'une telle carrière s'effectue "sur la base de la mise en question de l'ordre"(1).

Relever, comme nous nous proposons de le faire ici que, de plus, une part non négligeable des personnes qui ont opté pour un emploi d'éducateur spécialisé sont issues de familles où les professions liées à l'ordre, et plus généralement à l'encadrement, sont très présentes, comporte un certain nombre de risques, et en premier lieu celui d'être mal compris, mal interprété. Réflexion faite, on va le constater aisément, la régularité, chez les pères, des emplois de militaires, de policiers et, au-delà, de contremaîtres et d'agents de maîtrise ne doit pas étonner outre-mesure et il n'est point besoin d'échafauder des théories audacieuses pour en relever le sens. Demeure cependant ouverte la question des liens susceptibles d'unir ces types d'exercice professionnel très présents dans les lignées et les aspirations des enfants à s'orienter vers un métier à la charnière de l'ordre et de la stigmatisation ; vers des pratiques où à la manière forte, se substitue cette manière douce propre à toute violence symbolique.

On doit se garder des parallèles qui font immédiatement image : ils sont assurément réducteurs. Pour autant la conjonction est troublante et, pour le moins, ouvre des hypothèses que l'on n'a pas à refermer d'emblée sous prétexte que ce serait là verser dans des aphorismes rappelant les brûlots des années 1970. Si l'on ajoute à cela notre constat qu'une proportion non-négligeable de jeunes éducateurs et surtout d'éducatrices ont eu des velléités de devenir par exemple commissaire de police et évoquent spontanément des points communs entre deux métiers réputés antipodaux, on aura compris qu'un tel fait mérite que l'on s'y attarde quelque peu.

a. La fréquence des métiers d'encadrement.

Attentif à reconstituer les trajectoires lignagères afin d'y déceler les éventuels mouvements ascendants, nous avions pris le parti de mettre l'accent sur les métiers précis exercés par les grands-parents, les parents et les fratries des éducateurs spécialisés.

---

(1) Francine MUEL-DREYFUS. op. cit. p. 13.

Nous avons inauguré l'examen de l'ensemble des données obtenues en nous attardant sur les professions des grands-pères paternels et maternels. Un fait nous est alors apparu : une proportion significative d'entre eux se sont engagés dans l'armée, et au-delà, dans certains types d'emplois de la fonction publique. Sans que l'on puisse véritablement pousser plus avant l'investigation, il en ressortait aussi des indices d'une mobilité ascendante. Sous-officiers, chefs de gare, contrôleurs, plusieurs mentions se rapportaient à des positions généralement acquises en fin de carrière au terme de promotions et de "montées en grade".

L'étude des professions exercées par les pères s'est révélée plus riche puisque nous disposions là d'une part d'indications très précieuses sur les différents emplois occupés au fil de leur carrière professionnelle, d'autre part de précisions sur les secteurs d'activité public ou privé - et sur leurs niveaux d'études. La régularité de certains métiers dévolus à l'ordre et à l'encadrement ressortait immédiatement(1). Nous nous sommes attachés à relever systématiquement tous ces emplois successivement occupés puis nous avons cherché à en restituer la signification. Les entretiens biographiques, pour ce faire, nous ont été précieux. Nous avons en effet interviewé plusieurs enfants de militaires et de contremaîtres. Un éducateur a également longuement évoqué la carrière de son père, artisan-mécanicien devenu surveillant en maison d'arrêt. Un retour aux questionnaires nous a permis de constater qu'un tel métier n'est pas exceptionnel chez les pères et chez les frères des éducateurs spécialisés.

Nous avons, dans un premier temps, opéré une distinction entre les officiers et sous-officiers de l'armée, les agents de police, les gendarmes, les contremaîtres et agents de maîtrise . En effet l'accès à ces types d'emplois renvoie à des communautés de trajectoires et donc à une analyse qui, au-delà des différences tangibles entre ces professions, peut valoir pour les uns et pour les autres, mais aussi, à un certain nombre de singularités qui méritent d'être soulignées.

---

(1) S'attardant tout récemment sur les origines sociales des éducatrices de jeunes enfants, Daniel Verba a, lui aussi, relevé "une relativement forte présence dans la lignée familiale des policiers et militaires". Daniel VERBA. *Le Métier d'éducateur de jeunes enfants*. Paris : Syros, 1993, p. 78.

Evalués sur la base du dernier métier exercé, les policiers et militaires appartenant à la catégorie des employés représentent près de 7% des pères d'éducateurs spécialisés. Une telle proportion est déjà en elle-même significative puisqu'à l'échelon national ce taux est d'environ 1,5 %. Certes L'Ouest de la France est une région relativement militarisée mais les personnels de l'armée et de la police ne rassemblent pas plus de 2 % de la population active.

Si l'on prend en compte tous les pères qui, à un moment de leur vie professionnelle ont appartenu durablement à ces corps de l'armée ou de la police, la proportion atteint 12 %. L'explication d'un tel écart s'impose immédiatement. La moitié environ des pères, sous-officiers ou officiers, ont interrompu leur carrière militaire après quinze ou vingt ans de service actif. Au moment de notre enquête, les deux-tiers pouvaient se prévaloir, comme dernier métier, d'être personnel civil occupant un poste d'employé ou un poste de cadre ; 65 % relevaient toujours de la fonction publique, 35 % du secteur privé.

On ne peut alors que souligner la proportion significative d'éducateurs et d'éducatrices - les différences ici sont minimes - qui ont connu leur père membre des forces armées ou de la police, proportion qui n'apparaît jamais comme telle puisque les statistiques prennent en compte le dernier métier exercé.

Nous avons précédemment souligné la disposition promotionnelle des familles et relevé les fréquents déplacements de la catégorie "ouvrier" directement à celle de "profession intermédiaire". Une telle mobilité ascendante est avant tout à rapporter à la proportion significative de pères d'éducateurs spécialisés ayant accédé à des postes d'encadrement. Contremaîtres ou agents de maîtrise, ils ont, pour la plupart, occupé des emplois subalternes puis ont franchi un à un les échelons menant à des positions hiérarchiques. Rares sont cependant ceux qui sont devenus cadres techniques. Dans une moindre mesure nous avons observé aussi les trajectoires ascendantes d'employés de la fonction publique devenus personnels administratifs de catégorie B.

Si l'on s'appuie ici sur le dernier métier mentionné, environ 10 % des pères relèvent de la catégorie "contremaîtres, agents de maîtrise" contre moins de 3 % de la population active(1).

---

(1) Signalons aussi que nous avons remarqué une proportion significative de pères devenus, en cours de carrière, inspecteurs des P.T.T., des Impôts, des Douanes, ... (Près de 3 % au total)

Mêler militaires, policiers et contremaîtres peut surprendre et, pour le moins, appelle explications. Elles sont, une fois encore, à rechercher dans l'aspiration à s'arracher à sa condition, à dérouter ce destin que l'on perçoit tout tracé.

L'armée était l'une des voies possibles pour "s'en sortir", pour "forcer le destin". Que l'on soit fils d'agriculteurs, d'artisans ou d'ouvriers, il y avait là l'opportunité de déroger aux métiers sans avenir hérités de sa lignée, de tenter une échappée vers d'autres horizons sociaux. Certes une telle option était marquée au coin par des incertitudes, par la perte d'une certaine identité aussi, ne serait-ce que de par l'obligation de "s'expatrier", d'accepter des mutations sans aucune garantie de revenir avant la retraite en pays de connaissance. Mais les sombres perspectives entrevues, s'ils demeuraient dans leur statut de prolétaire, les poussaient à mettre sous le boisseau toutes tergiversations. Quelquefois sous la pression de la famille, souvent en pensant agir de leur plein gré, une importante proportion de pères d'éducateurs spécialisés se sont engagés dans l'armée avec la ferme conviction qu'en agissant ainsi, ils se donnaient le maximum de chances de quitter leur milieu. Bon nombre sont demeurés sous-officiers durant une vingtaine d'années puis ont pu bénéficier d'emplois civils en relation avec les différentes compétences acquises durant leur carrière militaire.

- *"Mon grand-père était coiffeur ; un très grand salon qui appartenait donc à mes arrière grands-parents, et il s'est marié à une des employées... et puis donc, comme ça marchait pas trop... il n'y avait plus de sous pour payer des employés et plus ça allait, plus... C'était un peu la décrépitude disons. Après ils ont pris un petit salon dans un petit bourg jusqu'à leur retraite. Mon père était coiffeur au départ parce que ses parents ont un salon de coiffure... et puis bon, ça marchait pas trop. Il est parti, il a travaillé sur Paris en tant que coiffeur puis ensuite on est venu en Bretagne. Là il a été coiffeur aussi, et après, parce que ça marchait pas trop la coiffure, ça rapportait pas trop, il a travaillé comme représentant ; mais c'est toujours pareil, il y a des mois c'était super, et d'autres où il y avait pas grand chose. Donc mon père est gendarme, mon père est rentré dans la gendarmerie. Il a passé un concours et il est gendarme mobile depuis plus de quinze ans".* (éducatrice, 25 ans)

Une autre issue passait par un labeur acharné afin d'accéder à des postes charnières, tels ceux de contremaîtres, en prenant alors peu à peu leurs distances avec le milieu dont ils étaient issus. Ce processus s'est révélé relativement lent et semé d'embûches. Les sacrifices consentis étaient toutefois généralement payants, et la sortie de la condition ouvrière, pour être tardive, leur a permis d'accéder à des biens et à un mode de vie proche de ceux des techniciens.

Une question demeure en suspens : comment rendre raison de leur activisme à ainsi se déprolétariser, quitte à occuper des postes réputés ingrats, enclavés entre une hiérarchie à laquelle ils ne seront jamais véritablement intégrés et des ouvriers aux yeux desquels ils apparaîtront toujours plus ou moins suspects ?

Plusieurs facteurs concourent à une telle préoccupation ascensionnelle et aucune hypothèse ne saurait à elle seule rendre compte de ces velléités à sortir du rang que l'on note chez les contremaîtres et agents de maîtrise. Celle qui semble ici la plus probante renvoie, au-delà des contraintes structurelles en termes de mobilité, à une éthique liée à l'emprise du catholicisme.

"La frange ouvrière pratiquante, notait déjà il y une vingtaine d'années Henri Lasserre(1), se caractérise en général par une promotion assez rapide puisque celle-ci peut aller jusqu'à la sortie complète de la classe ouvrière en une ou deux générations".

Plus loin il faisait part

"d'une constatation tout à fait remarquable : la majorité des enquêtés est issue soit de la campagne, soit des classes moyennes urbaines (artisans, commerçants, petits fonctionnaires, employés, etc...)"(2).

---

(1) Henri LASSERRE. "Religion et ascension sociale : l'exemple des ouvriers chrétiens". *Revue Française de Sociologie*, XIII(3), 1972, p. 393.

(2) Ibid. p. 396.

Plus près de nous Jean-Pierre Terrail rappelle combien

"la forte intégration religieuse joue un rôle important en permettant de substituer d'autres références à l'identité de classe refusée, proposant une vision du monde qui légitime l'entreprise isolée de promotion individuelle et ses chances de réussite"(1)

Nos propres observations tendent à avaliser de tels constats. Les éducateurs spécialisés, fils ou fille de contremaîtres, ont noté une forte pratique religieuse mais aussi un activisme important de leurs parents au sein du réseau associatif ; ceux et celles que nous avons interviewés vont dans le même sens.

Les familles de contremaîtres, de militaires et de policiers ne présentent donc pas de particularités majeures. Elles sont plutôt exemplaires puisque plus que toute autre, elles concentrent nombre de traits déterminants pour le choix du métier d'éducateur spécialisé par l'un au moins de leurs enfants.

Une question cependant demeure. Son approche, nous l'avons souligné, est délicate. Peut-on avancer que le type de professions de ces pères, que le rapport particulier à l'ordre qu'il suppose, a eu une incidence sur l'aspiration d'un fils ou d'une fille à devenir éducateur spécialisé, incidence qui viendrait d'une certaine manière redoubler les premiers déterminants. On ne peut écarter une telle hypothèse même s'il ne peut s'agir, en tout état de cause, que d'un facteur secondaire.

b. L'aspiration à exercer un métier d'ordre : un déterminant secondaire.

Evoquer le thème de l'ordre est souvent considéré comme quelque peu iconoclaste au sein d'un secteur qui tend plutôt à renier sa filiation, voire à se projeter aux antipodes des métiers explicitement liés à son maintien. Les proximités présentes sont rejetées comme sont relégués les héritages historiques. Les initiatives ponctuelles qui tentent d'associer la police et les éducateurs spécialisés sont plutôt fraîchement accueillies : qu'elles soient vouées ou non à l'échec, la

---

(1) Jean-Pierre TERRAIL. *Destins ouvriers. La fin d'une classe.* Paris : PUF, 1990, p. 227.

seconde option ne surprend pas sinon même réconforte, elles sont réputées pernicieuses puisqu'elles risquent de briser cette "relation de confiance avec les usagers" sans laquelle rien n'est possible. Des termes tels "encadrement" ou "contrôle" sont eux fort suspects puisqu'est régulièrement revendiquée cette position d'extraterritorialité sociale, ces parenthèses, cet affranchissement des normes qui font les spécificités de l'Education Spécialisée. Certes ce double jeu, ce double langage ont sans doute perdu de leur vigueur depuis une quinzaine d'années, mais demeurent bel et bien une défiance à l'idée d'être assimilé aux métiers de surveillance et de répression.

Au-delà de ce qui peut légitimement apparaître comme un paradoxe tant les rapports sont étroits et les relations tangibles d'ailleurs entre des champs contigus il y a lieu d'explorer l'aspiration à occuper une position qui, quoiqu'en disent les intéressés, participe au signalement, à la mise en ordre et à la coercition.

Nous l'avons relevé en préambule, il est tout aussi simpliste de postuler une relation de pure causalité entre la profession d'un père contremaître ou gendarme et celle d'un fils éducateur spécialisé que de refuser catégoriquement d'en examiner les éventuelles liaisons tant ces métiers, cela irait sans dire, sont à cent lieues les uns des autres. L'investigation mérite d'être menée mais elle doit se défier de maints "effets d'évidence".

En premier lieu, il est nécessaire de souligner que ces ascendants qui ici ont opté pour un engagement dans l'armée, là pour l'accès à un poste d'agent de maîtrise, n'étaient pas invariablement mus par une attirance particulière pour les attributs de la hiérarchie, par un goût immodéré à s'ériger en donneur d'ordres et de leçons. On risque fort, en empruntant de telles voies, de glisser subrepticement vers des explications pseudopsychologiques aussi sommaires que réductrices. Choisir le métier des armes ou tenter de gravir les échelons menant à un emploi de contremaître représentaient avant tout, rappelons-le, une voie de dégagement, un échappatoire afin de sortir de sa condition. Plusieurs solutions étaient possibles. L'enseignement en représentait une ; généralement les enfants de ces maîtres d'école ne se tournent guère vers l'Education Spécialisée, trop synonyme de déclassement. Cependant nous avons rencontré, au fil de notre enquête, quelques fils et filles d'instituteurs ou de professeurs de l'enseignement technique issus du milieu populaire. D'autres choix encore signifiaient la prise de distance, l'éloignement, telles la police ou l'armée. Enfin, sans clore la liste des possibles, l'option de la promotion interne au sein de l'atelier ou de l'usine pouvait être envisagée.

Pour ces pères d'éducateurs spécialisés qui, à un moment donné de leur vie professionnelle, ont pris la décision de "tout quitter et de s'engager" ou de "devenir chef", chef de chantier, chef d'équipe et autres postes qui annoncent une volonté de promotion, les seules situations qui s'offraient correspondaient très souvent à des postes d'encadrement.

Très peu de pères d'éducateurs spécialisés sont devenus ingénieurs (ou officiers). Ils ont accédé à une profession intermédiaire et, corrélativement à une position d'intermédiaire mais n'ayant pas pu prétendre pousser plus avant leur ascension, ils sont demeurés dans "l'entre-deux".

"Les positions d'intermédiaires impliquent, rappellent Alain Desrosières, Alain Goy et Laurent Thévenot, la mise en oeuvre d'un savoir et de directives constitués plutôt par les agents du groupe 3 qui fondent d'ailleurs la légitimité de ce savoir. (...) Dans nombre de professions intermédiaires, il s'agit donc d'opérer des mises en ordre, de rendre exécutoire et donc de gérer les tensions sociales propres à cette exécution ou à la reproduction sociale (1).

Ces pères, dont l'un au moins des enfants a opté pour le secteur de l'inadaptation et du handicap n'ont pas été des "entrepreneurs de morale" mais plutôt, pour continuer dans la terminologie avancée par Howard S. Becker(2), des agents chargés de faire appliquer les normes. A un moment donné d'ailleurs, ils ont "plafonné" et n'ont pas toujours très bien ressenti, semble-t-il, ce statut mal configuré, mal délimité, qui était le leur. Les éducateurs spécialisés que nous avons

---

(1) Alain DESROSIERES, Alain GOY, Laurent THEVENOT. "L'identité sociale dans le travail statistique". *Economie et Statistique*, 152, 1983, p. 71. Le groupe 3 comprend les cadres et les professions intellectuelles supérieures.

(2) Howard S. BECKER. *Outsiders*. op. cit. p. 179.

interrogés ont régulièrement précisé que leurs pères évoquaient très peu leur travail, ne tiraient aucune gloire de leur position et poussaient plutôt leurs enfants vers d'autres types d'emplois débarrassés des contraintes hiérarchiques plus encombrantes qu'autre chose. S'ils ont dirigé leurs enfants vers d'autres métiers d'intermédiaires qui, eux aussi, supposent l'exécution de consignes d'experts situés au-dessus d'eux, c'est, en quelque sorte, par ricochet.

La plupart de leurs fils et de leurs filles, et ce, malgré les espoirs mis bien souvent en eux, n'ont pas pu s'extraire de ces positions médianes et sans véritable latitude. N'avaient-ils alors qu'à se laisser aller à la loi immanente de leurs habitus, où, en d'autres termes, avaient-ils acquis imperceptiblement par familiarisation, par "obstination en éclipses" selon l'expression d'Anne Muxel(1), des aptitudes leur permettant à leur tour, mais sous des formes renouvelées, d'être gardiens d'un certain ordre moral ? On ne doit pas écarter une telle hypothèse, et quelques indices laissent effectivement penser que même si la liaison est lâche entre la position particulière du père et celle de son enfant, elle existe très probablement. Cependant la mise en exergue d'une telle relation se heurte rapidement à un obstacle majeur : très peu de travaux ont tenté, à partir notamment d'une démarche ethnographique, d'analyser en quoi les tâches dévolues à l'éducateur spécialisé se rapprochent de celles associées au contremaître ou au policier.

Les recherches qui, à l'image de celle entreprise par Michèle Siguier(2), s'attardent sur cet "art de creuser la plaie" caractéristique des écrits professionnels, ou encore de celle développée par Jean-Marc Leveratto(3), à partir des avancées de Luc Boltanski et de Laurent Thévenot, sont rares. Comment négocie-t-il cette position d'intermédiaire entre les experts et les "clients" ? Comment aussi - et la situation semble de plus en plus fréquente - est-il amené à se situer comme relais de personnels peu ou pas qualifiés ? Comment parvient-il à organiser ses représentations afin de se persuader ne pas être, lui, un "gardien de l'ordre" alors que, comme le souligne Christian de Montlibert :

---

(1) Anne MUXEL. "Une histoire exemplaire : obstinations et nouveautés dans la transmission d'une tradition politique familiale". *Pouvoirs*, 42, 1987, p. 74.

(2) Michèle SIGUIER. *Droits de regards*. Toulouse : Erès, 1986.

(3) Jean- Marc LEVERATTO. *Essai d'Ethnologie de l'Education Spécialisée*. op. cit.

"sa participation à des mesures coercitives et répressives est constitutive des missions qui lui sont assignées ?"(1).

Si le métier d'éducateur spécialisé est, par certains aspects, très proche de ceux de contremaître et de policier, la plupart des études réalisées prennent pour fait acquis et indiscutable ce qui mériterait pourtant d'être minutieusement exploré.

Nous nous cantonnerons donc ici à souligner deux points sur lesquels les éducateurs spécialisés dont le père est - ou était - dans de telles situations d'encadrement, semblent bien se distinguer. Il s'agit d'une part de l'aspiration à occuper des postes hiérarchiques (éducateur-chef, directeur d'établissement ou de service), d'autre part de leurs tentatives pour entrer dans l'armée ou dans la police.

Tiraillés entre des injonctions contradictoires telles que soutenir et étiqueter, partager un quotidien et rapporter des comportements, recueillir des confidences et dénoncer ; ceux et celles qui s'orientent vers ce métier entretiennent un rapport assez ambigu à la hiérarchie. Les quelques éléments recueillis, bien que parcellaires, débouchent assurément sur des interrogations qui appelleraient un approfondissement. Les discours de désordre, on dira aussi l'humeur anti-institutionnelle, qui parcourent les propos des éducateurs interrogés par Francine Muel-Dreyfus, s'accordent effectivement assez bien à un secteur qui s'est bâti "en contre", en opposition à l'Education Nationale réputée sclérosée, aux hiérarchies de tout acabit qui ne savent que juguler les initiatives. Les paroles que nous avons relevées sur ce versant sont moins tranchées, même si y subsistent ces oppositions symboliques et une certaine défiance en l'ordre établi. Nous avons surtout perçu une grande ambivalence, notamment en ce qui concerne l'accès à des positions hiérarchiques. "La hiérarchie, je ne sais pas trop", "j'y pense quelquefois parce que je ne me vois pas faire ça toute ma vie", "ce qui me rebute dans la hiérarchie, nous a déclaré une éducatrice, c'est justement les rapports hiérarchiques que cela suppose".

---

(1) Christian de MONTLIBERT. "Prédication et cure d'âme : les clercs, les animateurs et les travailleurs sociaux" in : *Les Nouveaux clercs*. Genève : Labor et Fides, 1985, P. 243.

Il semble bien qu'en fait les éducateurs spécialisés hésitent à se déclarer et n'osent pas afficher haut et fort leur ambition. Cette aspiration promotionnelle est très forte. Par un biais ou par un autre, nombre d'entre eux vont ainsi rechercher des ouvertures leur permettant d'accéder à ces "postes à responsabilités"(1) dont ils ne veulent alors voir que les "aspects techniques", oubliant sciemment ou non la délégation d'autorité, il est vrai toute relative, qui leur sera dévolue, et les profits attendus(2).

L'accès à des postes hiérarchiques fascine et rebute, et s'il fallait changer de métier, ce sont les professions artistiques, espaces probablement perçus comme hors des contraintes sociales, qui, légèrement avant l'enseignement sont les premières citées. Cependant à la question "envisagez-vous d'occuper un jour un poste à responsabilité hiérarchique ?" la réponse positive remporte un très fort taux de suffrages au sein de l'ensemble des éducateurs spécialisés (75 % environ), même si un certain "vieillissement social" est sensible chez les hommes (69 %) et surtout chez les femmes (49 %) en poste depuis plusieurs années. (3)

Ce sont les fils et filles issus des professions intermédiaires, qui aspirent le plus à occuper un poste de chef de service éducatif ou de directeur. Etude faite, ce sont parmi eux, les enfants de contremaîtres, (82 % de réponses positives) qui témoignent là nettement de l'ambition la plus marquée.

---

(1) La demande de formation continue, surtout si elle est auréolée d'un certificat ou d'un diplôme universitaire, est très forte chez les éducateurs spécialisés. Elle traduit aussi ce rapport ambigu à l'institution scolaire que nous avons déjà souligné. La critique de l'école se double souvent d'une forte aspiration à "reprendre des étude". En proposant qui une Maîtrise en sciences sociales appliquée, qui un Diplôme de Hautes Etudes en Pratiques Sociales, ... les offreurs connaissent bien les attentes de leur public potentiel.

(2) Les grilles de salaires conventionnelles n'attribuent aux cadres qu'une rémunération supplémentaire relativement faible.

(3) Faut-il préciser que, bien que minoritaires, ce sont les hommes qui accèdent le plus souvent aux postes hiérarchiques. Curieusement, mais cela dépasse quelque peu notre propos, nous avons remarqué qu'une proportion significative de chefs de service et de directeurs ont auparavant assumé des responsabilités syndicales au sein de l'Education Spécialisée.

La "pré-tension" que Pierre Bourdieu(1) associe à la "bonne volonté culturelle" de la petite bourgeoisie se voit ici confirmée par des dispositions à entreprendre une ascension qui, toutefois, inquiète quelque peu. Signe d'une perception plus ou moins confuse que les postes hiérarchiques seront de plus en plus disputés ?, que les tâches à accomplir seront ingrates et mal rémunérées ?, que les perspectives seront limitées, à l'image du contremaître condamné à demeurer dans l'entre-deux ? Sans doute est-ce tout cela à la fois qui aboutit à cette ambiguïté relevée dans les entretiens, à ces valses-hésitations entre le désir de changer de métier - 30 % des éducateurs spécialisés en poste déclarent avoir tenté de le faire, et ils se partagent à égalité entre ceux qui par ailleurs sont tentés par les voies hiérarchiques et ceux qui ne le sont pas - et d'occuper une position "à responsabilités".

Le rapport aux professions explicitement dévolues au maintien de l'ordre est aussi source d'ambivalence. Hommes ou femmes, 72 % des éducateurs spécialisés appelés à se prononcer sur le métier qu'ils rejetteraient d'emblée s'ils devaient se réorienter, citent en premier lieu l'armée puis, à un taux très voisin, la police. Si les enfants de militaires et de gendarmes sont les moins péremptoires (62 %), ainsi que ceux de contremaîtres (64 %), le refus d'envisager une telle carrière est donc net. Nous avons cependant systématiquement sollicité les personnes interviewées sur leurs éventuelles tentatives pour entrer dans la gendarmerie ou dans la police, voire pour s'engager dans l'armée. Il va sans dire qu'il y a nulle contradiction à refuser présentement une éventualité qu'auparavant on n'aurait pas dédaignée ; cependant la fréquence de ces projets de jeunesse nous a surpris. Deux des treize hommes et cinq des seize femmes avec lesquels nous nous sommes le plus longuement entretenus nous ont fait part de leurs démarches dans ces sens. Quatre d'entre eux, deux hommes et deux femmes, ont un père qui, à un moment de sa vie professionnelle, a embrassé la carrière des armes, deux sont filles d'ouvriers devenus contremaîtres, la dernière est l'aînée d'une famille dont le père, après avoir été ouvrier puis instructeur à l'étranger, exerce actuellement le métier de professeur de l'enseignement technique.

---

(1) Pierre BOURDIEU. *La Distinction.* op. cit. p. 388.

- *"J'avais le projet d'entrer dans la police,... depuis au moins l'âge de 14, 15 ans mais ça s'est arrêté ; je n'ai pas la taille. Mon copain a le même problème que moi, parce qu'il y a une taille pour les gars aussi, et il ne peut pas y entrer à quelques centimètres près. Il a pourtant tout essayé... il faut dire que son père est commissaire".* (éducatrice, 24 ans)

- *"J'ai pensé... j'ai passé... Il y a trois ou quatre ans j'ai passé un concours de... non pas inspecteur... commissaire. Je l'ai passé mais sans trop... C'était l'époque où je ne savais pas que faire, fallait que je passe des concours et puis je n'ai pas été reçue. Mon père il était assez favorable et puis quand je leur ai dit que même si j'étais reçue je n'irai pas, là ils n'étaient pas très contents".* (éducatrice, 24 ans)

- *"J'ai fait une première année de droit. Au départ je voulais faire inspecteur de police donc j'avais idée de faire du droit. Mon idée, c'était inspecteur, je comptais faire deux ans de droit. J'étais trop petite, je sais plus trop, ça a peut-être changé maintenant mais il fallait faire 1 m 63 pour les femmes, et moi je fais 1 m 59 1/2...Et depuis toute petite je voulais faire ça. Quand j'ai passé la première fois le concours d'éducateur, avec le psychologue, il avait voulu me faire croire, enfin il me disait que si j'avais raté mon bac la première année, c'est parce que dans la même année on m'a dit que je ne pourrais jamais être inspecteur de police... Je ne pouvais pas m'inscrire... La déception, ah, j'avais été déçue, c'est vrai".* (éducatrice, 25 ans)

La présence d'enfants de contremaîtres, de militaires et de policiers au sein de l'Education Spécialisée, ne peut passer inaperçue. Largement surepésentés, ils rappellent avant tout combien leurs parents, souvent d'origine populaire, se sont efforcés de les mettre à l'abri des risques de déclassement. Que les pères soient, en fin de carrière, agents de maîtrise ou sous-officiers, leurs fils comme leurs filles n'étaient en rien assurés, s'ils empruntaient les voies du secteur privé, de retrouver rapidement la position acquise par leurs ascendants. Désormais le capital scolaire requis pour accéder à ces postes d'encadrement est loin d'être négligeable et les jeunes qui disposent de diplômes supérieurs tendent à monopoliser des emplois bien plus accessibles par promotion interne, il y a vingt ou trente ans qu'actuellement.

La fonction publique offrait des opportunités conciliant sécurité et potentialité d'entamer un jour, à leur tour, une ascension sociale(1). Au contraire, le secteur des entreprises était, lui, réputé imprévisible, trop exposé pour y risquer ses enfants et, avec eux, l'avenir de la lignée. L'"Administration" a donc été l'objet de toutes les attentions, et les métiers d'enseignement notamment, fort prisés. Dans les faits, ils se sont révélés difficilement accessibles, et l'éventail des professions médico-sociales paraît avoir représenté alors une bifurcation honorable. Faire éducateur spécialisé - on pourrait sans doute dire "finir par faire éducateur spécialisé" - marque la limite de ce que les parents étaient disposés, non sans quelque inquiétude, à accepter. Ainsi, si l'on devait définir une trajectoire lignagère "idéal-typique" annonçant l'arrivée d'un jeune dans le secteur du handicap et de l'inadaptation, celle rassemblant les enfants de contremaîtres, de sous-officiers, de policiers et de gendarmes, serait probablement la plus proche d'une telle construction. En effet non seulement la culture d'encadrement, la disposition ascensionnelle mais aussi la rigueur morale, liée fréquemment à la croyance religieuse, et l'activisme associatif, fort pourvoyeur de capital social, paraissent bien être ici exemplairement présents.(2)

Ces familles qui n'ont ménagé ni leur peine pour gravir les échelons, ni leurs efforts pour aider leurs enfants à "s'en sortir" ont aussi participé, par suite des spécificités de leurs emplois, à la mise en ordre, sous des formes explicites - c'est le cas de la carrière des armes - ou à peine euphémisées. Les dispositions accumulées, les certitudes acquises dans l'exercice de ces métiers ont-elles eu un impact sur le choix, par un fils ou une fille d'un secteur particulier où ont cours d'autres modes de domination ? les conjonctions sont troublantes mais il faut se garder des clichés. Rien n'indique qu'au sein de ces familles l'éducation reçue ait été particulièrement rigide - l'effet intrinsèque des

---

(1) "L'accès des fils des catégories intermédiaires, écrivent Michel Gollac et Pierre Laulhé, aux emplois de cadre a été plus ouvert dans la fonction publique que dans les entreprises : ils sont en effet cadres de la fonction publique trois fois plus souvent que la moyenne des hommes de la génération, mais seulement deux fois plus souvent cadres administratifs ou techniques des entreprises. La fonction publique est donc pour eux, une filière d'ascension sociale plus importante que les entreprises". Michel Gollac, Pierre LAULHE. "La transmission du statut social. L'échelle et le fossé". op. cit. p. 88.

(2) Les recherches que nous avons menées durant les années 1992 et 1993 tendent à confirmer cette aspiration à entrer dans la police, notamment de la part des jeunes éducatrices spécialisées.

formes éducatives est d'ailleurs probablement très faible pour ce qui concerne le choix du métier - ou que les injonctions à exercer des métiers d'ordre se soient révélées pressantes. Par contre un certain rigorisme, une aspiration à encadrer, à ordonner, à étiqueter, à raisonner en termes individuels sont perceptibles. Les projet - fussent-ils désormais reniés - d'entrer dans la police peuvent surprendre ; les dispositions ascensionnelles également. Dans un cas comme dans l'autre il s'agit pourtant d'indices non négligeables du rôle qu'exerce indirectement la profession du père sur les choix de ses enfants.

CHAPITRE IV

L'ARRIVEE DANS LE METIER

Les éducateurs spécialisés investissent dans le métier des ressources morales qui leur paraissent d'autant plus ineffables qu'elles s'enracinent dans la profondeur de leur histoire, inséparablement familiale et sociale. Cet accord, entre ce qu'ils sont et ce qu'ils font, les dépasse. A les entendre, nombre d'entre eux ont bien tenté dans un premier temps de s'orienter vers d'autres métiers mais, découragés par les échecs, par la longueur d'études incertaines voire par des emplois qui ne leur "correspondaient pas", "ils en sont revenus" et finalement disent "avoir trouvé leur voie". Expliquer un tel choix ? "C'est au-delà des mots" dira un éducateur, "c'est intérieur" déclarera un autre. Le fait une telle orientation s'impose à eux, mais, simultanément, "ils s'y retrouvent", étonnés à la limite de découvrir avoir déjà en eux toutes les qualités suffisantes pour occuper un poste, pour se sentir à leur aise avec des enfants ou des adolescents, pour prendre rapidement des initiatives. Ils se sentent déjà éducateur dans leur être avant que d'être confirmés, par la cérémonie d'adoubement du passage en école de formation.

Comment en sont-ils venus là ? Deux registres ont été régulièrement évoqués durant les entretiens. Le premier fait la part belle à un "appel" qui transcende toutes rationalisations. Même les mains qui se délient ou les visages qui tentent de se faire expressifs ne suffisent pas. C'est une question d'attirance, de croyance. Il doit certes bien y avoir, concèdent-ils, quelques raisons psychologiques derrière ce sentiment de "se réaliser pleinement dans son métier", mais sur le moment "ils ne voient pas trop et en tous les cas c'est difficile à dire" Le second registre prend appui, s'argumente, sur des événements déclenchants. Des personnes sont citées, des rencontres opportunes sont relatées. Le souvenir de ces individus qui les ont poussés à franchir le pas est souvent vivace et le récit, qui peut se faire émouvant, donne le ton.

Si l'homologie entre les agents et les postes, entre l'histoire incorporée des éducateurs spécialisés et l'histoire objectivée de leur terrain d'accomplissement est tangible, sa genèse est à notre sens à rechercher au-delà de la rencontre factuelle que dépeint Francine Muel-Dreyfus. Cet accord, cette coïncidence est à rapporter bien plus en amont. Il est plus profond, plus tenace ; il explique aussi pourquoi en définitive les éducateurs spécialisés des années 1990 ne diffèrent pas fondamentalement de leurs aînés, alors que les "bruits" de 1968 sont entrés dans les manuels d'histoire. Pour l'atteindre, pour le mettre à jour, on se doit d'aborder à la fois le rôle dévolu aux établissements oeuvrant en faveur des handicapés et des inadaptés et la place donnée à ceux et à celles qui vont s'y investir.

Ce rôle est de produire des biens symboliques, de la croyance.

"Une société, écrivait Emile Durkheim, ne peut se créer ni se recréer sans du même coup créer de l'idéal"(1).

A l'heure où l'éthique se détache de ses fondements religieux, l'Education Spécialisée tend à prendre le relais de cette fonction liturgique en célébrant, sous des formes renouvelées, un office qui demeure par essence clérical. Les éducateurs spécialisés participent à cette sécularisation de l'éthique. Ils en ont les dispositions, socialement construites, et avec eux, en eux, s'exprime une lignée dont ils se feront tout naturellement les interprètes, pour ne pas dire les oblats. Ce sont des néo-clercs, au service d'une institution quasi-cléricale.

Assurément il y a des rapports entre le champ religieux et ce terrain qui, en se mettant au service des démunis, quitte, nous l'avons noté, à en créer les conditions d'existence, va affirmer ce rôle de théodicée sociale qui lui revient.

Cependant il ne faut pas verser dans l'illusion de la duplication ni dans la trop forte ressemblance. L'Education Spécialisée est traversée par des luttes bien spécifiques et elle diffère à plus d'un titre de l'office religieux. Les hommes et les femmes qui animent ses établissements

---

(1) Emile DURKHEIM. *Les Formes élémentaires de la vie religieuse*. Paris : PUF, 1960, p. 154.

et ses services n'ont pas connu ces formes exemplaires d'"imposition de la vocation" telle que l'analyse Charles Suaud(1). S'il est fondé de s'attacher au moment de l'analogie, il est tout aussi primordial de s'attarder aux dissemblances, aux frontières, fussent-elles, comme le souligne Gilbert Vincent(2), floues et problématiques.

A. DE L'APPEL AUX RENCONTRES INITIATRICES

a. L'ineffable de l'attirance.

Nombre de familles d'éducateurs spécialisés se sont singularisées par la combinaison d'une forte intégration religieuse et d'un intense engagement militant. D'autres encore, sans présenter une telle alliance des deux termes, ont activement participé à cette efflorescence des formes collectives à partir de laquelle, par le biais de la vie associative notamment, des fractions des classes moyennes se sont regroupées, constituées, dès la fin des années 1950. Ainsi une large majorité d'entre elles, faiblement pourvue en capital économique, a accumulé peu à peu une autre forme de capital, fruit de rencontres entretenues et de relations qui comptent. Qu'elles aient été façonnées par un certain catholicisme social ou par un humanisme dégagé de l'influence de l'Eglise, Ces familles ont non seulement apporté à leurs enfants une sensibilité particulière mais leur ont aussi offert maintes occasions, qui étaient autant d'expériences initiatiques, d'intérioriser des valeurs empreintes de dévouement et de charisme.

Les prises de responsabilité au sein des mouvements de jeunesse sont, à ce titre, exemplaires de cet ensemble d'incitations, voire d'inculcations familiales précoces qui ont participé à "produire l'envie" de relayer un jour, à leur tour, ces engagements, cette éthique sécularisée. Déposé, incorporé, cet habitus s'est "réactivé" quand, suite aux désillusions scolaires et au refus des carrières peu attractives qui les attendaient, ils ont opté pour un emploi accordé à leurs convictions, à leurs aspirations profondes. Fort opportunément, ces hommes et ces femmes ont de fait évité sinon le déclassement, du moins une certaine relégation vers des postes perçus sans avenir et, qui plus est, "sans valeur ajoutée".

---

(1) Charles SUAUD. *La Vocation*. Paris : Minuit, 1978.

(2) Gilbert VINCENT. op. cit.

Devenir éducateur spécialisé a représenté alors, en quelque sorte, un "retour aux sources" d'autant moins problématique à négocier, qu'ils avaient le sentiment de posséder les dispositions naturelles pour exercer un tel métier. Ainsi tous ces ensembles de pressions conscientes ou inconscientes, mises en oeuvre par leurs parents, pour qu'ici ils s'intègrent à une association marquée au coin par la religion, là qu'ils animent des activités au sein d'un "foyer rural" ou d'une "Maison pour Tous", a produit des résultats inattendus lorsqu'il a fallu choisir son orientation, quelquefois se rabattre, - et cela est particulièrement sensible chez les hommes - après des tentatives infructueuses au sein d'autres sphères professionnelles. Derrière l'illusion du libre choix se profile la force de rappel d'une lignée qui, sans la plupart du temps l'avoir recherché explicitement, a permis à l'un ou l'autre de ses descendants, d'obtenir "une situation acceptable" en prenant pied sur le terrain de l'Education Spécialisée.

Peu d'hommes et de femmes, nous l'avons noté, restituent clairement tout ce qu'ils doivent à ces héritages, alliance de ressources morales et de stratégies qui tombent à point nommé. Même ceux et celles qui les relèvent ont tendance à les minimiser, à les présenter comme étant venus, en aval, dans un second temps, aider "techniquement" à ce que se réalise ce qui ressemble alors bien fort à un destin. Les trois phases de l'attirance : l'éveil, l'appel et l'élan sont régulièrement évoquées dans un discours où se profile bel et bien une métaphysique de la personne et de son projet.

- "Depuis toute petite, j'ai déjà une attirance. En fait j'ai toujours eu envie de faire ça plus ou moins ; au centre aéré, dans des activités comme le judo ou autres, j'ai toujours fait ça en fait". (éducatrice, 30 ans)

- "Je crois que je n'avais pas de vue précise, ni d'opinion concernant ce métier. J'ai réagi... comment dire... c'est intérieur, c'est pas du tout une démarche intellectuelle en disant il y a quelque chose à faire pour x ou pour y, des raisons idéologiques, confessionnelles ou je ne sais quoi. Non, c'était un truc viscéral, ça m'est venu comme ça en tête, la veine éducateur". (éducateur, 32 ans)

- "On dit toujours que quand il y a des enfants dans une pièce, je suis toujours attirée, on me le dit toujours, et c'est vrai, je suis

obligé de reconnaître que ça marche toujours avec moi. Je me demande pourquoi. Je ne m'explique pas pourquoi, j'ai pas d'explication, je ne sais pas, moi je dis que c'est dans moi". (éducatrice, 30 ans)

- "Pour moi, éducateur, c'est un boulot avec un idéal quoi, entre guillemets. Ca répond à une envie profonde, en opposition à des boulots de cadres ou d'employés qui sont des boulots qui permettent uniquement le côté financier, où il n'y a rien derrière" (éducateur, 31 ans)

Une large part de ces propos fait inévitablement penser à la vocation, transcendante et irréductible à toute rationalisation. Quelques éducateurs spécialisés l'ont d'ailleurs spontanément évoquée.

- "Pour moi, être éducateur, c'est une vocation. Je ne sais pas trop d'où elle vient et c'est sûr qu'il n'y a pas que la vocation. Il ne suffit pas de l'avoir mais si on n'a pas la vocation, on n'a pas le contact avec les enfants ou les ados". (éducatrice, 25 ans)

En lien à cette attirance, à cette immanence de l'appel sur laquelle d'ailleurs on ne veut cependant pas trop s'étendre, comme si on subodorait la fragilité d'une telle argumentation ou encore sa trop grande proximité d'avec un registre religieux que souvent on renie par avance, des initiateurs peuvent être mentionnés. Relais ou déclencheurs, ils sont généralement alors portés au pinacle.

b. Le Miracle de la rencontre.

L'empreinte décisive des influences "primaires", le long efficace d'une socialisation sous-tendue par des valeurs incorporées, avant eux, par leurs familles, sont souvent reniés au profit de rencontres inopinées, d'événements déclenchants aussi impensables qu'impromptus.

Le hasard est convoqué et la révélation - on peut quelquefois même parler de "coup de foudre" - fait la part belle à des intercesseurs dont on conserve intact le souvenir. Leur rôle est d'autant plus mis en valeur, qu'il va de pair avec un basculement. L'avenir était sombre, les perspectives peu encourageantes mais, finalement, le futur éducateur spécialisé a pu s'en sortir grâce à l'aide de ces relations, de ces amis providentiels, qu'il aurait tout aussi bien pu ne jamais croiser, qui lui ont parlé du métier ou qui l'ont introduit dans tel ou tel établissement où eux-mêmes travaillaient déjà. Un tel schéma sert fréquemment de trame aux évocations de l'arrivée dans le métier. Le cadre de ces interactions, de ces transactions, est accessoirement évoqué mais ni les uns ni les autres ne semblent réaliser combien ils sont en fait socialement classés. Qu'il s'agisse de M.J.C., de "Café-Cabaret", d'associations culturelles diverses, le dénominateur commun apparaît pourtant bien être l'homogénéité des publics en même temps que la relative étroitesse de son recrutement. Bien que la présence des protagonistes en de tels lieux n'ait rien de fortuit, ce sont des "coïncidences" pour ainsi dire "miraculeuses" qui sont mises en avant. Plus de la moitié des éducateurs spécialisés interrogés nous en ont fait part. Dans certains autres cas les intermédiaires sortent du commun et rappellent les représentations mettant en scène Saül sur le chemin de Damas.

- "Je suis issu d'une famille sous-prolétarienne... Bon, je suis parti de chez moi, j'avais 14 ans, because des problèmes familiaux. Je me suis retrouvé dans un foyer de jeunes travailleurs, où il y avait un curé qui était là, qui m'a pris en charge, jusqu'à l'âge de 20 ans. Et ce brave homme a été pour moi, un petit peu le père... le père de remplacement quoi, le père que je n'avais pas eu. Donc, il m'a aidé beaucoup et puis, quand je me suis retrouvé à 25 ans, après avoir été imprimeur, je me suis dit, bon il faut que je fasse autre chose, et là j'ai fait l'analyse suivante : bon, il y a un type qui m'a aidé dans la vie, moi aussi j'ai envie d'aider les gens et puis je vais peut-être commencer à faire quelque chose pour les autres. C'était un peu ça ma trajectoire au début. Donc j'ai été animateur dans un foyer pendant cinq ans ; après j'ai fait des petits boulots : j'ai été chauffeur-livreur, docker, etc... Mais j'avais toujours cette motivation là, que j'avais au départ, qui était de rendre service parce qu'on m'avait rendu service et que je savais que c'était grâce à cet homme là que... bon, qui m'avait fait découvrir un certain nombre de choses, que dans mon milieu je n'aurais sûrement pas découvertes. Donc je me suis dit je vais faire la même chose pour les autres. Mais seulement lui était prêtre. Personnellement, moi, je n'ai jamais cru ni en Jésus Christ, ni en Dieu, ni en rien. Là-dessus, je dois dire, c'était clair. Donc nous nous sommes rendus des services mutuels pendant cinq, six ans, donc c'était ma motivation de départ. Après bon, ça a

continué. Ayant eu une expérience quand même assez intéressante de par la vie que j'avais eue, je me suis dit, pourquoi pas, pourquoi je ne ferais pas des études d'éducateur. Voilà, donc je me suis inscrit un jour, par hasard, comme ça à l'école d'éducateurs de Toulouse". (éducateur, 37 ans)

- *"Je ne connaissais rien, je ne connaissais personne dans la profession ; je n'avais rien vu. Dire que je me suis senti attiré par ça c'est... c'est classique, c'est de la fuite... enfin... je serais malhonnête si je ne racontais pas cet épisode : à onze ans j'ai rencontré un missionnaire qui est passé dans mon école et il racontait les missions comme on dit. Ca n'a fait ni une ni deux, il cherchait des gens pour aller dans un séminaire et évidemment je suis parti avec lui. C'est sûrement aussi à ce moment là... je ne connaissais rien du métier, je dirais, d'éducateur, mais je savais que ça avait rapport avec une vie collective et j'ai passé, une fois sorti des premières classes, quand on arrive en sixième, j'ai fait toutes mes études dans ce qui s'appelle un système collectif puisque c'est le propre de l'organisation des... c'est pas des sectes, mais des congrégations. Et c'est sûrement parce que j'ai vécu de très longues années dans une école qui était à la fois... c'était un prolongement".* (éducateur, 32 ans)

Deux logiques, deux temporalités aussi, se conjuguent dans les propos de ce dernier éducateur spécialisé ; et il semble bien éprouver lui-même de la peine à les ordonner, à les démêler. Spontanément il mentionne un événement, une rencontre décisive : un prêtre l'a impressionné et il l'a suivi. Cependant, très vite, mais en ne trouvant pas immédiatement les mots ; des images, des souvenirs lui reviennent. Il les livre par bribes et tend à relier le choix de son orientation à tout ce qui a pu lui être inculqué pendant de longues années de scolarisation au sein de cette institution totale qu'était le séminaire. Par la suite, d'ailleurs, il insistera sur le parallèle entre son travail actuel, en internat spécialisé, et ce qui a été son quotidien durant toute une partie de sa jeunesse. Ses observations sont assurément riches de sens. Par contre elles éludent une autre dimension : le fait de poursuivre des études en séminaire, option, qui, soulignons-le, n'a rien d'exceptionnel chez les éducateurs spécialisés entrés dans le métier durant les années 1970, ne doit rien au hasard ou à un quelconque "appel". Il était bien le fruit de tout un travail préalable effectué par des prêtres auprès de familles amenées à "donner un fils à l'église". Enfin le terme "prolongement" est à retenir:

il concentre en effet pente et penchant et rappelle tout ce que les dispositions durables doivent à l'intériorisation progressive d'une destinée.

Par delà l'ineffable de l'attirance ou le miracle de la rencontre, ce qu'il s'agit de mettre à jour et de saisir, ce sont les raisons profondes d'un tel investissement du terrain de l'Education Spécialisée par des hommes et par des femmes,

"d'un tel accord entre leur "vocation" subjective (ce pour quoi ils se sentent faits) et leur "mission objective" (ce que l'on attend d'eux entre ce que l'histoire a fait d'eux, et ce que l'histoire leur demande de faire) accord qui peut s'exprimer dans le sentiment d'être bien "à leur place", de faire ce qu'ils ont à faire, et de le faire avec bonheur - au sens objectif et subjectif ou dans la conviction résignée de ne pouvoir faire autre chose qui est aussi une manière, moins heureuse, bien sûr, de se sentir fait pour ce qu'on fait"(1).

Les attitudes, les valeurs, les points de vue et, corrélativement, les visions du monde qu'imperceptiblement les futurs éducateurs spécialisés ont intégrés, puisent dans un humanisme plus ou moins dégagé de l'éthique chrétienne. Certes ils ont été en quelque sorte "mis en condition" ; encore fallait-il qu'ils prennent pied dans un espace professionnel où puisse s'accomplir, sans entraves sérieuses, leur habitus : alliance d'aspirations morales et de convictions oblatives.

B. LA RENCONTRE ENTRE LES HOMMES ET LES POSTES

a. Le terrain de l'Education Spécialisée et la production de biens symboliques.

Nous avons précédemment relevé tout ce que le terrain de l'Education Spécialisée doit aux institutions religieuses et à une histoire déposée jusque dans l'architecture des établissements ou dans les valeurs morales mises en scène, réaffirmées parfois théâtralisées

---

(1) Pierre BOURDIEU. "Le mort..." op. cit. p. 8.

au sein des diverses formes d'encadrement des handicapés et inadaptés. Les techniciens qui ont pris peu à peu les commandes, tantôt en s'alliant, tantôt en luttant contre les pionniers charismatiques, ont bien plus rénové que radicalement transformé les règles de fonctionnement, la logique même, qui déjà présidait à la création et à la pérennisation de toutes ces oeuvres inséparablement vouées à la prise en charge de jeunes, puis d'adultes déficients, et, à l'exaltation d'une éthique chrétienne. Ce faisant, nous avons aussi à la fois pris garde à exposer une vision trop uniforme du champ religieux et, sur un autre versant, une approche rigidifiant à l'excès un terrain aux prises avec de multiples pressions, dont celles des représentants de l'Etat, l'amenant à négocier des changements, à déroger quelque peu à des traditions pourtant bien ancrées. Nous nous proposons ici de pousser un peu plus avant cette réflexion en insistant sur ce qui sépare désormais deux champs qui, pour produire tous deux des biens symboliques, ne doivent cependant pas être confondus l'un l'autre.

Signaler l'impact de l'Eglise, à la fois énonciatrice de symboles, d'idéaux, et la position particulière de ses clercs, grands et petits, prédisposés à lire les écritures, fait figure de lieu commun. Les multiples formes d'action magique dévolues aux autorités religieuses ont toujours dû simultanément les faire demeurer proche d'un social dont elles ne sont que l'émanation et suffisamment distantes pour ne pas être dépossédées de leur pouvoir d'interpréter, de dire et de prescrire. Que cette Eglise soit en crise est incontestable. Cependant, ce serait aller bien vite en besogne que d'annoncer sa disparition pure et simple. Certes le "quadrillage de l'espace et du temps" que marquaient la civilisation paroissiale et l'observation stricte des rites n'est plus de mise, mais le religieux n'a pas pour autant été évincé. Il s'est disséminé, il s'est recomposé, il s'est sécularisé dans ses formes, relayé par un humanisme redéfinissant l'économie du salut tout en continuant à offrir de la croyance, du lien social, des biens symboliques. Pour s'être laïcisée, l'éthique demeure toujours une interrogation, une préoccupation qui mobilise bien au-delà du cercle des prévôts et des dévots.

A quels lieu et place l'Education Spécialisée s'insinue-t-elle en ces temps où se "bricolent des croyances" et où semblent primer le visible et l'efficace ?

Il s'agit bien d'abord, avec Jean Remy, de "constater une sorte d'usure des autorités et de la légitimité des croyances cardinales. Dès lors, dans une situation qui pourrait être la nôtre, de retrait généralisé de la croyance et de la confiance, il deviendrait nécessaire de produire de la croyance, de l'adhésion et de la légitimité"(1).

Donner une direction aux conduites, y compris de la vie privée, affirmer l'impérieuse nécessité qu'a toute société de s'arc-bouter sur des valeurs morales, revient à des institutions qui vont conserver de l'Eglise sa fonction liturgique, tout en revendiquant pour elles-mêmes un pragmatisme s'alimentant dans, et par la pratique, et économisant ainsi le détour par le divin. L'Education Spécialisée ne va plus gérer le mal sous le signe des dieux ; des réparateurs vont mettre en avant leur savoir-faire, tantôt normatif, tantôt positif, mais toujours ordonnancé à des valeurs, à des idéaux. Va lui revenir alors un rôle de théodicée sociale,

> "la mission de faire accroire en la capacité d'une société à se produire et à se reproduire mais aussi à prendre en charge les effets pervers concomitants de la production de cette société, de démontrer une possibilité de croire (et de faire) que cette société comporte en elle-même ses propres potentialités d'harmonie, de justice ; qu'elle n'est pas livrée au hasard"(2).

Cette "autre manière de remplir le rôle religieux" ne doit donc pas être purement et simplement assimilée à l'instance qui, par le passé, détenait pour elle seule le monopole de la divulgation des biens du salut. "Le croire et le faire ici forment couple" et le premier terme ne transcende en rien le second. La pratique désormais médiatise les valeurs ; elle les met en scène, vante les bons gestes et, corrélativement, offre du sens. Une vision laïque du bien et du mal se donne à lire dans cet office que remplit l'Education Spécialisée. Il s'agit bien toujours de faire prévaloir une définition de la réalité, mais les interprètes ne sont plus les mêmes et leur zèle ne s'exerce plus dans des lieux, par avance, consacrés.

---

(1) Jean REMY. "Cléricature : conflit de légitimité entre savoirs religieux et savoirs exogène". p. 43-61 in : *Les nouveaux Clercs.* op. cit.

(2) Gérard VINCENT. "De l'usage de concept..." op. cit. p. 34.

Pour avoir pris ses distances avec les autorités religieuses, le terrain de l'Education Spécialisée n'a pas été pour autant livré aux profanes. On peut même avancer qu'un rôle éminent dans la production de sens lui a été dévolu puisque, par ses spécificités, il était à même de montrer, et de démontrer, que les pauvres, les handicapés, les accidentés, les inadaptés, tout stigmate dont personne n'est à l'abri, continuent à être pris en charge, secourus, aidés, affiliés. Entretenant, réactivant l'alliance de l'éthique et de la science il a peu à peu quitté le giron de l'Eglise. L'encadrement des déficients n'est pas une nouveauté ; ce qui l'est bien plus, c'est que des subordinations s'estompent. L'emprise de la catholicité, et dans une moindre mesure, du protestantisme, perd pied et des institutions déjà présentes de longue date en leur sein revendiquent avec succès leur autonomie, se mettent en avant et jouent un rôle majeur là où, auparavant, elles ne faisaient qu'accompagner, qu'illustrer les bienfaits de la religion. De périphériques, elles sont devenues centrales dès lors que les hommes ont décidé de se passer de la construction d'intermédiaires théologiques pour énoncer des vérités et dire comment il faut voir le monde.

Ni simple relation causale, ni décalque d'une logique chrétienne sur un terrain désormais laïcisé, l'homologie structurelle entre l'ancien champ d'action du religieux et l'Education Spécialisée contemporaine, pour effective qu'elle soit, repose plutôt sur une succession, avec tout ce que cela peut sous-tendre de reprises et de changements, de ressemblances et d'écarts ; les différences, effectivement tangibles, étant cultivées afin, entre autres, de faire oublier un héritage durable.

Il n'en demeure pas moins que les limites qui séparent ces deux champs sont floues.

"On ne voit plus très bien aujourd'hui, écrit Pierre Bourdieu, où finit l'espace sur lequel règnent les clercs (au sens restreint). La frontière du champ religieux s'étant trouvée affaiblie, qui était la condition cachée du monopole, les clercs traditionnels tendent à perdre leur monopole de la cure des âmes"(1).

---

(1) Pierre BOURDIEU. "Le champ religieux dans le champ de manipulation symbolique". p. 256 in : *Les nouveaux Clercs*. op. cit.

D'autres interprètes, en effet, vont venir en concurrence et étendront leur territoire sans se voir réellement opposer de résistance. Leurs investissements se feront sous la marque d'une redéfinition de l'économie du salut et les établissements et services relevant de l'Education Spécialisée vont représenter par excellence ces instances quasi-cléricales ou des clercs, de discrète cléricature, vont oeuvrer, vont lutter entre eux aussi, pour faire prévaloir leur propre projet éthique, leur point de vue, leur position.

Il n'est pas incident que ceux et celles qui "se sentent attirés" par le métier d'éducateur spécialisé aient en commun des prédispositions à s'engager dans un travail faisant avant tout appel aux ressources morales. Les qualités requises s'apparentent effectivement à celles attendues du clerc sans que l'on puisse pour autant les confondre. Entre temps en effet le contrôle de la manipulation symbolique de la vie privée a changé de mains, les représentations techniciennes se sont imposées et, avec elles, les spécialistes de la cure "psychologique" des âmes.

b. L'éducateur spécialisé : un néo-clerc.

Des anciennes lignes de démarcation du champ religieux, il ne reste désormais que des bribes, témoins des incessants passages de transfuges. Les séminaristes ont délaissé peu à peu leur vocation initiale et les prêtres ordonnés sont eux-mêmes de plus en plus nombreux à quitter leur ministère. Dans le même temps, l'Education Spécialisée, au même titre que certains versants de la médecine, voire de ces secteurs du conseil et de la consultation en tout genre actuellement en pleine extension, participe d'un humanisme qui, mettant l'accent sur les "relations humaines",

"s'autorise de la science pour imposer des vérités et des valeurs dont il est clair qu'elles ne sont ni plus ni moins scientifiques que celles des autorités religieuses du passé"(1).

Les délimitations de l'espace où se transforme, où se régénère aussi la sociodicée, deviennent ainsi singulièrement floues.

---

(1) Pierre BOURDIEU. "Le champ religieux..." op. cit. p. 261.

Demeure en suspens la place particulière des éducateurs spécialisés au sein de cette action moralisatrice diffuse. A la réflexion, l'héritage institutionnel se révèle pesant. En effet ils ne sont au mieux que des fondés de pouvoir. Ils préparent les décisions souvent les influencent mais ce sont d'autres groupes, érigés, eux, en profession, qui les prennent, qui décident, régissent, ordonnent. Psychiatres férus de neurologie ou de pédiatrie et psychologues cliniciens demeurent généralement les maîtres du jeu, au besoin en accédant aux postes de direction. Ce sont eux les grands clercs qui officient, qui prédisent, qui, évoquant la notion pourtant insondable de besoin, construisent une demande à la mesure de leur savoir et de leurs catégories de pensée. Ce sont eux encore qui, la plupart du temps, insufflent une certaine lecture des phénomènes sociaux (analyse systémique débouchant sur la thérapie familiale, approche "génosociogrammatique" des récits de vie,...) et président à la création perpétuelle d'innovations (services d'écoute et d'aide par téléphone, lieux d'accueil pour jeunes enfants et leurs parents fidèles à la figure emblématique de Françoise Dolto,...).

Qu'ils soient employés par des établissements ou par des services, qu'ils participent à l'accueil d'handicapés ou d'inadaptés, les éducateurs spécialisés sont généralement en position dominée. De plus leur place est ambivalente. En effet, leur rôle n'est pas d'interpréter - il y a pour cela des spécialistes, mi-techniciens, mi-magiciens, qui veillent à avoir pour eux seuls ce privilège de dire le sens - mais d'être en contact direct, quotidien avec ceux et celles sur lesquels les "problèmes" ont été déposés. Le tiraillement entre l'action et l'observation que relève depuis longtemps Paul Fustier(1) renvoie bien à cette alliance toujours problématique du proche et du distant, à ce double-jeu identitaire où ils risquent à tout moment de se dissoudre.

Grâce à la complicité inconsciente de leurs dispositions, les éducateurs spécialisés "bricolent" en permanence, sous la tutelle "médico-sociale" l'assemblage d'un projet éthique et d'une compétence technique. Eux aussi sont des clercs, ou plutôt, pour reprendre le terme introduit par Jean Remy(2), des "néo-clercs", mais leur rang n'est que subalterne et, à ce titre, ils sont exposés à l'interpellation et à la contestation de leurs spécificités.

---

(1) Paul FUSTIER. *L'Enfance inadaptée. Repères pour des pratiques.* Lyon : PUL, 1983.

(2) Jean REMY. "Cléricature..." op. cit. p. 43.

Nombre de ces officiants, nous l'avons mentionné, ont sinon côtoyé le religieux(1), du moins sont familiers de ses valeurs humanistes et aspirent à consacrer une large partie de leur vie à celle des autres. Les mécanismes d'appréhension du réel, les dispositions d'organisations mentales qui s'enracinent dans l'éducation qu'on leur a donnée dès l'enfance se voient confirmés, comme le souligne Renaud Dulong(2), dans un appel qui, pour eux, demeure toujours plus ou moins mystérieux. Quant au corps de vérité dont ils se font les propagandistes, il renvoie bel et bien à l'espace religieux métamorphosé, essaimé, retranscrit en sauvegardant ce qui doit l'être, tel le primat de la famille, de cette famille à laquelle les éducateurs spécialisés, peut-être plus que d'autres, doivent tant(3).

L'arrivée dans le métier d'éducateur spécialisé d'hommes et de femmes prêts à s'investir "corps et âmes" dans une action, où la morale se transmue aisément en psychologisation des rapports sociaux, ne doit que peu au concours de circonstances, aux opportunités aussi impromptues qu'imprévisibles. Les discours sur l'attirance ou sur l'impact d'une rencontre, d'une incitation, résistent aussi fort mal à l'examen des conditions sociales de cet appel entendu, de ces conseils suivis, de ces intercesseurs auxquels l'impétrant se serait plus ou moins identifié.

Les inculcations familiales primaires ne tardent pas à se profiler derrière ces évocations de la prise de poste faisant la part belle à l'initiative et aux convictions personnelles, à un choix irréductiblement individuel. Les valeurs dont a hérité l'éducateur spécialisé ont finalement représenté un capital l'autorisant à prendre

---

(1) Nous avons mentionné les nombreux élèves de séminaires - petits et grands - qui ont finalement opté pour l'exercice du métier d'éducateur spécialisé. Les prêtres qui ont quitté leur statut se sont investis, relève Julien Potel, d'abord dans "le social", l'enseignement et la santé. Julien POTEL. *Ils se sont mariés... et après ?* Paris : l'Harmattan, 1986, p. 41-43.

(2) Renaud DULONG. "Crise de l'Eglise et crise de l'Etat". op. cit. p. 68.

(3) La notion de famille et, corollairement, une attribution plutôt normative des rôles respectifs de l'homme et de la femme, saturent les représentations au sein de l'Education Spécialisée. Que l'on évoque les "couples éducatifs", "les foyers familiaux" ou "le rôle de substitut parental", semble bien se profiler un modèle de famille qui s'impose comme évidence à des individus qui, effectivement, en sont très redevables à leurs lignées. Voir aussi sur ce point Paul COUSTY, Geneviève SELTZER. "L'Aide sociale à l'enfance. Professions, structures et décision". *Informations Sociales*, 7, 1980, p. 81-91.

pied sur un terrain où ce sont pour l'essentiel ces aptitudes morales, cette sensibilité de clerc qui garantissent la réussite et, avec elles, le sentiment de se réaliser pleinement "dans un travail qui du coup - déclarera un éducateur - en quelque sorte n'en est pas un".

Le terrain de l'Education Spécialisée, mais il n'est sans doute pas le seul, prolonge et actualise une mission autrefois tout entière dévolue au religieux : la production de sens, de symboles, de croyance. Institution "quasi-cléricale", il génère ses propres règles, sa propre hiérarchie et se doit de s'alimenter dans et par des individus subjugués, dévoués à sa cause voire possédés. Ces personnes, dans le même temps, n'ont pas du tout le sentiment d'être engoncées dans un habit qui ne serait pas à leur mesure, d'être forcées dans un rôle où elles seraient à contre-emploi.

Elles font corps, elles s'accomplissent, elles sont accordées. Camille Thouvenot(1) souligne amplement combien la relation au travail qu'entretiennent les éducateurs spécialisés peut être qualifiée de magique, combien est grande leur immersion dans les sentiments et la passion. Rappelons que ne devient pas magicien qui veut.

---

(1) Camille THOUVENOT. op. cit. p. 117 et 404.

CONCLUSION

Nous avons tenté, dans cet ouvrage, de restituer le jeu des interférences et, ce faisant, les principes générateurs du choix du métier d'éducateur spécialisé. Les positions que nous avons adoptées pour analyser les traits marquants d'un secteur labile, le mode d'intelligibilité que nous avons retenu pour lire les ambiguïtés inhérentes à ces profils de poste enclavés, tiraillés entre des injonctions contradictoires, nous ont amené d'abord à dépeindre un terrain traversé par les frictions, par les luttes entre corps professionnels. D'aucuns pourront dire qu'il s'agit déjà là d'une vision singulièrement manichéenne, déformant une réalité bien moins mouvementée, bien moins conflictuelle, bref plus sereine en somme que celle qui apparaît ici.

A l'heure où nous devons conclure, bien conscient d'être loin d'avoir épuisé la question traitée, nous continuons à penser que, au sein de ce champ déterminé, seule la mise à jour des traits structuraux et des logiques qui les sous-tendent peut révéler tout ce que les profils de poste doivent à une histoire déposée et rémanente. Certes les médecins spécialistes ou les psychologues ne sont pas omniprésents ni, loin s'en faut, omnipotents. Par contre la quasi-totalité de ce terrain particulier qu'est l'Education Spécialisée est pour ainsi dire "imprégné" par des modes de penser et d'agir qu'ils ont largement contribué à insuffler. Saisir cette homologie entre les caractéristiques des espaces offerts aux éducateurs spécialisés, les qualités attendues des impétrants et les particularités des agents qui vont les investir est, à notre sens, capital. Certes les hommes transforment les postes et créent l'événement ; cependant avant cela, ils prennent pied sur un terrain déjà constitué, riche de sens, riche d'histoire. La morphologie sociale du groupe que nous avons retenu ne pouvait être appréhendée qu'au terme de ce premier détour.

Passionnés, inventifs, innovants, les éducateurs spécialisés le sont assurément ; mais pour nous, ici, il ne s'agissait pas de décrire dans le détail les aléas de leur exercice ou les accommodements de leurs pratiques. Nous avons privilégié l'amont, soucieux de comprendre les déterminants d'une orientation vers un métier encore loin d'avoir achevé son processus de professionnalisation.

Ces "solidarités familiales", dont Agnès Pitrou(1) rappelait récemment la vigueur nous sont apparues être un principe générateur extrêmement efficace de l'arrivée dans le secteur. Efficace et original aussi, dans la forme prise, puisque ce réseau de solidarités est discret, sinon invisible pour le non-averti. A la limite la transmission échappe au conscient et au calcul. Seule une faible part des familles d'éducateurs spécialisés semble avoir eu des idées arrêtées, un projet mûri, une stratégie explicitement tournée vers ce métier. Pourtant le résultat est là : les valeurs qu'elles ont propagées par imprégnation plus que par inculcation, par familiarisation plus que par exhortation, ont permis à leurs enfants d'obtenir un emploi en adéquation avec leurs motivations socialement constituées.

"Tout se passe, rappelait Annick Percheron, comme si les parents parvenaient, quoiqu'il arrive, à mieux transmettre le centre que la périphérie de leurs systèmes de valeurs et de normes"(2).

Ce centre, on l'aura compris, touche justement au domaine des valeurs morales, éthiques, religieuses et politiques. Tout cet ensemble représente un héritage assimilé, incorporé. Il fait partie de l'être et se rappelle dans ses visions du monde, dans ses actes, du plus anodin au plus engageant. Preuve en est, il représente aussi un capital exemplaire dès lors que l'individu opte pour un métier où ces mêmes valeurs ont un cours élevé.

Le choix du métier d'éducateur spécialisé est manifestement une affaire de famille. Contrairement aux discours reprenant l'idée de générations, elle reste et demeure un puissant vecteur d'orientation vers un terrain dévolu à l'encadrement des handicapés et des inadaptés.

---

(1) Agnès PITROU. *Les Solidarités familiales*. op. cit. Signalons que l'auteur s'inscrit en faux contre l'idée pourtant répandue que plus les relations en dehors de la famille sont intenses, notamment par le biais de la vie associative, plus elles se relâchent à l'intérieur de cette famille. Il semble bien en effet que ce soit l'inverse. Cette remarque tend à confirmer nos propres observations sur les liens souvent étroits entre parents militants et enfants choisissant de "devenir éducateur".

(2) Annick PERCHERON. "La socialisation politique". p. 215 in : *Traité de science politique/* sous la direction de Madeleine GRAWITZ et Jean LECA. Vol. III, Paris : PUF, 1985.

L'intérêt du métier étudié - peut-on dire "le piquant" ? - résidait par ailleurs dans le fait que l'endo-reproduction familiale n'y est encore qu'incidente. Nombre de parents d'éducateurs spécialisés ont consacré une part de leur vie à celle des autres. Leurs enfants font en quelque sorte de même, mais sous des formes et dans un cadre recomposé, en mutation permanente, ouvert à la dialectique de l'invariance et du changement.

Une même conduite éthique relie deux générations mais ces "objets ayant valeur religieuse"(1) qu'évoque Max Weber se renouvellent.

On ne voudrait pas conclure sans rappeler les contingences de notre ouvrage. Elles portent d'abord et avant tout sur ce métier d'éducateur spécialisé. Nous nous sommes défié d'un groupe générique à nos yeux bien trop flottant et mal défini : les travailleurs sociaux. Nos avancées valent-elles cependant pour d'autres métiers du secteur social ? Michel Simonot(2), Nicole Courtecuisse(3) ou Daniel Brandeho(4) ont chacun instruit les profils sociaux de professionnels partie prenante de cette nébuleuse. Tout récemment Daniel Verba(5) a joint sa voix en étudiant le métier d'éducateur de jeunes enfants. Régulièrement nos observations rejoignent les leurs, mais nous ne devons en rester qu'à des présomptions de parallèles possibles, essentiellement du fait que leurs investigations n'ont exploré qu'un nombre relativement restreint de points d'ancrage de l'influence familiale.

---

(1) Max WEBER. *Histoire économique : esquisse d'une histoire universelle de l'économie et de la société.* Paris : Gallimard, p. 589.

(2) Michel SIMONOT; op. cit.

(3) Louis BRAMS, Nicole COURTECUISSE, op. cit.

(4) Daniel BRANDEHO. *Origine sociale et profil culturel des infirmiers psychiatriques face aux mutations professionnelles.* Mém. F.C.U. : Saint-Etienne, 1987.

(5) Daniel VERBA. *Le métier d'éducateur de jeunes enfants.* op. cit. Signalons au passage que l'auteur évoque "la régularité d'une histoire familiale douloureuse" et le fait "qu'une fraction non négligeable d'E.J.E. ont été privés de père". Nous n'avons, pour notre part, pas poussé notre investigation dans ce sens. Par contre nous avons noté qu'au cours des entretiens que nous avons réalisés, plusieurs personnes ont évoqué le décès prématuré de leur père. Pour être complet relevons que nous avons exploré en vain un point particulier : le lien entre le choix du métier et la présence dans l'environnement proche d'une personne handicapée. Rien de probant n'est ressorti de cette étude.

Une autre limite tient à l'objet même de notre investigation. Nous n'avons pas instruit la question des liens entre origines sociales et déroulement de carrière. Ce thème appellerait pourtant des prolongements. En termes de mobilité, d'accès aux postes hiérarchiques voire de défection silencieuse des hommes au fur et à mesure que le métier se féminise, les différences d'origines ne se rappellent-elles pas ? Anne Dussart(1) a ouvert quelques perspectives mais l'état des connaissances est encore balbutiant.

Signalons aussi que notre étude est datée. Nous ne sommes sans doute pas parvenus à élucider l'évolution toute récente du recrutement des éducateurs et des éducatrices. A titre d'illustration retenons deux tendances qui semblent se profiler. Nous avons insisté dès les premières lignes de ce travail, sur la quasi-absence de transmission du statut entre générations. Force est de constater que depuis quelques années les écoles accueillent un nombre croissant de fils et de filles d'éducateurs spécialisés. Certes ils ne pèsent pas d'un poids très lourd dans les effectifs, mais rien n'interdit de penser qu'ils vont être de plus en plus nombreux à "choisir" ce métier. A les entendre, leurs parents n'aspiraient pas spécialement à les voir embrasser une telle carrière, mais on n'échappe pas si facilement à l'emprise de son milieu, surtout quand les dédales d'un cursus, secondaire ou supérieur, mal négocié rappellent que ces parents là n'ont pas, eux-mêmes, un fort capital scolaire mais bien d'autres ressources...

Autre tendance qui s'accentue depuis trois ou quatre ans : les hommes désertent. Indirectement ils écrivent cette "histoire de la ségrégation ordinaire" par le jeu de la non-mixité des professions que décrit Rose-Marie Lagrave(2), mais nous y voyons aussi les conséquences d'un événement interférent : désormais il faut être titulaire d'un baccalauréat ou d'une équivalence pour postuler au concours d'entrée en école de formation. Plus âgés, souvent déjà plus ou moins insérés dans le secteur, les hommes sont aussi moins diplômés. Après la fermeture du cursus spécifique d'infirmier psychiatrique, c'est une autre porte qui se ferme devant eux.

---

(1) Anne DUSSART. op. cit. p. 104 et ss.

(2) Rose-Marie LAGRAVE. "Une émancipation sous tutelle" p. 431-462 in : *Histoire des femmes. Le XXème siècle*/sous la direction de Françoise THEBAUD. Paris : Plon, 1992.

Sur un versant tout différent enfin, insistons sur le fait que notre ouvrage est limitée dans son objet et dans ses prétentions explicatives. Nous avons dépeint des hommes et des femmes faisant d'une certaine manière "bon usage" du patrimoine lignager qu'ils ont reçu. Faut-il préciser que le calcul des uns et des autres n'était pas pour autant rationnel ou utilitariste, au sens économiste ou maximisant du terme. Commentant Max Weber, Pierre-Jean Simon rappelle que

"la sociologie, comme toute science, ignore les propositions relatives au sens ultime des choses"(1).

Nous avons mis l'accent sur ce rôle de néo-clerc dévolu à l'éducateur spécialisé. Il renvoie aussi à bien d'autres lectures que celles que peuvent proposer les sciences sociales.

On découvre tous les jours combien, dans un tissu social troué, dans une société en mal de "gemeinschaft", des médiateurs, des entrepreneurs peuvent être des recours pour casser la spirale de cette dérive vers "la galère" qu'a pu décrire François Dubet(2). Les éducateurs spécialisés, du moins les moins protégés d'entre eux, comptent au nombre de "ces fantassins qui sont en premières lignes" et ce n'est pas faux d'avancer qu'ils ne se sentent pas soutenus et

"ont le sentiment d'être abandonnés, sinon désavoués, dans leur effort pour affronter la misère matérielle et morale qui est la seule conséquence certaine de la "realpolitik" économiquement légitimée"(3).

En cela, repérer comme nous l'avons fait, les valeurs religieuses ou universalistes qu'ils ont reçues, qu'ils se sont réappropriées, c'est aussi rappeler que l'on a affaire, là, à un métier qui rassemble des gens de conviction, des gens de valeur ; toutes choses par ailleurs bien précieuses.

---

(1) Pierre-Jean SIMON. *Eléments d'une histoire de la Sociologie*. Tome II. Rennes : PUR 2, 1988, p. 242.

(2) François DUBET. *La Galère*. *Jeunes en survie*. Paris : Fayard, 1987.

(3) Pierre BOURDIEU. "La démission de l'Etat" in : *La Misère du Monde*/sous la direction de Pierre BOURDIEU. Paris : Le Seuil, 1993, p 222.

ANNEXE METHODOLOGIQUE

Nous souhaitions avant tout éviter la subordination à une méthode unique. Nous avons donc cherché, par différents canaux, à obtenir des informations, tant qualitatives que quantitatives, sur les éducateurs spécialisés, en mettant particulièrement l'accent sur ce qui a trait à leur passé, à leur héritage, aux indicateurs de leur habitus(1).

Les enquêtes exploratoires que nous avons menées ont fait ressortir avant tout le manque de données disponibles dès lors que l'on aspire à aller au-delà d'indications sommaires concernant la dernière profession exercée par le père ou les diplômes obtenus durant leur scolarité secondaire par ceux et celles qui ont choisi d'exercer le métier d'éducateur spécialisé.

Par la suite nous avons opté à la fois pour une investigation privilégiant les versants qualitatifs et pour une enquête permettant d'obtenir des renseignements sur un nombre significatif d'individus occupant un tel emploi ou s'apprêtant à le faire.

D'une part, nous avons donc eu recours à des entretiens semi-directifs auprès d'un échantillon d'éducateurs spécialisés. Cet échantillon ne constitue en aucune manière un échantillon au sens statistique (modèle réduit représentatif de la population-mère). Cependant le choix des personnes interrogées s'est opéré à partir de critères de diversification rapportés à des variables dont on peut estimer qu'elle jouent un rôle important, par leur lien avec les hypothèses de notre recherche.

C'est ainsi que nous avons retenu les variables d'âge, de sexe, de situation matrimoniale, d'origine sociale selon la position du père et enfin de date d'entrée dans le cursus de formation d'éducateur spécialisé ou d'obtention du Diplôme d'Etat.

D'autre part nous avons réalisé deux enquêtes distinctes par questionnaire, l'une auprès de l'ensemble des élèves-éducateurs spécialisés inscrits dans les cinq centres de formation de Bretagne et des Pays de Loire, l'autre en direction de tous les éducateurs spécialisés en poste dans les différents services et institutions du département breton où ils se sont révélés être les plus nombreux à exercer : celui du Finistère.

---

(1) Le lecteur intéressé à la fois par des prolongements théoriques, notamment sur la sociologie du fait professionnel, sur la relation dynamique de l'habitus - choix du métier et par des précisions méthodologiques se reportera utilement à notre thèse. Alain VILBROD. La Vocation renouvelée. Les déterminants sociaux du choix du métier. Th. Sociologie N.R. Nantes : 1993.

a. Les entretiens.

Nous avons réalisé une trentaine d'entretiens, auprès d'éducateurs et d'éducatrices dont l'âge oscillait entre 22 et 45 ans. La totalité des hommes et environ les deux tiers des femmes avaient entamé un cursus professionnel en dehors du secteur avant leur entrée en formation. Nombre d'entre eux avaient également eu l'occasion d'occuper un poste éducatif en tant qu'"éducateur de contact" au sein d'une institution relevant de l'Education Spécialisée.

b. L'enquête auprès des élèves-éducateurs spécialisés.

Le questionnaire a été proposé, au cours de l'année scolaire 1989-1990 aux étudiants des cinq instituts de formation de Bretagne et des Pays de Loire.

Au total 567 élèves-éducateurs spécialisés y étaient effectivement inscrits. Nous ne sommes pas parvenus à les contacter tous.

La présence est certes obligatoire à l'ensemble des cours dispensés par ces écoles mais, de fait, les contrôles d'assiduité ne sont pas stricts. De plus, souvent les élèves redoublants ne viennent qu'épisodiquement. Un cursus aménagé et maints autres motifs aboutissent à la quasi-impossibilité de contacter tous les étudiants (le questionnaire étant anonyme). Nous avons collecté 447 questionnaires, soit un taux de réponses assez honorable cependant de 79 %.

Nous avons veillé, par ailleurs, à ce qu'il n'y ait pas de grands écarts de retour entre les différentes écoles.

c. L'enquête auprès des éducateurs spécialisés en activité.

Cette seconde enquête, qui s'est déroulée en fin d'année 1990 et durant les premiers mois de 1991, a concerné les éducateurs spécialisés titulaires du D.E.E.S. exerçant effectivement un tel emploi au sein d'établissements et de services du terrain de l'Education Spécialisée.

Une fois effectué le choix d'une zone déterminée : le Département du Finistère, nous avons dû, dans un premier temps, recenser toutes les personnes correspondant à cette définition. 550 hommes et femmes y exerçaient ce métier au moment de notre investigation, en Mars et Avril 1991. Nous estimons la marge d'erreur de ce chiffre à moins de 5 %. En effet nous avons systématiquement contacté toutes les institutions susceptibles d'employer un tel personnel et avons obtenu des indications très précises.

Nous avons reçu 312 questionnaires soit un taux de retour de 59 %. Compte tenu des aléas d'une modalité de retour par voie postale, cette proportion est, elle aussi, intéressante.

d. Les régions retenues : La Bretagne et les Pays de Loire.

Mesurer la représentativité de la population prise en compte par notre enquête appellerait des comparaisons entre les éducateurs spécialisés de l'Ouest et ceux exerçant sur l'ensemble du territoire français. Un obstacle apparaît alors aussitôt : non seulement les données disponibles à l'échelon national sont peu nombreuses mais, de plus, leur fiabilité est sujette à caution. Nous nous cantonnerons donc à proposer ici trois indicateurs qui, pour être sommaires, permettent toutefois d'avancer quelques éléments de mise en perspective. Il s'agit des profils sociologiques des éducateurs spécialisés évalués sur la base du groupe socio-professionnel du père, de la moyenne d'âge et du sex-ratio des élèves-éducateurs spécialisés.

Instruire, même brièvement les spécificités des origines sociales des éducateurs spécialisés de Bretagne et des Pays de Loire passe avant tout par le rappel des écarts au plan plus général de la population active.

L'Ouest de la France se singularise par une proportion d'agriculteurs double de celle de l'Hexagone, par une sous-représentativité des cadres supérieurs, et, à un degré moindre, des professions intermédiaires et des employés ; par une surreprésentativité, par contre, des ouvriers en Pays de Loire. Si exception faite des agriculteurs et des ouvriers, les écarts sont légèrement moins accentués pour le seul département du Finistère, on note donc des différences importantes et une assez forte singularité des deux régions occidentales. A s'en tenir à cette première observation il est permis de douter de la représentativité des éducateurs spécialisés que nous avons interrogés. Pourtant, en poussant un peu plus au-delà l'investigation on s'aperçoit rapidement qu'une telle affirmation serait bien hâtive.

Sur la base de l'enquête menée par Thibault Lambert auprès des éducateurs spécialisés diplômés entre 1943 et 1977 et des études diligentées en 1983 et 1987 par le C.E.R.E.Q., on peut approcher une comparaison des professions des pères des éducateurs spécialisés, telles qu'elles apparaissent dans ces trois recherches et dans nos investigations. (voir page 107 et 110).

Les similitudes sont frappantes. La surreprésentativité des agriculteurs apparaît certes mais l'écart est bien moins important que celui existant entre la population active de ces deux régions étudiées et celle du pays dans son entier: de l'ordre de 2,5 % à 3 % ici contre 5 % précédemment. L'autre différence, plus notoire celle-là, porte sur les cadres supérieurs. Assurément les éducateurs spécialisés de Bretagne et des Pays de Loire sont moins souvent issus de tels milieux sociaux qu'ailleurs. En dehors de ces deux groupes socio-professionnels les taux sont relativement proches. Au final les ressemblances prennent largement le pas sur les spécificités. Peu d'autres confrontations, nous l'avons souligné, se révèlent possibles.

La moyenne d'âge des élèves-éducateurs spécialisés interrogés, 24,8 ans, apparaît sensiblement identique à celle indiquée par Thibault Lambert.

notre connaissance aucune étude nationale ne livre d'indications sur les âges des éducateurs et des éducatrices en activité.

La différence, en terme de sex-ratio, est minime. D'après les données publiées par le S.E.S.I., les femmes représentaient 63 % de la totalité des éducateurs spécialisés en formation en 1990 mais selon cette même source on assiste depuis 1985-1986 à une légère féminisation du métier. La Bretagne et les Pays de Loire semblent l'anticiper puisqu'en 1991 le taux de femmes était de 67 %. l'étude du C.T.N.E.R.H.I. indique, pour ce qui concerne les personnes occupant un poste à part entière, une proportion d'éducatrices de 62,3 %. Dans le Département du Finistère, chez ces mêmes agents, le taux est de 65 %. Là encore, donc, les similitudes sont manifestes.

En retenant deux régions, réputées singulières à plus d'un titre, nous nous attendions à relever des écarts. Notre crainte était alors d'obtenir des informations souffrant d'un biais hypothéquant largement toute généralisation. Certes des différences sont, ici, repérables et probablement d'autres encore, difficilement observables font obstacle à la représentativité pleine et entière de la population interrogée. Globalement cependant les éducateurs spécialisés inscrits dans les écoles de Bretagne et des Pays de Loire ou en activité dans le Département du Finistère n'apparaissent pas foncièrement dissemblables de ceux des autres régions françaises.

BIBLIOGRAPHIE GENERALE

- ACHOUR (P.) et al. *Les Candidats à la sélection d'entrée à l'Ecole d'Educateurs de Strasbourg.* Mém. Mait. : Strasbourg : 1975.
- ATTIAS-DONFUT (C.) *Sociologie des générations.* Paris : PUF, 1988.
- AUDIRAC (P.A.) "Cohabitation et mariage : qui vit avec qui ?". *Economie et Statistique,* 145, 1982, p. 41-59.
- AUTES (M.) "Le pouvoir du discours". *Informations Sociales,* 1, 1985, p. 60-63.
- BACHMANN (C.), SIMONIN (J.). *Changer au quotidien.* Paris : Etudes Vivantes. Tome I et II, 1981.
- BACHMANN (C.), CHAUVIERE (M.) "Requalifier le travail Social ?". *Revue de l'Economie Sociale,* XV, 1988, p. 133-144.
- BACHMANN (C.) "A propos d'un second souffle du social", p.187-198 in : *Les Educateurs aujourd'hui /* sous la direction de Jean-Luc Martinet. Toulouse : Privat, 1993.
- BARRAT (M.) et al. *Recrutement et idéologies des éducateurs spécialisés.* U. V. Sociologie, Multigr., Paris 8 : 1972.
- BATTAGLIOLA (F.) *La Fin du mariage ? Jeunes couples des années 80.* Paris : Syros, 1988.
- BERGER (I.) *Les Instituteurs d'une génération à l'autre.* Paris : PUF, 1979.
- BIDOU (C.) *Les Aventuriers du quotidien.* Paris : PUF, 1984.
- BIGEAULT (J.P.), TERRIER (G.) *L'Illusion psychanalytique en Education.* Paris : PUF, 1978.
- BOBASCH (M.) "Ecoles recherchent candidats". *Le Monde de l'Education,* 176, 1990, p. 108-113.
- BOBASCH (M.) "Travailleurs sociaux, une mosaïque de métiers". *Le Monde de l'Education,* 177, 1990, p. 108-113.
- BODIGUEL (M.) "Au milieu du XXème siècle : une nouvelle génération d'associations". p. 39-85 in : *Les Associations au village /* sous la direction de Maurice Agulhon et Maryvonne Bodiguel. Le Paradou : Actes Sud, 1981.
- BOIRAL (P.), BROUAT (J.P.), VALARIE (P.) "Le parler psy". *Informations Sociales,* I, 1985, p. 64-69.
- BONVALET (C.), MAISON (D.), LE BRAS (H.), CHARLES (L.) "Proches et parents". *Population,* 1, 1993, p. 83-110.
- BOURDIEU (P.) "Avenir de classe et causalité du probable". *Revue Française de Sociologie,* XV(1), 1974, p. 3-42.
- BOURDIEU (P.) *La Distinction.* Paris : Minuit, 1979.
- BOURDIEU (P.) *Questions de Sociologie.* Paris : Minuit, 1980.

- BOURDIEU (P.) "Le Capital Social". *Actes de la recherche en sciences sociales*, 31, 1980, p. 2-3.
- BOURDIEU (P.) "Le Mort saisit le vif". *Actes de la recherche en sciences sociales*, 32-33, 1980, p. 3-14.
- BOURDIEU (P.) "Le Champ religieux dans le champ de manipulation symbolique". p. 255-261 in : *Les nouveaux clercs*. Genève : Labor et Fides, 1985.
- BOURDIEU (P.) *La Noblesse d'Etat*. Paris : Minuit, 1989.
- BOURDIEU (P.) *Réponses*. Paris : Le Seuil, 1992.
- BOURDIEU (P.) "La Démission de l'Etat", p. 219-228 in : *La Misère du Monde* / sous la direction de Pierre Bourdieu. Paris : Le Seuil, 1993.
- BOZON (M.) "La famille objet". *Revue Française de Sociologie*, XXV(1), 1984, p. 120-134.
- BOZON (M.) *Vie quotidienne et rapports sociaux dans une petite ville de province*. Lyon : PUL, 1984.
- BOZON (M.) "Le choix du conjoint". p. 22-33 in : *La Famille, l'état des savoirs* / sous la direction de François de Singly. Paris : La Découverte, 1991.
- BRAMS (L.), COURTECUISSE (N.) *Les Assistants de service social*. Paris : INSERM, 1972.
- BRANDEHO (D.) *Origine sociale et profil culturel des infirmiers psychiatriques face aux mutations professionnelles*. Mém. F.C.U. Saint-Etienne : 1987.
- BUIRON (J.) *La vocation et les éducateurs spécialisés en formation à l'IPFSES de Reims*. Mém. DSTS : Reims : 1986.
- CADILHAC (P.E.) "Maisons de redressement". *L'Illustration*, 4898, 1937, p. 76.
- CAILLE (J.P.) "Les parents d'élèves de collèges". *Note d'information DEP*, 48, 1992, p. 3.
- CARDI (J.L.) *La Prévention Spécialisée. Un secteur spécifique du travail social. Transformation, modalités de fonctionnement, idéologie. (1945-1982)*. Th. Socio. : Paris 8, 1987.
- CARDI (J.L.) "Social, éthique et idéologie : l'exemple de la Prévention Spécialisée". *Les Cahiers de la Recherche sur le Travail Social*, 12, 1987, p. 101-120.
- CEREZUELLE (D.), HASSLER (J.) *Le Secteur rééducatif menacé*. Paris : CTNERHI, 1983.
- CHARLOT (B.) *La Mystification pédagogique*. Paris : Payot, 1976.
- CHAUVENET (A.) "Les professions de santé publique de l'enfance : entre police administrative et éthique communicationnelle". *Sociologie et Sociétés*, XX(2), 1988, p. 41-54.

- CHAUVENET (A.) *La Protection de l'enfance*. Paris : l'Harmattan, 1992.
- CHAUVIERE (M.) "Phagocytages". *Non ! Repères pour le socialisme*, 5, 1981, p. 108-123.
- CHAUVIERE (M.) *Enfance inadaptée : L'héritage de Vichy*. Paris : Editions Ouvrières, 1980.
- CHAZAUD (P.) "Le bénévolat, une conduite d'expiation et d'innocentement". *Pour*, 59, 1978, p. 79-84.
- CHEVALIER (G.) "Administrations de mission et luttes d'influence". *Revue Française de Sociologie*, XXXI(3), 1990, p. 421-437.
- CHOUBKINE (V.N.) "Le choix d'une profession". *Revue Française de Sociologie*, IX(1), 1968, p. 33-50.
- CHOPART (J.N.) "Intégralisme et catholicisme social aux origines morales du travail social". *Les Cahiers de la Recherche sur le Travail Social*, 12, 1987, p. 63-82.
- COMBAREL (M.) et Coll. *Les Educateurs en formation, approche sociologique d'une population*. Mém. Mait. : Aix- Marseille 2 : 1977.
- COMMISSARIAT GENERAL AU PLAN. *Redéfinir le travail social, réorganiser l'action sociale*. Paris : La Documentation Française, 1993.
- CORTEZ (F.) *I.M.P, I.M.Pro. aujourd'hui*. Paris : CTNERHI, 1980.
- COUR DES COMPTES. *Les Politiques sociales en faveur des personnes handicapées*. Paris : Direction des Journaux Officiels, 1993.
- COUSTY (P.), SELTZER (G.) "L'aide sociale à l'enfance. Professions, structures et décision". *Informations Sociales*, 7, 1980, p. 81-91.
- DAGNAUD (M.), MEHL (D.) "Elite, sous-élite, contre-élite" p. 57-102 in : *Les Couches moyennes salariées. Une mosaïque sociologique*. Paris : Ministère de l'Urbanisme et du Logement, 1983.
- DANAN (A.) *L'Epée du scandale. Trente ans au service des enfants perdus*. Paris : Robert Laffont, 1961.
- DEFRESNE (F.) *Devenir professionnel des jeunes issus des formations aux professions sociales en 1985*. Paris : CEREQ, 1989.
- DELAPORTE (F.), GOTTELY (J.) "La formation aux professions sociales". *Solidarité Santé, études statistiques*, 1, 1986, p. 61-76.
- DELIGNY (F.) *Les Vagabonds efficaces*. Lille : Victor Michon, 1947.
- D.E.P. "Connaissance des enseignants", N° spécial, 1994.
- DESMAREZ (P.) *La Sociologie industrielle aux Etats-Unis*. Paris : Armand Colin, 1986.
- DESROSIERES (A.), THEVENOT (L.) "Les mots et les chiffres : les nomenclatures socioprofessionnelles". *Economie et Statistique*, 110, 1979, p. 49-65.

- DESROSIERES (A.), GOLLAC (M.) "Trajectoires ouvrières, systèmes d'emplois et comportements sociaux". *Economie et Statistique*, 142, 1982, p. 43-66.
- DESROSIERES (A.), GOY (A.), THEVENOT (L.) "L'identité sociale dans le travail statistique". *Economie et Statistique*, 152, 1983, p. 55-79.
- DESSERTINE (D.) *La Société Lyonnaise pour la Sauvegarde de l'Enfance (1890-1960)*. Toulouse : Erès, 1990.
- DESVAUX (E.) "De l'embauche à l'usine comme dévolution d'un patrimoine". p. 43-56 in : *Jeux de familles* / sous la direction de Martine Segalen. Paris : Presses du CNRS, 1992.
- DETRAUX (J.J.) "Identité de l'enseignement spécialisé pour jeunes enfants gravement handicapés". in : *Identités collectives et changements sociaux* / sous la direction de Pierre Tap. Toulouse : Privat, 1979.
- DJIDER (Z.), MARPSAT (M.) "La vie religieuse : chiffres et enquêtes". p. 376-379 in : *Données Sociales*. Paris : INSEE, 1990.
- DONZELOT (J.) *La Police des familles*. Paris : Minuit, 1977.
- DUBAR (C.) *Idéologies et choix professionnels des éducateurs spécialisés*. Th. 3è C. : Paris 8, 1970.
- DUBAR (C.) "Origines sociales et valeurs professionnelles des éducateurs" p. 89-103 in : *Sociologie et compréhension du travail social* / sous la direction de Jean-Marc Dutrénit. Toulouse : Privat, 1980.
- DUBET (F.) *La Galère. Jeunes en survie*. Paris : Fayard, 1987.
- DULONG (R.) "Crise de l'Eglise et crise de l'Etat". *Economie et Humanisme*, 244, 1978, p. 62-76.
- DURAND (C.) "Mobilité sociale et conscience de classe". p. 275-293 in : *Le Partage des bénéfices* / sous la direction du coll. Darras. Paris : Minuit, 1966.
- DURIEZ (B.) "Clercs ou prophètes : les couches moyennes salariées de la religion à la politique" p. 127-150 in : *Les Couches moyennes salariées. Une mosaïque sociologique*. Paris : Ministère de l'Urbanisme et du Logement, 1983.
- DURKHEIM (E.) *Les Formes élémentaires de la vie religieuse*. Paris : PUF, 1967. (nouv.éd.)
- DUSSART (A.) *Itinéraires professionnels et trajectoires sociales des éducateurs*. Mém. Mait. : Paris 7 : 1989.
- EBERSOLD (S.) *L'Invention du handicap*. Paris : CTNERHI, 1992.
- FERRO (M.) *L'Histoire sous surveillance*. Paris : Calmann Levy, 1985.

- FORTINEAU (K.) "La formation des éducateurs spécialisés analysée comme un rite d'institution". *Archives Aquitaines de Recherche Sociale*, 1-2, 1987, p. 119-137.
- FOSSE-POLIAK (C.) "L'accès dérogatoire à l'enseignement supérieur". *Revue Française de Sociologie*, XXXII(4), 1991, p. 551-575.
- FOSSE-POLIAK (C.) *La Vocation d'autodidacte.* Paris : L'Harmattan, 1992.
- FOUCART (J.M.) *Educateur. Une profession en quête d'identité.* Bruxelles : Ciaco, 1991.
- FOUCART (J.M.) "L'éducateur social spécialisé : crise, utopie et position de classe". *Déviance et Société*, 16(2), 1992, p. 143-156.
- FOULON (D.) "Les effectifs des professions sociales éducatives ont plus que doublé en dix ans". *Solidarité Santé, études statistiques*, 2, 1987, p. 51-56.
- FOURDRIGNIER (M.) "Quelles formations pour de nouvelles pratiques sociales ?" *Sauvegarde de l'Enfance*, 5, 1991, p. 405- 423.
- FOURNIER (J.), QUESTIAUX (N.) *Traité du Social.* Paris : Dalloz, 1984.
- FUSTIER (P.) *L'Identité de l'éducateur spécialisé.* Paris : Editions Universitaires, 1972.
- FUSTIER (P.) *L'Enfance inadaptée. Repères pour des pratiques.* Lyon: PUL, 1983.
- FUSTIER (P.) "Préface" p. I-XII. in *Travail social, l'impossible professionnalisation.* Lyon : CRI, Lyon 2, 1985.
- GACOIN (D.) "Le financement des associations du secteur du travail social". *Revue de l'Economie Sociale*, XVI, 1989, p. 61- 83.
- GAILLAC (H.) *Les Maisons de Correction.* Paris : Cujas, 1971.
- GALLAND (O.) "Représentations du devenir et reproduction sociale : le cas des lycéens d'Elbeuf". *Sociologie du travail*, 3, 1988, p. 399-417.
- GALLAND (O.) *Les Jeunes.* Paris : La Découverte, 1990.

GATEAUX-MENNECIER (J.) *La Débilité légère : une construction idéologique.* Paris : Presses du CNRS, 1990.
- GAUDENS (B.) *Archéologie et idéologie de la rééducation.* Th. 3è C. : Bordeaux 2 : 1978.
- GAUTHIER (N.), GUIGON (C.), GUILLOT (M.A.) *Les Instits, enquête sur l'école primaire.* Paris : Le Seuil, 1986.
- GINESTE (T.) *Victor de l'Aveyron. Dernier enfant sauvage, premier enfant fou.* Paris : Le Symocore, 1981.
- GOFFMANN (E.) *Asiles.* Paris : Minuit, 1968.

- GOLLAC (M.), LAULHE (P.) "La transmission du statut social. L'échelle et le fossé". *Economie et Statistique*, 199-200, 1987, p. 85-944.
- GOLLAC (M.), LAULHE (P.) "Les composantes de l'hérédité sociale". *Economie et Statistique*, 199-200, 1987, p. 95-105.
- GOLLAC (M.), LAULHE (P.) "Lignée paternelle, lignée maternelle. Un rôle voisin dans l'hérédité sociale". *Economie et Statistique*, 199-200, p. 107-113.
- GOTTELY (J.) "Les professions sociales et la multiplication de leurs tâches" p. 541-547 in : *Données Sociales*. Paris : INSEE, 1993.
- GUERRIN (C.F.) *Morte pour une messe à l'Espèlidou*. Nice : Alain Lefeuvre, 1978.
- GUIOT (A.) *Les Problématiques de la sélection des éducateurs spécialisés*. Th. Et. : Dijon : 1984.
- GUIOT (A.) "L'éducateur de contact, enjeu et "enfant imaginaire" du secteur de l'inadaptation" p. 1-89 in : *Travail Social, l'impossible professionnalisation*. Lyon : CRI, Lyon 2, 1985.
- GUYOMARCH (J.) et Coll. *Henri Joubrel. Témoin et acteur de l'action éducative et sociale*. Paris : AIEJI, 1985.
- HAEUSLER (L.) "Le monde associatif de 1978 à 1986" p. 369-370 in : *Données Sociales*. Paris : INSEE, 1990.
- HERAN (F.) "Un monde sélectif : les associations". *Economie et Statistique*, 208, 1988, p. 17-31.
- HERAN (F.) "Au coeur du réseau associatif : les multi-adhérents". *Economie et Statistique*, 208, 1988, p. 33-44.
- HERVIEU-LEGER (D.) "L'expérience des nouveaux pratiquants". *Autrement*, 115, 1990, p. 97-101.
- I.G.A.S. *La Politique sociale et les associations*. Rapport annuel 1984. Paris : La Documentation Française, 1984.
- ION (J.), MIEGE (B.), ROUX (A.N.) *L'Appareil d'Action culturelle*. Paris : Editions Universitaires, 1974.
- ION (J.), TRICART (J.P.) *Les Travailleurs sociaux*. Paris : La Découverte, 1984.
- ION (J.) "Mise en oeuvre du R.M.I., évolution des qualifications et modèle professionnel des travailleurs sociaux". *Sociétés Contemporaines*, 9, 1992, p. 77-86.
- ION (J.) "Les travailleurs sociaux sont-ils encore un groupe profession--nel ?" p. 176-186 in : *Les Educateurs aujourd'hui* / sous la direction de Jean-Luc Martinet. Toulouse : Privat, 1993.
- JONCKEERE (C. De) *Images de l'éducateur*. Genève : IES, 1987.

- JOUBREL (H.) *Kergoat ou le salut des enfants perdus*. Paris : Editions Familiales de France, 1945.
- JOVIGNOT (E.) "Le profil de l'éducateur spécialisé". *Liaisons*, 71, 1970.
- KALUSZINSKI (M.), TETARD (F.), DUPONT-BOUCHAT (S.) *Un Objet : l'enfant en danger moral. Une expérience : la Société de Patronnage*. Paris : MIRE, 1991.
- KNIBIELHER (Y.) "La lutte antituberculeuse, instrument de la médicalisation des classes populaires (1870-1930)". *Annales de Bretagne et des Pays de l'Ouest*, 2, 1979, p. 321-336.
- KOEPPEL (B.) *De la Pétinence à la sexologie*. Paris : Le Symocore / CFRES Vaucresson, 1982.
- LAE (J.F.) "Besoin et nécessité". *Informations Sociales*, 13, 1991, p. 66-71.
- LAFON (R.) *Psychopédagogie Médico-sociale*. Paris : PUF, 1950.
- LAGRAVE (R.M.) "Une émancipation sous tutelle". p. 431-462 in : *Histoires des femmes. Le XXème siècle* / sous la direction de Françoise Thébaud. Paris : Plon, 1992.
- LAMBERT (T.) *Les Educateurs spécialisés. Etude démographique de leurs origines sociologiques et de leurs devenirs professionnels*. Paris : CTNERHI, 1980.
- LAMBERT (Y.) *Dieu change en Bretagne*. Paris : CERF, 1985.
- LAMBERT (Y.), MICHELAT (G.) "Un état des lieux" p. 5-19 in : *Crépuscule des religions chez les jeunes ?* / sous la direction d'Yves Lambert et de Guy Michelat. Paris : L'Harmattan, 1992.
- LANEYRIE (P.) "Les scouts de France entre pratique religieuse et pratiques sociales" p. 219-229 in : *Crépuscule des religions chez les jeunes ?* / sous la direction d'Yves Lambert et de Guy Michelat. Paris : L'Harmattan, 1992.
- LANGOET (G.), LEGER (A.) *Public ou Privé ? Trajectoires et réussites scolaires*. Paris : Publidix, 1991.
- LASSERRE (M.) "Religion et ascension sociale : l'exemple des ouvriers chrétiens ". *Revue Française de Sociologie*, XII(3), 1972, p. 392-398.
- LAURENS (J.P.) *1 sur 500. La réussite scolaire en milieu populaire*. Toulouse : PUM, 1992
- LEFAUCHEUR (N.) "Deux entreprises scientifico-sociales de promotion de l'eugénisme comme fondement des normes en matière de production et de socialisation des enfants : Adolphe Pinard et Georges Heuyer". *Vie Sociale*, 3-4, 1990, p. 61-75.

- LEHINGUE (P.) "Représentation et relégation : le "social" dans les débats politiques locaux" p. 111-139 in : *Le "Social" transfiguré* / sous la direction de Daniel Gaxie et coll. Paris : PUF, 1990.
- LEMAY (M.) *Les Fonctions de l'éducateur spécialisé.* Paris : PUF, 1968.
- LEVERATTO (J.M.) *Essai d'Ethnologie de l'Education Spécialisée.* Th. N.R. : Nancy 2 : 1990.
- LE WITA (B.) "L'énigme des trois générations" p. 209-218 in : *Jeux de familles* / sous la direction de Martine Ségalen. Paris : Presses du CNRS, 1991.
- MARPSAT (M.) "Les échanges au sein de la famille". *Economie et Statistique,* 239, 1991, p. 59-66.
- MEISTER (A.) *Vers une Sociologie des associations.* Paris : Editions Ouvrières, 1972.
- MERLLIE (D.), PREVOT (J.) *La Mobilité sociale.* Paris : La Découverte, 1991.
- MERRIEN (F.X.) "Etat et politiques sociales : contribution à une théorie néo-institutionnaliste". *Sociologie du Travail,* 3, 1990, p. 267-294.
- MICHELAT (G.) "L'identité catholique des français. II. Appartenance et socialisation". *Revue Française de Sociologie,* XXIII(4), 1990, p. 609-633.
- MINGAT (A.) "Les activités de rééducation GAPP à l'école primaire". *Revue Française de Sociologie,* 32(4), 1991, p. 515- 549.
- MONTLIBERT (C. de) "Prédication et cure d'âme : les clercs, les animateurs et les travailleurs sociaux". p. 233-253 in : *Les Nouveaux clercs.* Genève : Labor et Fides, 1985.
- MONTLIBERT (C. de) *Le Contrôle de la vie privée.* Fribourg : DelVal, 1988.
- MORVAN (J.S.) *Représentations des situations de handicaps et d'inadaptations.* Paris : CTNERHI, 1988.
- MUEL-DREYFUS (F.) *Le Métier d'éducateur.* Paris : Minuit, 1983.
- MUXEL (A.) "Chronique familiale de deux héritages politiques et religieux". *Cahiers Internationaux de Sociologie,* LXXXI(1), 1986, p. 255-280.
- MUXEL (A.) "Une histoire exemplaire : obstinations et nouveautés dans la transmission d'une tradition politique familiale". *Pouvoirs,* 42, 1987, p. 73-81.
- MUXEL (A.) "Le moratoire politique des années de jeunesse". p. 203-232 in : *Age et politique* / sous la direction d'Annick Percheron et de René Rémond. Paris : Economica, 1991.

- NEGRE (P.) *La Construction de l'observation en Education Spécialisée.* Th. N.R. : Tours : 1988.
- NORA (P.) *Les Lieux de mémoire.* Tome I. Paris : Gallimard, 1984.
- NOZIERES (B.) "Les professions sociales et éducatives". *Informations Rapides SESI,* 33, 1993.
- OEUVRARD (F.) ""Démocratisation" ou élimination différée ?". *Actes de la recherche en sciences sociales,* 30, 1979, p. 87-97.
- PALARD (J.) "La vie associative et l'Etat". *Sociologie du Travail,* 3, 1981, p. 308-324.
- PERCHERON (A.) "La socialisation politique" p. 165-231 in : *Traité des Sciences Politiques* / sous la direction de Madeleine Grawitz et Jean Leca. vol. III. Paris : PUF, 1985.
- PERCHERON (A.) "La transmission des systèmes de valeurs" p. 183-193 in : *La Famille, l'état des savoirs* / sous la direction de François de Singly. Paris : La Découverte, 1991.
- PEYRE (U.), TETARD (F.) "Les enjeux de la Prévention Spécialisée : 1956-1963" p. 116-132 in : *Lectures Sociologiques du travail social.* Paris : Editions Ouvrières/CRIV, 1985.
- PINAUD (M.) "Une école de cadres". *Sauvegarde de l'Enfance,* 1, 1946.
- PINELL (P.), ZAFIROPOULOS (M.) *Un Siècle d'échecs scolaires.* Paris : Editions Ouvrières, 1983.
- PITROU (A.) *Les Solidarités familiales.* Toulouse : Privat, 1992. (Nouvelle édition augmentée et mise à jour de PITROU (A.) *Vivre sans famille ?* Toulouse : Privat, 1978.)
- POSTIC (M.) "Motivations pour le choix de la profession d'enseignant". *Revue Française de Pédagogie,* 91, 1990, p. 25-36.
- POTEL (J.) *Ils se sont mariés... et après ?* Paris : L'Harmattan, 1986.
- POTTIER (F.) *Devenir professionnel des jeunes issus des formations aux professions sociales.* Paris : CEREQ, 1983.
- POUJOL (G.) *L'Education Populaire : histoires et pouvoirs.* Paris : Editions Ouvrières, 1981;
- POULET (P.), SEROUSSI (G.) "Premiers pas à l'université" p. 341-343 in : *Données Sociales.* Paris : INSEE, 1990.
- PROST (A.) *L'Enseignement s'est-il démocratisé ?* Paris : PUF, 1992. (2ème édition).
- PROST (A.) *Education, sociétés et politiques.* Paris : Le Seuil, 1992.
- REMOND (R.) "Pourquoi notre société veut-elle une histoire du emps présent ?" in : *Histoire et temps présent.* Paris : Presses du CNRS, 1980. Cité par Françoise Tétard in "Un curieux besoin d'histoire". Cahiers Ecarts, 2, 1984, p. 11.

- REMY (J.) "Cléricature : conflits de légitimité entre savoir religieux et savoirs exogènes" p. 43-61 in : *Les Nouveaux clercs*. Genève : Labor et Fides, 1985.
- REYRE (G.) *De l'Asile à l'I.M.P. Contribution à l'étude sociohistorique du champ de l'enfance anormale*. Th. 3ème C : Paris 8, 1987.
- RIVAIS (R.) "Fonction publique territoriale. Les travailleurs sociaux en question". *Le Monde*, 1-06-1993, p. 7.
- ROUBAUD (L.) *Les Enfants de Caïn*. Paris : Grasset, 1925.
- ROY (C.) "Une bien regrettable polémique". *La Voix du Nord*, 14-07-1990, p. 17.
- SCHWEISGUTH (E.) "Les salariés moyens sont-ils des petits bourgeois ?". *Revue Française de Sociologie*, XXIV(4), 1983, p. 679-704.
- SEINTIGNAN-POMMIER (M.A.) *Langage, travail et idéologie*. Th. 3ème C : Rouen : 1989.
- SELLE (A.M. de la), MAURICE (A.) *Déracinement et enracinement des personnes handicapées*. Paris : CTNERHI, 1986.
- S.E.S.I. *Annuaire Statistique*. Paris : SESI, 1989.
- S.E.S.I. "Les écoles de formation aux professions sociales en 1990-1991". *Documents statistiques*, 120, 1991.
- S.E.S.I. "Les écoles de formation aux professions sociales en 1991-1992". *Documents statistiques*, 149, 1992.
- S.E.S.I. "Les professions sociales et éducatives". *Informations rapides*, 33, 1993, p. 2.
- S.E.S.I. "Les professions sociales et éducatives en 1991 - emplois, effectifs". *Documents statistiques*, 163, 1992.
- SIGUIER (M.) *Droits de regards*. Toulouse : Erès, 1986.
- SIMON (P.J.) *Eléments d'une histoire de la Sociologie*. Rennes : PUR, 1988.
- SIMONOT (M.) *Les Animateurs socio-culturels. Etude d'une aspiration à une activité sociale*. Paris : PUF, 1974.
- SINGLY (F. de) *Fortune et infortune de la femme mariée*. Paris : PUF, 1987.
- SINGLY (F. de), THELOT (C.) *Gens du privé, gens du public. La grande différence*. Paris : Dunod, 1988.
- SOULET (M.H.) "Les raisons d'être d'une profession". *Informations Sociales*, 1, 1985. p. 70-77.
- SUAUD (C.) *La Vocation*. Paris : Minuit, 1978.
- TACHON (M.) "L'action sociale, un bricolage politique". *Projet*, 184, 1984, p. 446-456.

- TACHON (M.) *Recherche sur les processus de professionnalisation : analyse dans le secteur de l'Enfance Inadaptée au cours de la période 1945-1980*. Lyon : AREPS, 1988.
- TACHON (M.) "Les travailleurs sociaux existent-ils ?". *Revue de l'Economie Sociale*, XIV, 1988, p. 45-52.
- TACHON (M.) "Que faire de l'héritage ?". *Informations Sociales*, 6, 1989, p. 6-11.
- TERRAIL (J.P.) "De quelques histoires de transfuges". *Cahiers du LASA*, 2, 1986, p. 35-76.
- TERRAIL (J.P.) *Destins ouvriers : la fin d'une classe*. Paris : PUF, 1990.
- TERRAIL (J.P.) "Destins scolaires de sexe : une perspective historique et quelques arguments". *Population*, 3, 1992, p. 645- 676.
- THELOT (C.) *Tel père, tel fils ?*. Paris : Dunod, 1982.
- THELOT (C.) "La mobilité sociale" p. 221-231 : in *La Famille. L'état des savoirs* / sous la direction de François de Singly. Paris : La Découverte, 1991.
- THOUVENOT (C.) *L'Educateur et son efficacité. Contribution à une étude d'homologie métaphorique entre le champ de la magie et celui de l'Education Spécialisée*. Th. 3ème C. : Lyon 2 : 1991.
- TINCQ (H.) "Les jeunes du côté de la foi". *Le Monde*, 1-06-1993, p. 1 et 7.
- TREPOS (J.Y.) *Sociologie de la compétence professionnelle*. Nancy : PUN, 1992.
- TRICART (J.P.) "Initiative Privée et étatisation parallèle. Le secteur dit de l'Enfance Inadaptée". *Revue Française de Sociologie*, XXII(4), 1981, p. 575-607.
- TRICART (J.P.) "Les travailleurs sociaux, une profession moyenne ?". p.151-162 in : *Les Couches moyennes salariées : une mosaïque sociologique*. Paris : Ministère de l'Urbanisme et du Logement, 1983.
- TUAILLON (M.) "Analyse de la littérature spécialisée" p. 7-160 in : *Les Centres d'observation pour enfants inadaptés*. Lyon : IRISH, Lyon 2, 1980.
- VALLET (L.A.) "Activité professionnelle de la femme mariée et détermination de la position sociale de la famille". *Revue Française de Sociologie*, XXVII(4) 1986, p. 655-696.
- VALLS-LACROIX (M.N.) *Praticiens du secteur sanitaire et social, qui êtes-vous ?*. Paris : Editions Ouvrières, 1989.
- VEDELAGO (M.) "Evolution de l'idéologie du travail social". *Cahiers du CTNERHI*, 13, 1981, p. 7-23.

- VERBA (D.) *Le Métier d'éducateur de jeunes enfants*. Paris : Syros, 1993.
- VILBROD (A.) *La Vocation renouvelée. Les déterminants sociaux du choix du métier d'éducateur spécialisé*. Th. N.R. : Nantes, 1993.
- VINCENT (G.) "Question de généalogie institutionnelle : quand les sociologues se font historiens du travail social". *Cahiers ECARTS*, 2, 1985, p. 21-31.
- WATIER (P.) *Etude sur la pédagogie des écoles d'éducateurs spécialisés*. Paris : Fédération Nationale des Comités d'entente et de liaison des centres de formation des travailleurs sociaux, 1983.
- WEBER (M.) *Histoire Economique : esquisse d'une histoire universelle de l'Economie et de la Société*. Paris : Gallimard, 1992. (nouv.éd.)
- WIART (G.), PRINGUET (M.) "La politique sociale et les associations. Note de lecture". *Sauvegarde de l'Enfance*, 1, 1986, p. 43-51.
- ZAFIROPOULOS (M.) *Les Arriérés. De l'asile à l'usine*. Paris : Payot, 1981.

TABLE

PREFACE par Michel CHAUVIERE 5

INTRODUCTION 9

CHAPITRE I

LE TERRAIN DE L'EDUCATION SPECIALISEE

A. FORCE ET FORME D'UNE UNITE SOCIALE 20
   a. La marque du roman des origines 20
   - le mythe fondateur 20
   - les accents positivistes 22
   b. Le poids du religieux 23
   - l'internat en héritage 25
   - la tradition du charisme 27
   c. De l'humanisme aux techniques rééducatives 30
   - homologuer et catégoriser 31
   - la hiérarchisation des métiers 37
   d. Luttes et complémentarités entre l'Etat et l'Initiative
   privée 42
   - la construction de la demande 44
   - le système d'offre 47
   e. L'Etat et l'Education Spécialisée : une politique aléatoire 49
   - 1950 - 1975 : une phase d'extension peu contrôlée 49
   - 1975 - 1990 : l'amorce d'une métamorphose ? 53

B. EDUCATEUR, UN METIER A L'IMAGE DU TERRAIN 57
   a. L'éclatement des métiers 59
      - des postes flous et des titres interchangeables 59
      - travailleur social : une appellation problématique 61
   b. L'éducateur spécialisé : définition et repérage
      démographique 64
      - le choix d'une délimitation précise 64
      - un métier jeune et plutôt féminin 67
   c. L'impossible professionnalisation 70
      - une introuvable technicité 71
      - une incapacité à s'organiser 78

CHAPITRE II

L'INFLUENCE DETERMINANTE DU RESEAU FAMILIAL.

A. L'EDUCATEUR SPECIALISE ET SA FAMILLE 93
   a. Les origines sociales des éducateurs spécialisés 96
      - le profil sociologique des éducateurs et des éducatrices... 97
      - les "trois âges du métier" : une affirmation
      hâtive 101
      • l'évolution de l'origine sociale des éducateurs 106
      • l'évolution de l'origine sociale des éducatrices 109
   b. les trajectoires sociales des parents
   des éducateurs spécialisés 112
      - la position des grands-parents 114
      - la mobilité des parents des éducateurs spécialisés 118
      • l'influence pérenne des grand-parents 118
      • la mobilité des pères 120
      • le capital scolaire des parents 125
      - le champ des possibles : l'orientation des
      fratries 128

B. DES STRATEGIES CONTINGENTEES. 133
   a. Les aspirations des parents 139
   b. une scolarité souvent difficile 145
      - les filières empruntées : la marque de
      l'origine et de la trajectoire sociale 146
      - des parcours fréquemment heurtés 150
   c. le passage sur les bancs de l'université 153

CHAPITRE III

LA MOBILISATION FAMILIALE

A. UNE PRETENTION QUI CHERCHE SA VOIE 166
  a. Disposition promotionnelle et attachement à la valeur travail 166
  b. Un rapport désarmé face à l'école 169
    - des parents soucieux de bien faire 170
    - "décrocher le bac" 172
    - la faculté : une période moratoire 175
  c. "Faire instituteur". Projet des parents, aspiration des enfants 178

B. L'IMPLICATION DES FAMILLES
  a. Les parents 183
    - l'impact des professions exercées par les parents 184
    - "faire jouer les relations" : un capital social efficace 187
    - encouragements et approbation 189
  b. La fratrie 191
  c. Les collatéraux 195
  d. Les conjoints 197

C. LE TRANSFERT DE MILITANCE 208
  a. La pratique religieuse des parents 210
  b. L'engagement associatif des familles 215
    - un activisme résolu 217
    - les à-côtés de l'Eglise et de l'école 219
    - le militantisme 221
  c. La participation à des mouvements de jeunesse 228
  d. Les mandats de délégués de classe 233
  e. L'encadrement d'activités de loisirs : une première transition 238

D. L'ORDRE EN FILIGRANE ? 245
  a. La fréquence des métiers d'encadrement 246
  b. L'aspiration à exercer un métier d'ordre : un déterminant secondaire 251

CHAPITRE IV

L'ARRIVEE DANS LE METIER

A. DE L'APPEL AUX RENCONTRES INITIATRICES 263
  a. L'ineffable de l'appel 263
  b. Le Miracle de la rencontre 265

B. LA RENCONTRE ENTRE LES HOMMES ET LES POSTES 268
  a. Le terrain de l'Education Spécialisée et la production de biens symboliques 268
  b. L'éducateur spécialisé : un néo-clerc 272

CONCLUSION 277

ANNEXE METHODOLOGIQUE 283

BIBLIOGRAPHIE 287

642461 - Février 2016
Achevé d'imprimer par